行走世界

DISCOVER THE WORLD IN 500 WALKS

500处历史战场

［英］史蒂夫·法伦 ／ 著

刘金晖 ／ 译

科学普及出版社
·北 京·

图书在版编目（CIP）数据

行走世界：500 处历史战场 /（英）史蒂夫·法伦著；刘金晖译 . —北京：科学普及出版社，2024.1

书名原文：DISCOVER THE WORLD IN 500 WALKS：HISTORIC BATTLEFIELDS IN 500 WALKS

ISBN 978-7-110-10635-8

Ⅰ.①行… Ⅱ.①史… ②刘… Ⅲ.①旅游指南—世界 Ⅳ.① K919

中国国家版本馆 CIP 数据核字（2023）第 217953 号

著作权合同登记号：01-2022-5572
审图号：GS（2016）1611 号

© 2020 Quarto Publishing plc
All rights reserved.
Conceived, designed and produced by The Bright Press, an imprint of The Quarto Group.
1 Triptych Place, London, SE1 9SH, United Kingdom.
This Simplified Chinese edition arranged by Inbooker Cultural Development (Beijing) Co., Ltd.
本作品中文简体字版权由中国科学技术出版社有限公司所有

总策划	秦德继
策划编辑	高立波　余　君
责任编辑	余　君
责任校对	焦　宁
责任印制	徐　飞
封面设计	智慧柳
正文设计	中文天地

出　　版	科学普及出版社
发　　行	中国科学技术出版社有限公司发行部
地　　址	北京市海淀区中关村南大街 16 号
邮　　编	100081
发行电话	010-62173865
传　　真	010-62173081
网　　址	http://www.cspbooks.com.cn

开　　本	787mm×1092mm　1/16
字　　数	420 千字
印　　张	25.5
版　　次	2024 年 1 月第 1 版
印　　次	2024 年 1 月第 1 次印刷
印　　刷	北京华联印刷有限公司
书　　号	ISBN 978-7-110-10635-8 / K·216
定　　价	196.00 元

（凡购买本社图书，如有缺页、倒页、脱页者，本社发行部负责调换）

行走世界

500处历史战场

DISCOVER THE WORLD IN 500 WALKS
HISTORIC BATTLEFIELDS IN 500 WALKS

目 录

引言
6

第一章
古代
公元500年以前
9

第二章
中世纪前期
500—1099
59

第三章
中世纪后期
1100—1499
91

第四章
近代
1500—1699
145

第五章
现代
1700—1913
199

第六章
两次世界大战和二十世纪中后期
1914—1975
285

索引
392

供稿人
403

图片版权
405

引 言

　　自古以来，战争就展现着人类最坏的一面和最好的一面。贪婪、复仇、收复失地、领土扩张引发的战争带给国家、文化和人民巨大的灾难，并往往在错误的方向上改变了历史的进程。激愤的情绪导致人类互相攻击和杀戮的同时，也造就了伟大的英雄、慷慨的侠客，以及舍生取义的勇士。在本书中，我们将遇到包括圣贤和暴徒在内的一系列人物。

　　本书分为六章，从遥远的古代直到今天，按时间顺序讲述了六大洲的战争、冲突和起义。它旨在帮助读者利用想象力、双脚或两者的结合来穿越时空。满足于神游的读者会发现，本书的信息量与亲临现场一样丰富。

　　介绍这五百次徒步旅行所涉历史战场的篇幅大小不一。有些是旨在激发读者兴趣的零星片段，而稍长的条目描述了重要的战斗，并描绘了现场或附近可能的寻访路线。最长的条目则更详细地描述了战争对峙过程，有时还包括地图。我们希望本书能激起读者寻访历史的兴趣。为此，本书给出了行程始发点的建议，并提供了可靠的参考路线。

第一章
古 代
公元 500 年以前

史前遗迹和绘画证据、古老的传说和神话、确凿的历史记载，共同讲述了古代的历史。

史前时代的部落战争
澳大利亚北领地阿纳姆地

跟随土著导游参观阿纳姆地的岩石画廊，了解澳大利亚原始狩猎采集者及其可能的部落战争。

- ◆ **距离**
  路线取决于行程
- ◆ **起点**
  甘巴兰亚（Gunbalanya）的印加拉克工艺品中心
- ◆ **漫步类型**
  有导游带领的艺术之旅
- ◆ **何时出发**
  旱季，5月至10月

　　几千年来，澳大利亚原住民一直用岩画记录他们的生活和观察，但罕有描绘战争的。然而，澳大利亚北部地区原住民拥有的阿纳姆地（Arnhem Land）荒野中，有一些绘画中的人物似乎正在交战，这表明有时确实会发生部落战争。

　　在这些岩画周围漫步，可以深切体会原住民的历史，这些历史可以追溯到一万多年前。

　　这里有郁郁葱葱的湿地和特有的珍稀野生动物。进入阿纳姆地需要许可证。在甘巴兰亚的印加拉克工艺品中心，可以直接向当地土著导游了解他们的艺术和文化信息。

右图：阿纳姆地的风貌几千年来一直这样。

2

纳塔鲁克大屠杀
肯尼亚纳塔鲁克

沿着图尔卡纳湖（Lake Turkana）平静的湖岸漫步，你会发现人类战争的可能证据：在这个可以追溯到大约一万年前的遗址中，发现了近三十具骸骨，包括妇女和儿童。他们被钝器所伤，而这些创伤只可能是由其他人造成的。

3

墙上的弓箭手
西班牙科瓦德尔鲁尔

在巴伦西亚附近的科瓦德尔鲁尔（Cova del Roure）地下迷宫中漫步，你会发现古代的洞穴壁画，其中展示了弓箭手与其他战士的战斗。这些一万年前的小规模的冲突被记录在洞穴的天花板和墙壁上，是渔猎时代人类战争的证明。

左图：罕见的展示武器的澳大利亚土著岩画。

公元500年以前

4

塔尔海姆乱葬坑
德国塔尔海姆

1983 年发现的塔尔海姆乱葬坑是一个长 7.6 米宽 0.9 米的古代乱葬坑，里面有成人和儿童的骸骨三十四具，据信是大约七千年前被集体屠杀的。这是首次发现有严重创伤的石器时代的骸骨。杀戮可能是有组织的。作为欧洲新石器时代早期的首次此类发现，这个乱葬坑引起了考古学家的特别兴趣。从塔尔海姆中心出发，沿着主路朝河的方向走一小段路即可到达乱葬坑。

5

埃及帝国的扩张
苏丹凯里迈（Karima）博尔戈尔山

大约在公元前 1450 年，埃及法老图特摩斯三世（Thutmose III）率领军队沿着尼罗河南下，控制了今天苏丹的大部分地区。快进三千五百年左右的时间，登上博尔戈尔山（Jebel Barkal）的平坦山顶后，可以看到一堆金字塔、神庙柱和仪式走道，它们被沙子半埋着，标志着这次扩张的南部边界。

右图：博尔戈尔山有三千五百年历史的遗迹标志着法老图特摩斯三世统治下埃及帝国扩张的南部边界。

第一章 古代

公元500年以前　13

萨尔贡大帝攻克乌鲁克

伊拉克艾赫沃尔（Ahwar）

漫步在世界上第一位伟大的皇帝征服一个又一个部落的沼泽地。

- **距离**
  1.6公里
- **起点**
  摩拉法德尔萨克拉尼（Molla Fadhel Sakrani）古墓
- **漫步类型**
  步行穿越沼泽地和水湾，欣赏美景、野生动物和鸟类
- **何时出发**
  清晨或傍晚时最佳；避免在中午

萨尔贡大帝（Sargon of Akkad）被一些历史学家认为是第一位皇帝。苏美尔文字记录了他如何在公元前2400年左右攻破乌尔、乌鲁克、乌玛、埃里杜、拉加什和更多城市的城墙，巩固了对该地区的控制（尽管无法确定准确年代）。有一段特别生动的引述说，征服了这些南方敌人后，萨尔贡到达海岸，"在海里清洗了武器"，因为再也没有城市可以征服了。

乌尔和乌鲁克的遗迹矗立在曾经是肥沃土地的干燥沙漠中。尽管现在的边界将这个山谷分开了，但当时整个地区都是萨尔贡发动战争并建立帝国的地方。

步行者可沿着沼泽地旁的道路漫步，遥想萨尔贡帝国。这是一个鸟类聚集的地区，已经没有战争的迹象。当地人会砍下芦苇，撑船将它们运到岸上。请留意，这里还是火烈鸟的栖息地。

右图：在这片芦苇丛生的沼泽地上，几乎没有迹象表明这里曾经是萨尔贡大帝的战场。

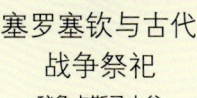

塞罗塞钦与古代战争祭祀

秘鲁卡斯马山谷

在利马以北二百七十千米的卡斯马山谷，塞罗塞钦（Cerro Sechín）是一处属于秘鲁前印加时代的考古遗址。在公元前1800年至公元前900年的文化研究中，它是被引用最多的战争和祭祀遗址之一。在该遗址周围走走将会是一次有益的学习经历。

拉加什 – 乌玛争端

伊拉克美索不达米亚

在古代苏美尔，拉加什人和乌玛人之间爆发了有据可查的战争。尽管确切的细节至今仍有争议，但描绘这场战争的石柱雕刻着一个人一只手提着一篮子人，表明他们是俘虏。今天，该遗址位于现代伊拉克境内。参观者将发现一片贫瘠的沙漠，有足够的空间在挖掘和未挖掘的建筑中漫步。

左图：现藏于卢浮宫的这幅石雕浮雕展示了萨尔贡大帝站在一棵生命之树前。

公元500年以前　　**15**

米吉多之围
以色列海法的米吉多国家公园

想象一下圣经中记载的古代文明之间的战争就发生在这个丘阜的顶部，山丘上古老的定居点。

◆ **距离**
0.8 公里

◆ **起点**
博物馆

◆ **漫步类型**
废墟周围

◆ **何时出发**
全年

右上图：考古学家发现了距今四千多年的文物。

右图：米吉多的山顶位置既是它的优势，也最终见证了衰落。

米吉多位于古迦南地区（即今天的以色列、巴勒斯坦、黎巴嫩以及叙利亚和约旦的部分地区）与埃及和美索不达米亚之间的卡梅尔山脉的交汇处，其战略性的山顶位置使它的重要性远远超过了它的面积。《新约》说，这里是末日大决战（Har-Megiddo）的遗址，这是上帝和撒旦之间的最后一战。考古学家认为，这里是古以色列人与其对手之间至少三十场战斗的遗址，可追溯到四千多年前的新石器时代。

公元前 1479 年，迦南人与古埃及最伟大的军事战略家法老图特摩斯三世交战时，发生了长达七个月的米吉多之围。双方军队各有约一千辆战车和一万名步兵。然而，迦南人撤退至米吉多，图特摩斯在其周围修建了护城河并围起了栅栏，最终迫使他们投降。这场胜利使图特摩斯控制了迦南北部，并为向美索不达米亚发起战役提供了一个基地。

该地区现在不仅是以色列的国家公园，也是联合国教科文组织公布的世界遗产。你可以将按照米吉多原始结构修建的宏伟博物馆作为起点，然后穿过公元前十五世纪的迦南城门，沿着被摧毁的防御工事、寺庙、宫殿、坟墓和水渠周围的人行道一路走下去，沿途想象从公元前 4000 年到公元前 400 年住在这里的居民。

10 米吉多战役
以色列海法的米吉多国家公园

另一场米吉多战役发生在公元前609年,当时的犹大王约西亚被法老尼科二世(Necho II)打败,犹大王国随即成为埃及的附属国。到南部观察点,不妨想象一下下面平原上战车和步兵的激烈交锋。

公元500年以前 17

卡迭石战役

叙利亚霍姆斯

大约在公元前 1274 年，埃及法老拉美西斯二世（Ramses II）因赫梯间谍的口是心非而大吃一惊。几千辆战车曾互相厮杀，赫梯人先是占了上风，然后埃及人占了上风。拉美西斯本人也曾一度进行肉搏战。今天，该遗址可以被称为阿尔纳比曼多（al-Nabi Mando）土丘。爬上该土丘，可以鸟瞰整个遗址，随后可以下山，绕着遗址上的建筑漫步。

12

特洛伊之围
土耳其恰纳卡莱省的希萨尔克

漫步特洛伊城的标志性遗址——证明神话对人类经历的重要性。

◆ **距离**
1.6 公里

◆ **起点**
考古遗址售票处

◆ **漫步类型**
轻松且标记清楚

◆ **何时出发**
全年；每星期的中间几天人比较少

左上图：在给我们带来特洛伊木马传说的遗址周围走走。

左图：这里的遗迹可以追溯到公元前 3000 年。

公元前十三世纪中期，迈锡尼希腊人围攻了当时爱琴海地区最大的城镇之一特洛伊城，在古代很少有战役能与之相提并论。其实，我们所知道的关于特洛伊战争的一切，从美丽的海伦（Helen）被帕里斯（Paris）诱拐，到希腊人使用的木马，都来自荷马（Homer），他在其史诗《伊利亚特》和《奥德赛》中详细描述了这场战争，这两部史诗是根据事件发生后五百年的神话写成的。十九世纪后期开始的考古发掘确实找到了公元前 1250 年前后大规模破坏和屠杀的证据。

该考古遗址位于一座人工土丘的顶部，1998 年被列入联合国教科文组织世界遗产名录。从售票处往西走五百米左右，经过特洛伊木马模型，然后沿着木板路开始左转弯的旅程，这里将带你走过这座城市从公元前 3000 年到公元 500 年的九个发展阶段，并因特洛伊战争而告终。大多数遗迹，包括令人印象深刻的两层宫殿建筑群，都可以追溯到特洛伊六世（Troy VI）时期。

13

基利波山战役
以色列贝特谢安市基利波风景大道

在公元前十二世纪克里特岛的非利士人和以色列人之间的这场战役中，扫罗王（King Saul）和一万名士兵撤退到基利波山的山顶。但他们遭到了一万五千名非利士人的袭击，结果惨败；扫罗王的三个儿子先倒下。扫罗的军队溃不成军，随后扫罗王倒在了自己的刀上而死。蜿蜒十八公里长的基利波风景公路沿着山脊而行，从那里远足可以俯瞰耶斯列山谷下面的战场，在扫罗山的一条小径上，有描述圣经故事的希伯来文铭牌。

14

"海上民族"袭击埃及
埃及卢克索西岸附近的哈布城

没有记录指明"海上民族"来自哪里，但他们是公元前1276年至公元前1176年间地中海沿岸城市，尤其是埃及城市的航海掠夺者。公元前1176年，最后一位伟大的埃及法老，拉美西斯三世（Ramses III），打败了"海上民族"，随后他们从历史上消失了。漫步在哈布城（Medinet Habu）的拉美西斯三世神庙（仅次于卡纳克的第二大建筑群）周围，可以看到非常详细的象形文字讲述了战斗的故事，包括拉美西斯三世向阿蒙神炫耀他的战俘。

15

商周牧野之战
中国河南新乡

牧野之战（约公元前1046年）是中国历史上的一个关键点，当时商朝被推翻，周朝建立，并成为中国历史上时间最长的王朝，存在了近八百年。这场战争留下的证据并不多，但是，你可以沿着黄河漫步，参观现代重建的潼关，周人要到达牧野与商人决战就必须穿过潼关。

16

奥尔梅克文明的衰落
墨西哥韦拉克鲁斯州圣罗伦索特诺奇提特兰

奥尔梅克文化大约从公元前1200年到公元前400年在墨西哥湾沿岸蓬勃发展。当圣罗伦索特诺奇提特兰市（San Lorenzo Tenochtitlán）成为商业、宗教和政治权力中心时，它达到了鼎盛时期。一些历史学家认为，它的消亡是由环境破坏造成的。该考古遗址出土了一批珍贵的文物，半天就可以轻松参观完。

右图：哈布城的拉美西斯三世神庙内壮观的象形文字。

公元500年以前 21

17

拉吉什之围
以色列水牛城附近的拉奇什国家公园
（Tel Lachish National Park）

在耶路撒冷之后，拉吉什被认为是朱迪亚第二重要的要塞城市，它守卫着从埃及出发的主要路线。公元前 701 年，当希西家王（King Hezekiah）反抗亚述时，拉吉什被亚述王西拿基立围困并占领。现代发掘揭示了一场激烈的战斗。一千五百个头骨，数百个箭头，以及一条用来突袭城墙而建造的石头和泥土坡道已经被发现。游客们可以在希西家城门和宫殿堡垒的遗迹周围走动，有一条小路可以爬到人工土丘的顶部。

18

萨迪斯之围
土耳其马尼萨省萨迪斯（Sardis）

在居鲁士大帝的统治下，波斯帝国迅速扩张。居鲁士的第一个主要成就是公元前 547 年征服强大的吕底亚王国，这为进一步向南扩张到利西亚铺平了道路。关于这场战役的细节很少。希罗多德（Herodotus）写道，在这场战役中，居鲁士把他的骆驼放在他的战士前面。吕底亚的马不习惯这种气味，拔腿就跑。在萨迪斯，沿着十八米长的罗马路，经过拜占庭商店，会见到一座三世纪的犹太教堂。据信犹太人早在公元前 547 年就在这里定居，正是居鲁士时期。

19

围攻桑索斯
土耳其安塔利亚省克尼克（Kinik）

公元前 1200 年到公元 400 年，利西亚在土耳其西南地中海沿岸蓬勃发展。这种独特文化的遗产包括令人惊叹的葬礼纪念碑和第一个城邦民主联盟利西亚联盟。首都桑索斯今天是一个重要的考古遗址，有许多利西亚和希腊的遗迹。桑索斯有着曲折的历史：公元前 540 年被实力明显占优的波斯军队包围；公元前 42 年被布鲁图斯（Brutus）领导的罗马军队包围时，这座城市的居民集体自杀了。要观看战场，请爬到竞技场的顶部。

20

早期罗马战争
意大利罗马

公元前 508 年，拉尔斯·波塞纳（Lars Porsena）的伊特鲁里亚军队从城市西边的贾尼科洛山后面逼近罗马，令罗马人措手不及。看到敌人靠近，罗马人穿过苏伯利西亚桥进入罗马城紧急避险。罗马英雄贺雷修斯·柯克莱斯（Horatius Cocles）想出了一条妙计，他和两个朋友拆掉了桥上的木板，毁掉了整座桥，成功阻碍了敌人进入罗马城。你可以在热闹的泰斯塔西奥区漫步，然后穿过现代化的大桥来到熙熙攘攘的特拉斯提弗列（Trastevere）。

左上图：萨迪斯的废墟，骆驼的气味在这里把马吓跑了。

上图：从桑索斯圆形竞技场的顶部可以俯瞰昔日的战场。

公元500年以前

21

阿迪纳人
西弗吉尼亚州南查尔斯顿的克里埃尔土丘

公元前 500 年，阿迪纳文化分布在现在的俄亥俄州的大部分地区。它以建造坟丘的习俗而闻名，其中一些坟丘里有带战伤证据的骷髅。研究表明，有些（可能是俘虏）是被活埋的。许多土丘已经被毁，但其中保存最好的是南查尔斯顿的克里埃尔土丘，在那里你可以走到山顶，绕着长满青草的公园，然后前往河边。你不妨眯着眼睛，想象远处有狩猎采集者在广阔而肥沃的山谷种植南瓜和向日葵。

22

马拉松战役
希腊东阿提卡马拉松

公元前 490 年，波斯军队试图征服希腊，但没有成功，这场著名战役就发生在雅典东北部环绕马拉松镇的平原上。作为荣誉的象征，这里的一百九十二名遇难者的合葬墓高约十米，位于该镇南部。一名信使从这里跑到雅典宣布胜利，马拉松长跑比赛由此得名。绕着土堆，向北不远处有一座仿造的爱奥尼亚马拉松奖杯，这是雅典人为了纪念他们的胜利而建立的。

23

温泉关战役
希腊温泉关

温泉关是希腊北部一个具有战略意义的山口，连接着巴尔干半岛东海岸的南北通道。公元前480年，一支七千多人的希腊军队决心阻止波斯军队通过温泉关。后来波斯军找人带路，迂回到了温泉关后面。希腊军队大部分撤离了关口。李奥尼达和三百名斯巴达人和一千多其他希腊人留下坚守阵地，直到最后一人倒下。该山口现在被一条高速公路穿过，一边是李奥尼达像，另一边是游客中心。

24

伯罗奔尼撒战争
希腊科林斯

雅典和斯巴达是古希腊最强大的两个城邦。从公元前431年到404年，他们之间发生了战争，被称为伯罗奔尼撒战争。最终，大部分权力转移到了斯巴达，民主政治败给了寡头政治。科林斯附近发生了一场大型海战。沿着科林斯的海滩漫步，在历史民俗博物馆和古老的勒卡埃乌姆港口之间，可以看到战争可能发生的地方。

上图：沿着科林斯的海滩漫步，经过珀伽索斯雕像，可以看到伯罗奔尼撒战争可能发生的地方。

左图：马拉松镇外的墓穴，公元前490年战役的阵亡者被合葬于此。

公元500年以前　**25**

摩揭陀国和跋耆国战争
印度比哈尔邦

漫步于帕尔古河上的寺庙之间,这里曾经是历代王朝争夺珠宝的地方。

◆ **距离**
  13公里

◆ **起点**
  格雅的摩诃菩提寺

◆ **漫步类型**
  悠闲的白天散步(单向)

◆ **何时出发**
  请于10月至3月到访,以避开季风和炎炎夏日

右图:摩诃菩提寺,据说佛陀在这里悟道。

　　公元前484年至前468年,在摩揭陀国的哈里扬卡王朝和跋耆国联盟之间发生了摩揭陀国和跋耆国战争的故事,该故事有着不同的起源,这取决于你读的是哪种文献。

　　尽管严格意义上说这不是一场宗教战争,但哈里扬卡王朝主要是佛教徒,而跋耆国联盟是耆那教和佛教信仰的混合体。据佛经记载,战争的起因是跋耆国人偷走了哈里扬卡国王阿加塔沙图(Ajatashatru)的钻石矿财富。然而,耆那教的文献称,这场争斗起因是一条神圣的项链,阿加塔沙图想把它作为礼物送给他的王后,他要求跋耆国人送给他。当被拒绝时,他决定用武力来夺取。

　　这场战争是发生在现代的比哈尔邦的恒河尼泊尔边境。在恒河以南约九十六公里处的格雅,你可以沿着帕尔古河漫步,参观佛教、耆那教和印度教寺庙,包括古老的摩诃菩提神庙群。它是联合国教科文组织世界遗产,据说佛陀在这里获得了启示。

第一章 古代

公元500年以前 27

26
高卢人在伊特拉斯坎领土定居
意大利马尔扎博托

伊特拉斯坎人的卡伊努阿市（位于今天的马尔扎博托附近），是伊特拉斯坎人在第勒尼安海的定居点和北部城邦之间的重要商业枢纽。公元前4世纪，高卢人横扫波河流域，占领了伊特拉斯坎人的领土，它的重要性随之下降。从马尔扎博托开始的一条约十七公里的环形路线蜿蜒穿过鹅耳枥和橡树林，经过古老的遗迹，包括一座墓地、两座寺庙和私人住宅。

28　第一章　古代

罗马人阻挡高卢人

意大利罗马

探索罗马七座山中最小的一座,在这里,高卢人对这座城市的洗劫受到了阻挡。

◆ **距离**
2.6 公里

◆ **起点**
罗马斗兽场

◆ **漫步类型**
城市漫步

◆ **何时出发**
全年

左图:古罗马广场的废墟耸立在罗马市中心。

左下图:通向卡比托利尼广场的楼梯,该广场位于罗马七座山中最小的一座山的顶部。

古罗马的所有道路都在坎皮多里欧或卡比托利尼山汇合,这是罗马七座山中最小的一座。卡比托利尼山位于宗教和政治权力的中心,象征着帝国的心脏,其山顶上供奉的众神之王朱庇特的神庙是古罗马最重要的宗教场所。

公元前 390 年 7 月 18 日,高卢人在阿利亚河和台伯河的交汇处进攻并击溃了罗马人。他们向罗马进军,边走边洗劫。

传说,当高卢人随后在夜间袭击卡比托利尼时,一群居住在朱庇特神庙的神鹅高声尖叫,它们震耳欲聋的咯咯声和嘶嘶声回荡在整个城市,并提醒了执政官马库斯·曼利乌斯·卡比托利努斯高卢人来了,从而拯救了这座城市。

从罗马斗兽场出发,沿着帝国大道向西北方向走,可以欣赏到罗马广场遗址。到达威尼斯广场后,请向左转,并留意通往坎皮多里欧山的台阶。穿过朱庇特神庙,继续向南,就是台伯河边的罗马真理之口广场(Piazza della Bocca della Verità)的圆形的胜利者海克力斯神庙(Temple of Hercules Victor)。

阿利亚河战役
意大利罗马

这场著名的战役发生在公元前 387 年，罗马人和高卢人在台伯河与阿利亚河交汇处的河岸上厮杀。罗马人大吃一惊，他们几乎没有时间发动进攻，就被彻底打败了。一些罗马士兵在试图游离高卢人的途中被盔甲压得喘不过气来，溺水身亡。从萨拉亚帕德尔俱乐部（Salaria Padel Club）后面的自然保护区开始散步。你可以沿着河流向北走，走到你能走得最远的地方，看看河流、农田和一些商店。

中国的战国
中国湖北省武汉市

公元前五世纪，中国处于战国时代，强大的国家不断争夺霸权。在战国时代末期，秦国经受住了考验，并在公元前 221 年建立了中国第一个统一的王朝秦朝。中国有很多地方可以让你更多地了解战国时代，但没有一个地方像武汉的磨山风景区那样凝练而美丽。不妨沿着东湖漫步，欣赏历史地标，然后参观收藏了最多战国时期楚国文物的湖北省博物馆。

下图：武汉磨山风景区风景优美，历史气息浓郁。

左图：在格拉尼库斯河战役遗址周围散步时，矗立的石头为风景增添了色彩。

30

格拉尼库斯河战役
土耳其恰纳卡莱省比加（Biga）附近

这场战争发生在公元前 334 年，这是马其顿亚历山大大帝和波斯帝国阿契美尼德王朝之间三场大战中的第一场。包括普鲁塔克在内的古代历史学家对这场战争的三种描述相互矛盾，但结果是马其顿取得了压倒性的胜利。战场的确切位置尚不清楚，但人们认为它是在格拉尼库斯河（现在的比加河）以东的平原上。你可以沿着比加河的河道，在乔夫科伊（Çavuşköy）村和卡拉比加（Karabiga）村之间走十九公里。

31

伊索斯战役
土耳其安纳托利亚伊索斯湾

亚历山大大帝征服小亚细亚的第二次大战发生在伊斯肯德伦（Iskenderun）市（土耳其语中的"亚历山大"）北部的伊索斯湾。波斯人在格拉尼库斯战败后，大流士三世（Darius III）亲自指挥他的军队。他召集援军，率领人马在希腊人的后方突然行军，切断了他们的补给线。这迫使亚历山大后退。该遗址位于一个土堆上，那里有一个令人印象深刻的希腊式剧院和一个巨大的罗马渡槽遗迹。

公元500年以前 **31**

32

森提努姆战役

意大利马尔凯大区萨索费拉托（Sassoferrato）附近

宁静的小路就是战场，罗马人在这里打败了高卢人和萨姆尼人等，控制了意大利的中部和北部。

◆ **距离**
19公里

◆ **起点**
蒙特拉戈

◆ **漫步类型**
长途路线

◆ **何时出发**
全年

右上图：森提努姆的考古遗址充满了有趣的细节。

右图：从蒙特拉戈到斯特雷加山的宁静步道。

传说公元前295年的森提努姆（Sentinum）战役开始前，战场上出现了一只被狼追赶的母鹿。这头母鹿向高卢人飞奔，高卢人立即杀死了它，而狼则朝着罗马人的方向奔去，罗马人认为这是来自众神的神圣信息。这场战争最终以罗马的胜利而告终，罗马人控制了意大利的中部和北部。

从蒙特拉戈（Montelago）出发，你可以穿过草地和林地，到达斯特雷加山（Monte Strega）顶。罗马人与萨姆尼人、伊特鲁里亚人、翁布里亚人和高卢人组成的非凡联盟之间的战斗可能发生在这里。他们的部落联盟最终瓦解。

从斯特雷加山返回蒙特拉戈，向东前往雷杰达诺（Regedano），从那里你可以步行到森提努姆考古公园，它位于马雷纳激流（Marena Torrent）和森提诺河（Sentino River）之间。这里有几处罗马遗迹，包括两条有明显车辙痕迹的道路，一个金属铸造厂，两个带有热浴室、温浴室和冷浴室的热澡堂，可以追溯到公元一世纪和二世纪。每年7月的最后一个周末，你都可以观看这场战役的再现表演。

32　第一章　古代

公元500年以前 **33**

万里长城
中国

最初，长城是用来抵御入侵者的小段城墙。在公元前 214 年，秦始皇将北方的城墙连接起来，形成了一道长长的、坚不可摧的屏障，称为万里长城。许多最古老的部分都是用木头和夯土建造的。随着建筑技术的发展，工程不断地使用当地的材料，比如在山丘和山谷中发现的花岗岩或大理石。如今，长城绵延两万多公里。走完全程可能需要二十个月的时间，但在许多城门之间可以安排较短的步行路线，这样就可以欣赏到蜿蜒至远处的长城景色。

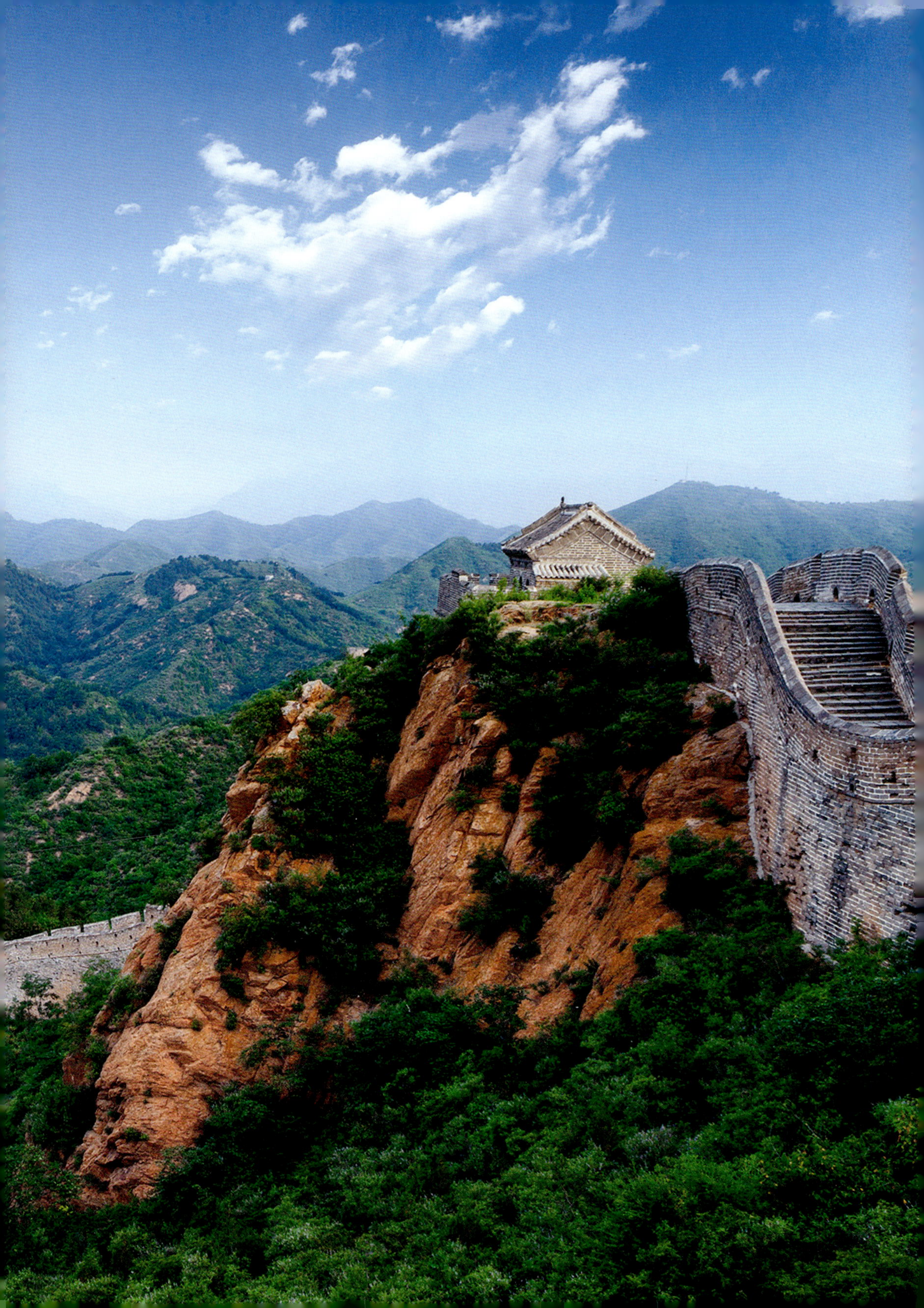

34

塔古斯河战役
西班牙瓜达拉哈拉省

许多人都熟悉汉尼拔在第二次布匿克战争中率领战象穿越欧洲阿尔卑斯山的故事。然而，他的第一次重大胜利是公元前220年在西班牙瓜达拉哈拉省德里贝斯（Driebes）和伊拉纳（Illana）市之间的塔古斯河战役，他率领的迦太基军队有四十头战象，但在人数上寡不敌众。他的成功创造了汉尼拔及其大象的传奇。你可以在德里贝斯和伊拉纳市之间步行一整天，从两个城镇的北部穿过塔古斯河，重现他的胜利。当你沿着河流经过瓦拉加城堡（Castillo de Vállaga）时，你可以想象大象涉水而过的画面。

35

特拉西美诺湖战役
意大利翁布里亚（umbria）

公元前217年6月，汉尼拔横穿阿尔卑斯山，在两场战役中击败了罗马军队，向南横扫意大利。他战术性地把罗马人引到了特拉西美诺湖（Lake Trasimene），准备伏击敌人。在6月21日雾气蒙蒙的清晨，罗马人进入了山谷，汉尼拔的军队发动了进攻，开始了一场三个小时的战斗，杀死了一万五千名罗马士兵和罗马执政官盖乌斯·弗拉米尼乌斯（Gaius Flaminius）。一条十六公里的环形小道从特拉西美诺河畔托罗（Tuoro sul Trasimeno）出发，记录了关键的历史时刻，此外，这里还有一座纪念这场战役的小博物馆。

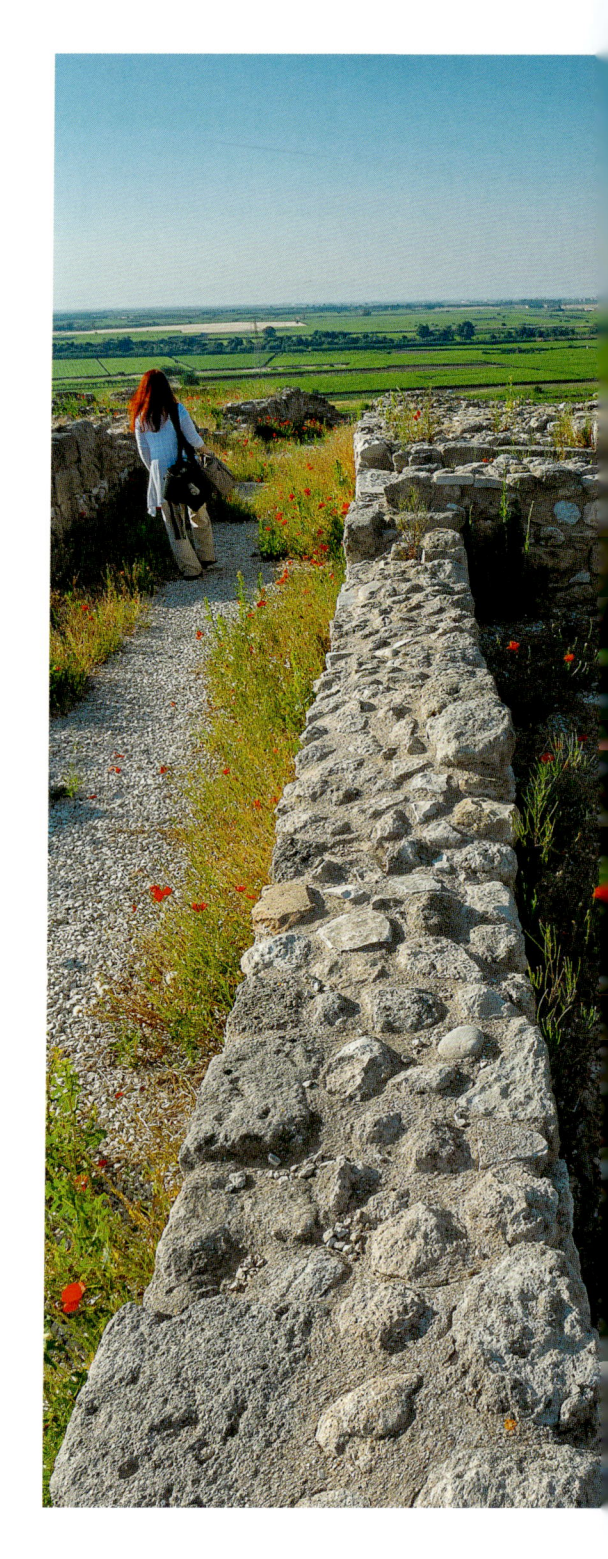

36

卡纳战役
意大利坎尼德拉巴塔利亚（Canne della Battaglia）

罗马阿普利亚的坎尼城是罗马历史上最惨痛的失败之一，公元前216年，汉尼拔用全面钳式进攻包围并屠杀了罗马军队。你可以漫步在坎尼考古遗址，今天被称为坎尼德拉巴塔利亚。该遗址坐落在奥凡托山谷（Ofanto Valley）的一座小山上，还设有一个博物馆，陈列着考古发现，展示板上展示了迦太基人获胜的战术策略。

37

垓下之围
中国安徽省固镇县

楚汉战争最后在垓下（公元前202年）决战。你可以漫步在今天的固镇东北的沱河南岸，想象当年的战况。在这里，刘邦围困了项羽。兵尽粮绝的项羽突围至乌江而自刎。

左图：汉尼拔在坎尼（Cannae）击败了罗马人，这里现在是俯瞰奥凡托山谷的好地方。

公元500年以前

38

西诺塞法拉战役
希腊塞萨利地区伏洛斯（Vólos,）附近

西诺塞法拉战役于公元前 197 年在雅典西北部崎岖的山区打响。这场战役是罗马人的决定性胜利，标志着第二次马其顿战争的结束。马其顿人被罗马军团包围，损失惨重。他们举起长矛表示投降，罗马人要么不理解这个信号，要么选择无视，结果有八千人被杀，五千人被俘。要想更近距离地观察这个战场，可以爬上伏洛斯北部的西诺塞法拉山。

39

马格尼西亚战役
土耳其马尼萨省马尼萨（Manisa）

公元前 190 年，塞琉古帝国的国王安条克三世（King Antiochus III）试图将他的权力和权威投射到希腊化时代的希腊，但他的企图被罗马共和国挫败。在位于土耳其的马尼萨锡皮卢斯山地区的马格尼西亚战役是罗马的决定性胜利。结果，安条克被迫放弃所有领土，支付赔款，交出他的战象，并提供了人质，包括他的儿子。战斗地点可能在锡皮卢斯山（Mount Sipylus）下面，即现在的斯皮尔达吉国家公园（Spil Dağı National Park）。在这崎岖的地形中，徒步旅行是个很好的选择。

40

彼得那战役
希腊马其顿中部地区彼得那（Pydna）

公元前 168 年，罗马和马其顿之间的彼得那战役瓦解了马其顿。马其顿人伤亡惨重，国王兼指挥官珀尔修斯（Perseus）在逃跑时被俘。这场战斗可能发生在今天的卡特里尼（Katerini）村，该村位于彼得那西南 24 公里处。再往西南 40 公里处是奥林匹斯山国家公园，这是一个生物圈保护区，围绕着一座标志性的山峰，有绝佳的徒步路线以观赏洞穴和瀑布。

41

汉朝反击匈奴的战争
中国忻州

在汉匈战争中，长城的雁门关是汉帝国和游牧民族匈奴联盟之间的一个关键位置。在公元前 128 年，卫青将军率领三万人出雁门关作战，并胜利归来。这是长城上最陡峭的通道之一，沿着这一段走一走，不仅可以看到壮观的景色，还可以了解到当时的战斗条件。

右图：雁门关令人印象深刻。

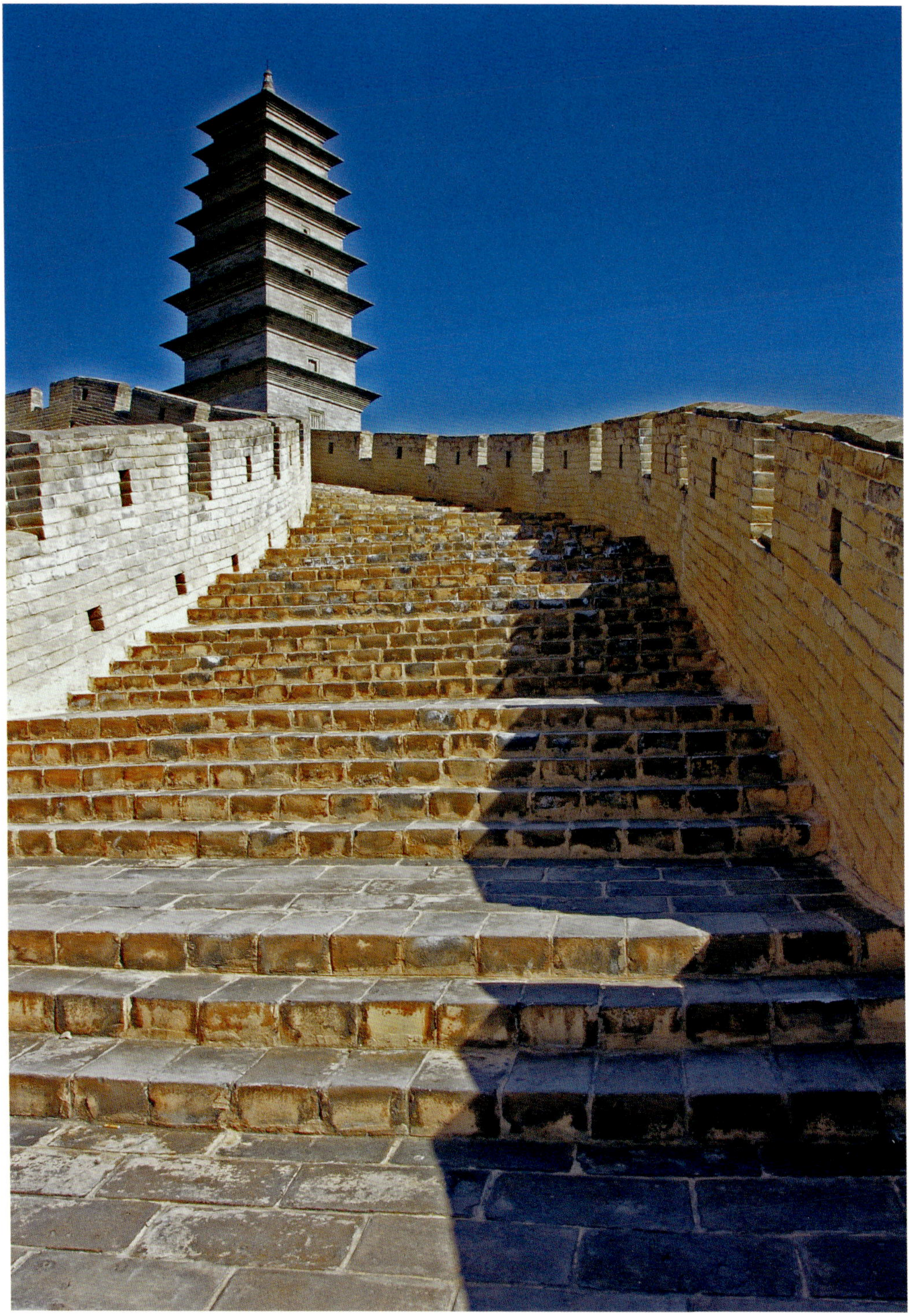

42

奴隶战争
意大利卡普阿（Capua）

在一系列反抗罗马共和国的奴隶起义的最后一场中，七十名角斗士在卡普阿摆脱了他们作为娱乐的奴隶的身份，并开始了第三场也是最后一场奴隶战争。你可以从竞技场开始，漫游卡普阿城。该城被称为"另一个罗马"。你会在周围看到罗马的桥梁、广场和雕像。

意大利
亚得里亚海
罗马
拉蒂娜
福贾
卡普阿
巴里
那不勒斯
马泰拉
布林迪西
索伦托
萨勒诺
波坦察
塔兰托
伊特鲁里亚海

40　第一章　古代

第三次奴隶战争
意大利

亚壁古道（Appian Way）曾被用来展示被钉死在十字架上的角斗士，但今天它提供了可以看到罗马帝国的遗迹的机会。

◆ **距离**
370 公里或 14 公里

◆ **起点**
意大利罗马

◆ **漫步类型**
您可以选择罗马的日间步行，也可以选择全程的多日行程

◆ **何时出发**
避开炎热的夏天，在春天或秋天去旅游

左图：亚壁古道从罗马到布林迪西（Brindisi）绵延三百七十公里。

右图：罗马帝国的遗迹沿着亚壁古道绵延不绝。

亚壁古道是一条从罗马到布林迪西港长达三百七十公里的史诗般的长距离罗马公路，它是重要的政治和贸易路线，在第三次奴隶战争中扮演了悲惨的角色。

在第三次奴隶战争结束时，也就是奴隶反抗罗马主人的最后一次起义中，奴隶首领斯巴达克斯（Spartacus）发动了他的全部力量对抗罗马军团，并被击败。大约六千名幸存者（包括角斗士）被钉在十字架上，并在这条重要的罗马大道上公开展示。

只要有足够的时间，走完亚壁古道是不错的。然而，对于那些想在罗马游览一小部分的游客来说，可以从罗马斗兽场以南三公里的亚壁古道公园游客中心开始，然后沿着十四公里的路线走到卡斯特利（Castelli）罗马尼地区公园。沿途你会看到罗马帝国的遗迹。

44

尤利乌斯·凯撒入侵不列颠
英格兰肯特郡的埃布斯弗利特（Ebbsfleet）

罗马人最初来到不列颠的原因不得而知，但这可能是为了报复凯尔特不列颠人在与凯撒大帝的战争中支持高卢人。凯撒本人在公元前55年的一次计划不周的访问中来到这里。第二年，他的进攻更加成功，击败了不列颠王，建立了他的第一个附属国。2010年，在肯特郡的埃布斯弗利特修路时发现了一条约五米宽的沟渠。研究表明，它是一个大型堡垒的一部分。该堡垒在罗马人登陆的佩格维尔湾（Pegwell Bay）用于保护凯撒的船只。向北仅半英里就是佩格维尔湾郊野公园，这是一个海滨湿地，拥有绝佳的徒步路线。

45

阿莱西亚之围
法国勃艮第地区阿利斯圣兰（Alise-Sainte-Reine）

公元前52年，凯撒率领的军队包围了韦辛格托里克斯（Vercingetorix）防守的阿莱西亚镇，这是罗马人和高卢人之间的最后一次战斗。罗马军队建立了一系列的防御工事，包括两道包围城市的城墙。韦辛格托里克斯最终投降并被处死。雷内·戈辛尼（René Goscinny）和阿尔伯特·乌德佐（Albert Uderzo）在《高卢英雄传》和《酋长的盾牌》中的记述略有不同。该战场遗址位于现代的阿利斯圣兰，那里的奥帕克·阿莱西亚博物馆（MuséoParc Alésia）中有这次战斗的文物，以及绘制的罗马围城线。向南步行3.2公里，便可到达战后发展起来的高卢–罗马城市遗址。

46

绿林军起义
中国河南昆阳

在中国西汉之后的一个很短的时期（公元8—23年），王莽建立新朝。一场农民起义军即绿林军与这个新王朝作战，并在昆阳之战中取得胜利，名义上恢复了汉朝。这场战争发生在昆阳，现在是河南叶县。关于这场起义或新朝的记载并不多。然而，你可以在当地散步，思考历史是如何被参与其中的人塑造的。

42　第一章　古代

上图：条顿堡森林的岩层成了当地日耳曼军队击退罗马人的绝佳伏击点。

条顿堡森林战役

德国条顿堡森林（Teutoburg Forest）

作为在日耳曼尼亚反抗罗马统治的成功起义之一，公元 9 年的条顿堡森林战役在该地区仍被人们铭记。当地的日耳曼酋长阿米纽斯（Arminius，德语叫赫尔曼 Hermann）伏击了三个罗马军团，阻止他们进一步向东北方向推进。森林里有明显的小径，是白天徒步旅行的好去处。山顶有一座纪念阿米纽斯和这场战役的纪念碑，叫赫尔曼纪念碑（Hermannsdenkmal）。在下山的路上，你可以探索实现完美伏击的岩石。

罗马人入侵不列颠

英格兰肯特郡里奇伯勒（Richborough）

探索里奇伯勒殖民地的遗迹，这里对罗马殖民不列颠至关重要。

◆ **距离**
2 公里

◆ **起点**
售票处

◆ **漫步类型**
轻松至适中

◆ **何时出发**
全年

尽管凯撒在公元前 55 年击败了不列颠，并在第二年再次造访，促使罗马元老院宣布庆祝二十天，但真正的占领者是公元 43 年到达的克劳狄乌斯（Claudius）。他率领四万人的部队。他们在今天的里奇伯勒登陆，里奇伯勒位于东肯特湿地内陆约 2.9 公里处，位于一条重要的航道上，还有一个隐蔽的港湾。他们建造了防御工事，但没有遇到当地的抵抗。

他们的防御堡垒发展成为鲁图皮埃（Rutupiae）港口，该港口后来拥有一个剧院和一座二十五米高的纪念性大理石拱门，这是帝国最大的拱门之一。这里也是沃特林街（Watling Street）的起点，沃特林街是通往伦敦及其他地区的一条主要道路，为贸易和征服更远的凯尔特部落提供了便利。

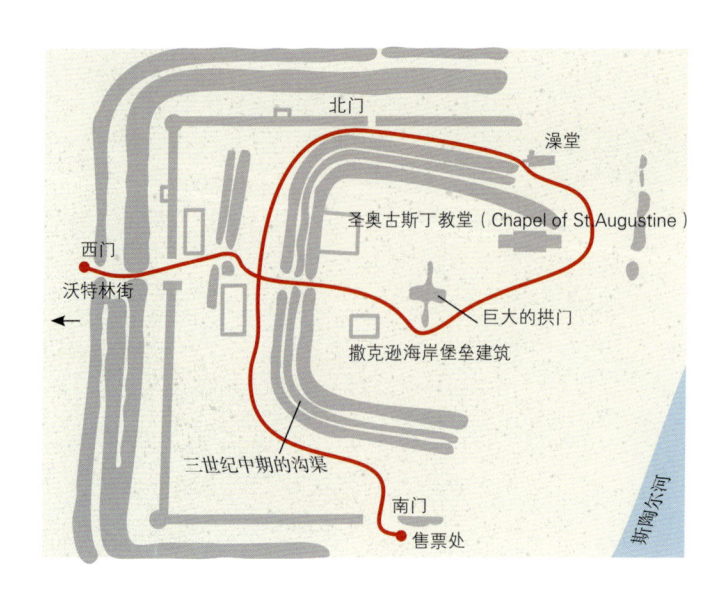

如今，里奇伯勒已经成为英国的一处文化遗址，是非常值得一去的地方，它能唤起人们对过去的回忆。它的道路标记明确，经过沟渠和防御工事，鲁图皮埃堡垒的遗迹，巨大的城墙，纪念碑拱门的基座，以及沃特林街的起点。圆形剧场在西南方向四五百米处。

右上图：罗马堡垒的遗迹显示出了罗马人一丝不苟的建筑风格。

右图：罗马人在里奇伯勒所建的鲁图皮埃堡垒的遗址。

公元500年以前 **45**

击败布狄卡

英格兰埃塞克斯科尔切斯特（Colchester）

沿着科尔切斯特的诺曼城堡的护城河漫步，这座城堡建在被布狄卡夷为平地的罗马神庙的原址上。

- **距离**
  两个小时路程
- **起点**
  城堡吊桥
- **漫步类型**
  轻松
- **何时出发**
  全年

在罗马人入侵并建立不列颠尼亚省之后，东盎格利亚的爱西尼人部落首领普拉苏塔古斯（Prasutagus）被封为罗马人的"藩属王"。当他在公元60年去世时，他的王国本应由皇帝尼禄（Nero）和普拉萨塔古斯与布狄卡（Boudicca）所生的两个女儿共同享有。尼禄夺走了所有的财产，当布狄卡反抗时，她被鞭打，她的女儿被强暴。

布狄卡女王走上了征战之路，控制了卡穆洛杜南（Camulodunum，今天的科尔切斯特），并烧毁了一切，包括一座献给克劳狄乌斯皇帝的神庙。然后，她前往伦敦，做了同样的事情。

据估计，约有八万名爱西尼人和其他部落的人被杀，布狄卡被认为是为了避免被捕而服毒自尽。

科尔切斯特（英国有记载的最古老的城镇）被一座建于1076年左右的诺曼城堡所统治，这座城堡的地基是献给克劳狄亚斯的神庙。绕着城堡要塞（曾经英国最大，尽管今天只有两层楼高）的护城河走一圈，然后进入城堡并爬到顶层，欣赏不可错过的展品，比如芬威克宝藏（Fenwick Treasure），即一组罗马珠宝，据信是在布狄卡起义期间埋葬的。

上图：统治科尔切斯特城的诺曼城堡。

左图：城堡内部，里面藏有罗马珠宝。

公元500年以前

50

围攻马萨达
以色列死海

公元 73 年，在这片偏僻的沙漠高原上，对罗马统治的最后抵抗被粉碎。犹太狂热分子早些时候打败了这里的罗马驻军。罗马军团包围了马萨达（Masada），用攻城锤攻破了要塞的城墙。当他们进入要塞时，罗马人发现九百六十名男女老少集体自杀。现在坐缆车很容易就能到达这里。除此之外，你还可以沿着建于公元前 35 年维护良好的蛇形路（"Snake Path"）绕着高原的东侧蜿蜒而上（耗时四十五分钟至一个小时）。

51

达契亚战争
罗马尼亚萨米泽盖图萨（Sarmizegetusa）

达契亚是位于现代罗马尼亚地区的一个小王国，存在于罗马皇帝图拉真（Trajan，公元 98—117 年）的统治时期。该王国曾两次与罗马帝国开战，其首都萨尔米茨基特萨雷吉亚（Sarmizegetusa Regia）被罗马人摧毁并重建。这座城市的遗迹是达契亚和罗马帝国文化交叉的一个很好的例子。再往东走一点，可以在格拉斯蒂亚蒙塞卢伊 – 乔洛维纳（Grădiştea Muncelului-Cioclovina）自然公园徒步旅行，该地区周围分布着几处达契亚堡垒遗址和考古遗址。

52

哈德良长城
英格兰北部

哈德良长城始建于公元 122 年，由罗马皇帝哈德良（Hadrian）建造，是防御北方野蛮人的防御工事，它横跨英格兰，从北海到爱尔兰海。在它的全盛时期，城墙上充满了军事定居点、兵营、堡垒和小城堡。如今，该长城的大部分已成为废墟。官方的哈德良长城之路全长约一百三十五公里，由英国国家信托基金管理。它东接泰恩河畔的纽卡斯尔，西接索尔韦湾畔鲍内斯（Bowness-on-Solway）。它是许多热衷于步行的人喜爱的长距离、多日游的路线。

53

蒙特阿尔班的消亡
墨西哥瓦哈卡州瓦哈卡

古代萨波特克人统治瓦哈卡（Oaxaca），城市建在蒙特阿尔班。从公元前 500 年到公元 850 年，它蓬勃发展，但不知什么原因，它最终开始被抛弃。到了公元 1000 年，这座城市的人口已经下降到高峰时期的五分之一以下，变得荒芜。这里是联合国教科文组织世界遗产，是墨西哥文化最丰富的考古遗址之一，你可以在寺庙、宫殿和高阶梯平台的遗迹中漫步，全方位欣赏美景。

右图：探索蒙特阿尔班的萨波特克市。不知道是什么原因导致了它的灭亡。

公元500年以前 49

54

赤壁之战
中国长江

三国时期的赤壁之战（公元 208 年）以通过计谋赢得胜利而闻名。传说南岸的联军有人佯装叛变，却在船上装满了柴火和油料，送到北岸曹操的舰队中，点燃了舰船。战斗实际发生在长江（Yangtze River）北岸的乌林。

右图：蒂卡尔许多保存完好的金字塔和建筑将过去的神秘带到了现在。

蒂卡尔的衰落

危地马拉蒂卡尔

背景设定在巨嘴鸟遍布的丛林中，蒂卡尔的废墟仍然令人着迷。

◆ **距离**
4 公里

◆ **起点**
入口大门

◆ **漫步类型**
在森林和开阔的田野中上下漫步，爬很多楼梯

◆ **何时出发**
日出时（如果可能的话），或者在一天的早些时候

很少有玛雅遗址比危地马拉佩滕（Petén）地区的蒂卡尔遗址更宏伟或更神秘。

作为《星球大战四：新希望》的拍摄地，佩滕这颗宝石直到今天仍在散发着它的神秘色彩，而记录在石柱上的一些动荡的历史却清晰可见，供所有人观看。

最初蒂卡尔的统治阶级是玛雅人，在公元 378 年，遭到了来自墨西哥北部的入侵者的攻击和征服。这些入侵者很可能来自提奥提华坎（Teotihuacán）。它是一种截然不同的文化。蒂卡尔的统治者艾哈克一世（Chak Tok Ich'aak I），也被称为美洲虎爪大帝，被新统治者处死，纪念碑被砸碎。从那时起，这座城市开始被提奥提华坎统治。

从主入口大门，首先走到中央卫城（Central Acropolis），参观艾哈克一世的金字塔。从那里，然后继续前往第五神殿，蒂卡尔最著名的建筑之一。尽管你不能爬上第五神殿，但你可以爬上它对面的建筑。你可以在返回之前最后参观"失落的世界"（Mundo Perdido）展览。

下图：蒂卡尔金字塔从周围的丛林中拔地而起。

上图：在斯洛文尼亚，这条 8 公里的步道可以带你穿过罗马帝国的战场。

56

米尔维安大桥战役
意大利罗马

公元 312 年的米尔维安大桥战役（Battle of the Milvian Bridge）见证了康斯坦丁一世（Constantine I）的胜利，他后来成为罗马帝国唯一的统治者，他的敌人马克森提乌斯皇帝（Maxentius）淹死在台伯河。这座桥在十五世纪到十九世纪之间经过几次修复，至今仍屹立不倒。沿着亚壁古道（Appian Way）的长距离步行路线会看到保存完好的马克森提乌斯帝国别墅遗址。它位于距离罗马约三四公里，由三座建筑组成：宫殿、马克森提乌斯露天圆形竞技场、陵墓。

57

冷河战役
斯洛文尼亚普里莫尔斯卡省维帕瓦山谷
（Vipava Valley）

在公元 394 年的这场战役中，罗马皇帝狄奥多西大帝（Theodosius the Great）的军队和一支哥特人的分遣队，在罗马意大利东部地区面对篡位者尤金纽斯（Eugenius）及其军队。尽管把朱庇特的雕像带到了战场上，叛军还是被彻底击败了，狄奥多西恢复了罗马帝国的统一。战斗发生在今天斯洛文尼亚境内的维帕瓦河（Vipava River）沿岸。山谷里的"宝拉"狂风导致了尤金森的失败。可以沿着维帕夫斯卡塞斯塔（Vipavska Cesta）行走，它是一条八公里长的步道，连接着阿伊多夫什契纳（Ajdovščina）和维帕瓦（Vipava）两镇。

52　第一章　古代

58

莫希金字塔
秘鲁特鲁希略

莫希文明被认为是南美洲的第一个帝国，它比印加早八百年。位于塞罗布兰科火山口底部的特鲁希略附近的太阳神庙（Huaca del Sol）和月亮神庙（Huaca de la Luna）两座金字塔曾是高级政治和宗教场所。在这里，除了日常生活的场景外，还发现了关于军事战役、宗教仪式、血祭的壁画和雕刻。在金字塔遗址周围散步是了解这种鲜为人知的文化的好方法。

59

阿昆库姆之围
匈牙利布达佩斯

匈牙利最完整的罗马平民城镇阿昆库姆（Aquincum）建于公元100年左右，有铺好的街道和豪华的单层房屋，配有庭院和复杂的排水和供暖系统。公元106年，它被确定为罗马下潘诺尼亚（Pannonia Inferior）省所在地，一个世纪后成为殖民地。但它遭到了蛮族的攻击，在四世纪中叶基本被毁。当匈奴人在公元409年入侵该地区时，这里几乎被遗弃。阿昆库姆考古公园（Aquincum Archaeology Park）位于布达北部，拥有博物馆和附近的民用圆形剧场，全年都可以参观和步行。

下图：特鲁希略的金字塔是由南美洲的第一个文明建造的。

公元500年以前

罗马之劫
意大利罗马

公元 410 年 8 月 24 日晚上，西哥特人通过萨拉里安门（Salarian Gate）进入罗马。萨拉里安门位于萨勒斯特花园（Horti Sallustiani）附近，该花园是由亭台、喷泉、雕像和浴室装饰的私人花园建筑群，是罗马历史学家和政治家萨勒斯特（Sallust）的私人别墅。罗马连续三天遭到洗劫和掠夺，被严重破坏，别墅的废墟可以在萨勒斯蒂奥广场（Piazza Sallustio）看到。可以从这里向西南方向漫步到阿尔坦普宫（Palazzo Altemps）和卡比托利欧博物馆（Capitoline Museums），那里收藏着曾经陈列在花园里的著名雕像。途经圣三一大教堂（Trinità dei Monti），那里有一座十四米高的方尖碑，也曾属于这座别墅。

下图：华丽的萨勒斯特花园。

61

提姆加德之劫
阿尔及利亚提姆加德（塔穆加迪）

位于阿尔及利亚北部的提姆加德城（Timgad）坐落在肥沃的山谷和撒哈拉的贸易路线之间，公元前 100 年左右由罗马皇帝图拉真建立，并迅速成为一个重要的军事和贸易中心。它的财富吸引了人们的兴趣，在五世纪时，它被汪达尔人洗劫后衰落。今天，这个巨大的遗址是最完整的罗马城镇之一，但它几乎完全不为外界所知。漫步在空荡荡的鹅卵石街道上，寂静是如此的彻底，你可以感受到过去的精神。

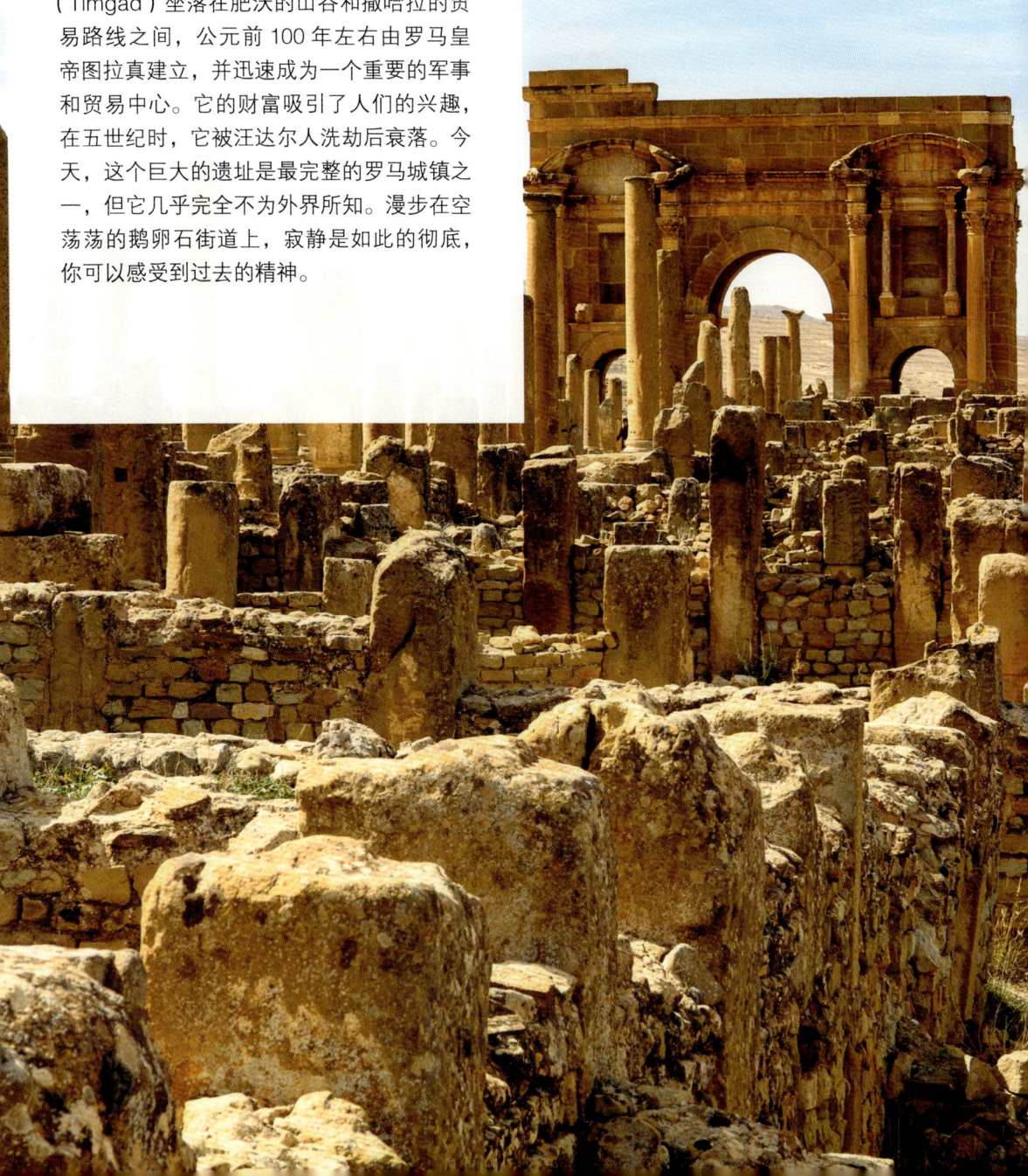

62

围攻阿尔勒
法国阿尔勒

公元 425 年，西哥特人围攻阿尔勒（Arles），但被罗马军团赶走。今天，美丽的法国地中海城市阿尔勒拥有大量的罗马纪念碑，带标记的步行路线可以引导你游览关键的景点。

香槟区

莱斯蒙特
普雷西圣马丁
普雷西诺特尔当
圣莱格尔苏布赖恩
奥布河
布赖恩勒夏托
布赖恩拉维埃勒
马托克斯
雷东维尔
奥松寺湖　阿曼斯湖　迪安维尔

56　第一章　古代

卡塔隆平原战役

法国香槟区东方森林自然风景公园

穿越匈奴王阿提拉曾经战斗过的地区的小公社和迷人的教堂。

- **距离**
  11公里
- **起点**
  特鲁瓦附近的莱斯蒙特
- **漫步类型**
  悠闲的半天散步
- **何时出发**
  4月到10月之间

左图：沿着美丽的奥布河寻找罗马帝国与匈奴王阿提拉激战的战场。

匈奴王阿提拉（Attila the Hun，他的拉丁名字是 Flagellum Dei，意思是"上帝之鞭"）在公元451年与埃提乌斯（Aetius）和狄奥多里克一世（Theodoric I）领导的罗马人和西哥特人的混合联盟作战。这是阿提拉对罗马帝国发动的最具决定性的战役之一。战斗极其剧烈，双方均损失甚大，匈奴人退回东欧。

历史记载中提到这场战役发生在高卢，也就是今天的法国，尽管确切的地点从未得到证实。许多研究人员认为它在香槟地区的特鲁瓦（Troyes）镇附近。附近的东方森林自然风景公园有一些风景优美的徒步路线。

沿着奥布河（Aube River）从莱斯蒙特一直走到拉东维利耶尔（Radonvilliers）的美丽湖泊，可以寻找真正的卡塔隆平原（Catalaunian Plains）。沿途你会经过一些小公社，那里有迷人的木屋和风格各异的教堂。

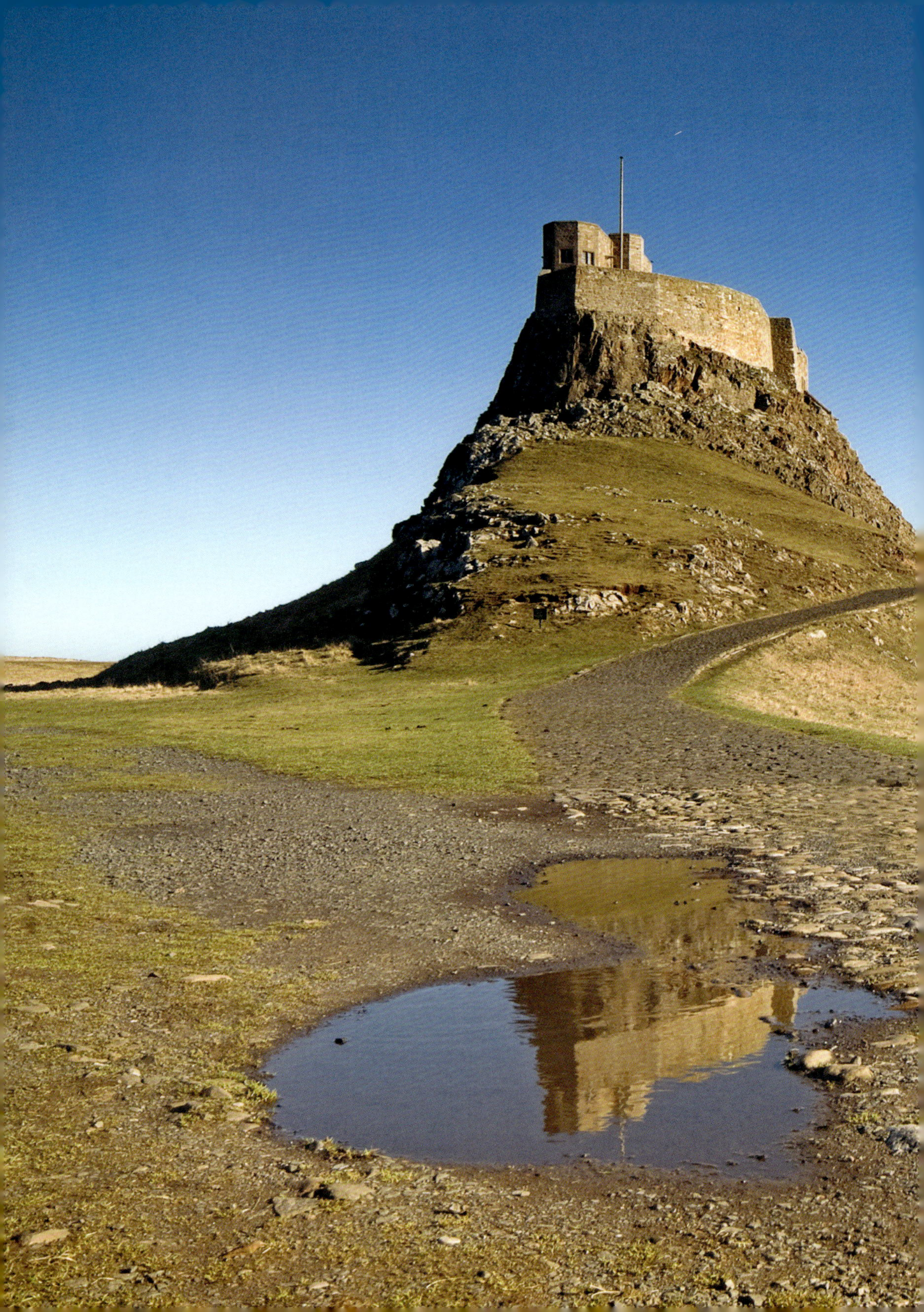

第二章
中世纪前期
500—1099

中世纪早期,随着战争特征的变化,战术更加明确,骑兵和炮兵的作用越来越大,城堡也出现了。

64

阿米达之围

土耳其迪亚巴克尔（Diyarbakir）

阿米达（Amida）城，现在的迪亚巴克尔，是拜占庭帝国的一部分，在 502 年被波斯国王卡瓦德一世（Kavadh I）围困。尽管城里没有正规的军队，但是市民们还是坚守了三个月。卡瓦德的军队最终还是找到了一条穿过厚厚的玄武岩城墙的路。一进入城内，他们就开始残忍地屠杀镇上的居民。当地的一位教士成功地说服了卡瓦德停止屠杀，但这座城市仍然被洗劫一空，幸存者被围捕到波斯当奴隶。玄武岩墙依然矗立在马尔丁门和乌尔法门之间，可以沿着它们行走。

65

韦泽伦斯战役

法国伊泽尔（Isère）省韦泽伦斯屈尔坦（Vézeronce-Curtin）

中世纪早期，现在西欧的大部分地区都被法兰克人统治着。他们的伟大领袖之一是克洛维国王（King Clovis）。在 511 年他去世时，他的王国被他的四个儿子瓜分，他们经常联合起来寻求进一步扩大他们的帝国。在 524 年的韦泽伦斯战役（Battle of Vézeronce）中，克洛维的一个儿子克洛多米尔被杀。这团结了其他兄弟一起寻求报复，他们获得了胜利。1871 年，人们在圣迪迪耶德比佐讷（Saint-Didier-de-Bizonnes）附近的泥炭沼泽中发现了一顶头盔，据信它来自这场战斗。徒步爬上附近的拉科切特（La Cochette）峰，可以欣赏到前法兰克人领土的美景。

上图：布列塔尼的雷莱克修道院建在布兰克海勒格战役可能发生的地方。

左图：从拉科切特峰可以看到法兰克人的大部分领土，包括韦泽伦斯战役的发生地。

66

布兰克海勒格战役
法国布列塔尼（Brittany）雷莱克修道院

对于布列塔尼的凯尔特人来说，历史和传说往往难分彼此的。古代布列塔尼历史上最重要的战役，也可能只是一个传说，发生在六世纪初两个地区敌对的国王之间。一个是嗜血的暴君康莫尔（Conomor），他谋杀了自己的六个妻子。另一个可能是善良的朱多尔（Judual）国王，他希望统一布列塔尼的封地。五个世纪后，在战役发生地修建了雷莱克修道院（Relec Abbey），需要步行四个小时才能穿过周围的乡村。

500—1099　61

汪达尔战争
突尼斯首都突尼斯市

漫步在迦太基的废墟中,它可以追溯到罗马人将汪达尔人驱逐出该地区的时代。

◆ **距离**
约5公里

◆ **起点**
迦太基考古遗址

◆ **漫步类型**
轻松

◆ **何时出发**
避免夏季

右上图:俯瞰突尼斯的迦太基古城遗址。

右图:迦太基的遗迹可以追溯到布匿和罗马时期。

汪达尔战争(Vandalic War)发生在六世纪初,并且横跨北非(但主要在今天的突尼斯),交战双方是拜占庭帝国和迦太基汪达尔王国。这是皇帝查士丁尼一世(Justinian I)为夺回一个世纪前失去的西罗马帝国而发动的第一次战争。

533年9月的阿德底斯姆战役(Battle of Ad Decimum)和三个月后的特里卡马鲁姆战役(Battle of Tricamarum),都是由弗拉维乌斯·贝利萨留斯将军(General Flavius Belisarius)率领的拜占庭军队与汪达尔人的国王格里默尔之间的较量。公元五世纪时,汪达尔人的王国已从欧洲延伸至北非。

在第一次战役中,在迦太基南部沿海公路的"第十里程碑",贝利萨留斯击溃了毫无准备的汪达尔人,占领了这座城市。在第二场战役中,在迦太基以西四十八公里的地方,拜占庭人以少胜多,彻底消灭了汪达尔人的势力。

确切的战争地点尚不清楚,所以请关注被联合国教科文组织列入名录的迦太基考古遗址,它位于突尼斯东郊。它包含了可以追溯到布匿和罗马时期的遗迹,包括许多来自迦太基军火库的石灰岩"炮弹"。公园周围有一条约五公里长的环形路。

68

塔吉纳战役

意大利翁布里亚瓜尔多塔迪诺
（Gualdo Tadino）

552年夏，拜占庭军队入侵塔吉纳（Taginae），终结了东哥特人在意大利半岛的势力。从圣安东尼奥迪拉西纳教堂（Church of San Antonio di Rasina）出发，沿着古老的弗拉米尼亚路（现在是SS3）可以到达塔吉纳的旧址。

提奥提华坎的没落

墨西哥墨西哥州

从中央大道探索古城提奥提华坎（Teotihuacán）的奥秘。

◆ **距离**
4 公里

◆ **起点**
提奥提华坎文化博物馆

◆ **漫步类型**
轻松漫步，最好在早上太热之前完成

◆ **何时出发**
全年

右上图：提奥提华坎的太阳金字塔是在墨西哥发现的最高的古代建筑。

右图：现场的修复工作有力地复原了其原貌。

当一座城市的历史从废墟中拼凑起来时，它的起源总是有一定程度的神秘感，提奥提华坎就是如此，即使它的名字不是它自己的，而是由在十五世纪发现它的阿兹特克人给它起的，意思是"创造众神的地方"。

这里的文明迹象可以追溯到公元前 150 年，但这座城市在公元 400—500 年达到了顶峰，有证据表明这里有自来水，正常运转的下水道系统，并且人口多达十七万五千。谁曾经住在这里仍有争议，但学者们一致认为，它是当时的主要城市，吸引了来自南方的移民，并进行了广泛的贸易。

大约在 550 年，它被洗劫，并被烧毁。火灾的原因是这个伟大遗址的另一个谜团。学者们最初认为，入侵者将这座城市夷为平地。然而，新的研究表明，焚烧只局限于与统治阶级有关的建筑。因此，文化和阶级的紧张关系可能导致了它的消亡。

从提奥提华坎文化博物馆出发，这条步行路线沿逆时针方向绕遗址一圈，沿途有长达一千六百米的死亡大道（Calzada de los Muertos），其中包括墨西哥最高的古代建筑高耸的太阳金字塔。

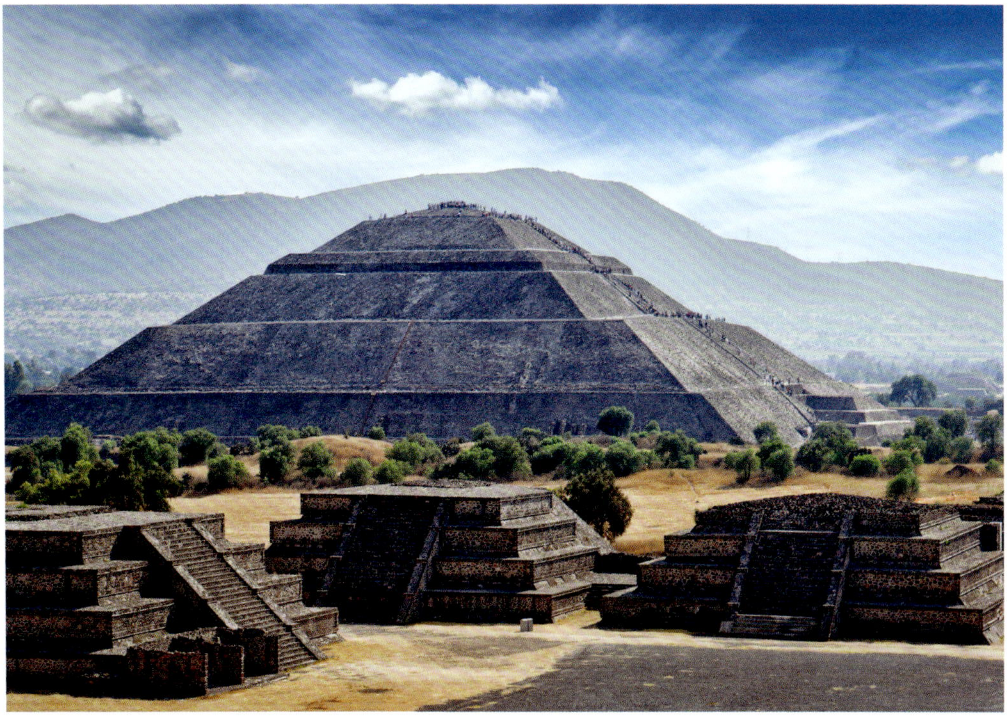

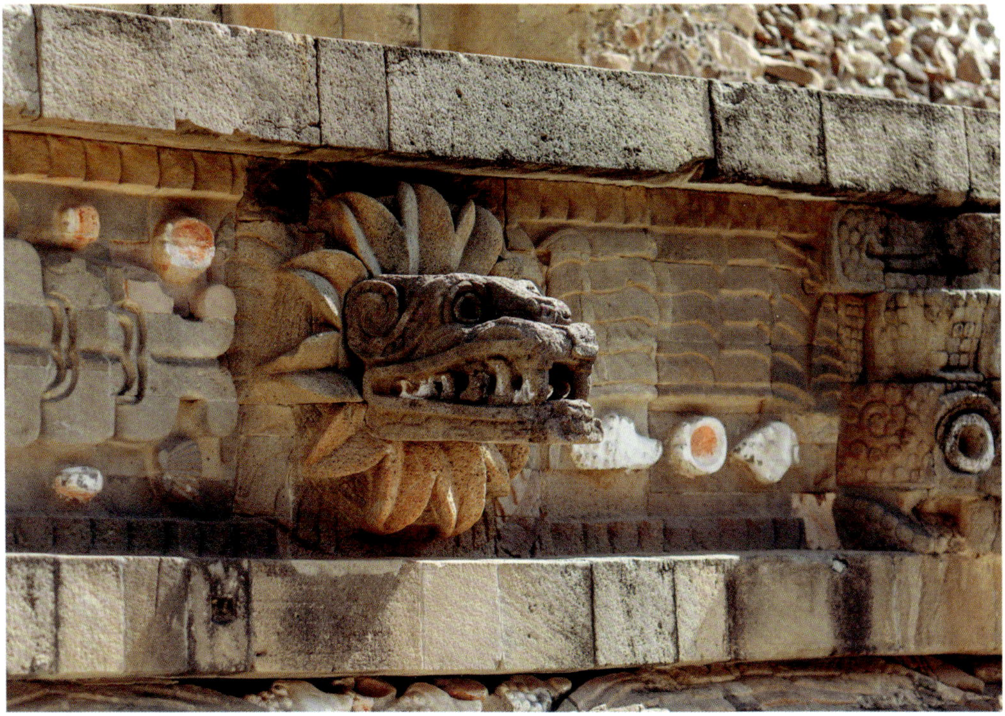

沃尔图诺战役
意大利卡普亚附近的沃尔图诺河

554年，纳尔塞斯将军（General Narses）率领的拜占庭军队击败了法兰克人和阿勒曼尼人的联军。阿勒曼尼酋长布提利努斯（Butilinus）在沃尔图诺河畔扎营，在河的一边筑起围墙，在河的另一边筑起防御工事。纳尔塞斯发动进攻，杀死了布提利努斯，几乎屠杀了他所有的部下。你可以走弗朗西吉纳朝圣之路，穿过河流平原，穿过覆盖着橄榄林和葡萄园的丘陵。

德奥汉战役
英国南格洛斯特郡迪尔哈姆（Dyrham）附近的辛顿山

577年，西撒克逊人与三位罗马裔不列颠人国王赛伦塞斯特、格洛斯特和巴斯展开了德奥汉战役（The Battle of Deorham）。根据《盎格鲁撒克逊编年史》记载，那三位国王都被杀了，他们的城市也被占领了。这场战役确立了盎格鲁-撒克逊人在英格兰南部的威塞克斯的霸主地位，并使北部的威尔士和南部的康沃尔在文化和种族上永久分离。德奥汉大概就是南格洛斯特郡的迪尔哈姆（Dyrham）。辛顿山（Hinton Hill）周围的土方工程，距离城镇北部仅一千六百米。

下图：发生在辛顿山的决定性战役的战场。

萨水之战
朝鲜清川江

612 年隋炀帝大举出兵讨伐高句丽。高句丽军队引诱前进的隋朝军队进入萨水（今清川江）浅水流域，隋朝军队不知道上游的水坝切断了水流。军队一过河，大坝就打开了，淹死了成千上万的士兵。逃往高地的隋军又遇到了伏兵。据记载，此役隋军丧失三十万。如今，清川位于朝鲜的腹地，为人们提供了散步和欣赏风景的宁静地点。

白江口之战
韩国锦江

在 663 年的白江口之战中，新罗－唐联军的一百七十艘战船在锦江下游击溃了四百艘日军战船。这是一场压倒性的胜利，迫使日本完全撤退，并确立了新罗－唐在百济（Baekje）的统治地位。如今，它是一个风景优美的景点，有许多步道和河边小径。舒川的伊甸园工程是一个很好的起点，可以沿着河边散步，然后穿过锦江河口岸。

下图：锦江河口散步的宁静景象掩盖了这里曾发生的激烈战斗。

74

船桅之战
土耳其安塔利亚省的菲尼克（Finike）

654 年的古菲尼克斯（今天的菲尼克）的船桅之战（The Battle of the Masts）是穆斯林阿拉伯人和拜占庭舰队之间的一场关键的海战。在波涛汹涌的海面上，双方的船只桅杆上要么有基督教的十字架，要么有穆斯林的新月，排成一排，近距离肉搏。穆斯林的胜利为阿拉伯在地中海的扩张铺平了道路。今天，漫步在菲尼克码头和游艇上的人们很难想象战斗的情景，但那就是战斗发生的地方。

75

阿拉伯人围攻君士坦丁堡
土耳其伊斯坦布尔

674 年，阿拉伯人第一次试图占领君士坦丁堡，这是拜占庭的一次重大胜利。在被穆斯林军队击败了四十年之后，这座城市的成功防御，使拜占庭帝国和欧洲都摆脱了穆斯林的统治。

根据拜占庭人的记载，金门（Golden Gate）附近经常发生战斗。金门是一座建于四世纪的凯旋门，后来被并入宏伟的城墙，成为七塔堡垒。

你可以沿着狄奥多西墙（Theodosian Walls）走八公里，堡垒坐落在南端。

76

朗塞沃山口战役
法国－西班牙边境的朗塞斯瓦莱斯

778 年，法兰克人的首领查理曼大帝开始征服西班牙北部，据说那里对他的事业表示了同情。

然而，事实证明并非如此，当他从比利牛斯山的朗塞沃山口返回法国时，他的后防部队遭到了巴斯克游击队的伏击和歼灭。这场战役是现存最古老的法国文学作品《罗兰之歌》的灵感来源，罗兰是一位在这场战役中牺牲的骑士。许多长途徒步旅行都要经过这个山口，或者从龙塞斯瓦列斯（Roncesvalles）村走上一小段路。

77

林迪斯法恩之劫
英格兰诺森伯兰郡特威德河畔贝里克圣岛（Holy Island）

793 年，位于诺森伯兰郡海岸附近的林迪斯法恩圣岛（Holy Island of Lindisfarne）的修道院遭到了维京人的袭击。许多修道士在突袭中被杀或被捕，这被视为丹麦持续入侵英国的开始，持续了几个世纪。

一条狭窄的堤道与大陆相连，只有在退潮时才能通过。沿着这条蜿蜒的十五公里的路线，你可以经过修道院和林迪斯法恩城堡的废墟。

右图：绕着林迪斯法恩走九英里就能看到岛上的城堡。

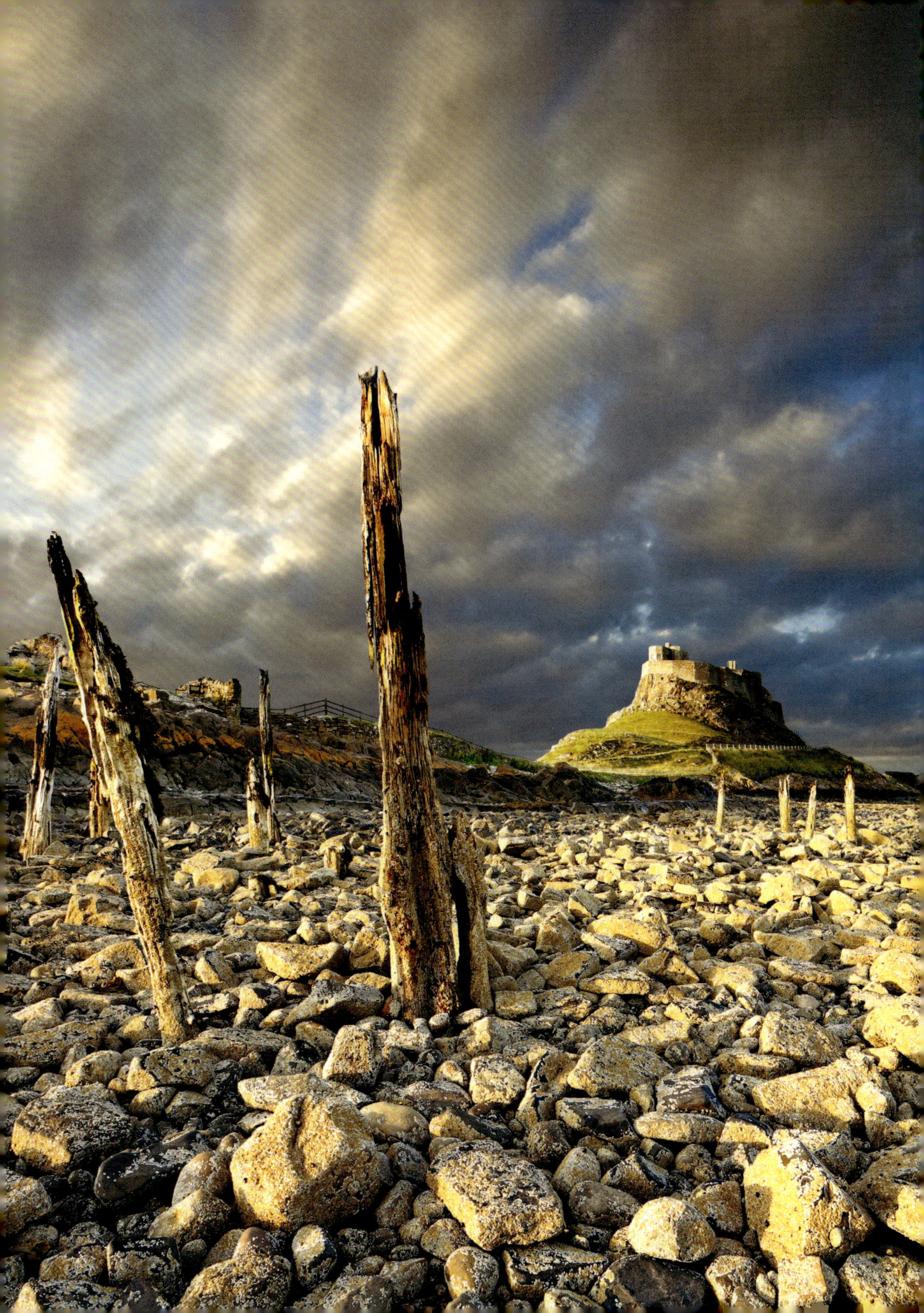

78

蒂瓦纳库帝国
玻利维亚拉巴斯省

在的的喀喀湖（Lake Titicaca）附近，蒂瓦纳库（Tiwanaku）是前印加帝国的首都，其影响力在50年至900年的鼎盛时期延伸至安第斯山脉中部。走过金字塔废墟和寺庙建筑群，可以来到一个下沉的天井，上面排列着几十个代表被征服对手的石头头像。

79

阿瓜特卡的衰落
危地马拉派特克斯巴吞（Petexbatun）

阿瓜特卡被一条峡谷保护着，可以俯瞰下面的河谷，其在800年左右被侵略军攻陷。阿瓜特卡是一个拥有遗弃文物的珍贵考古遗址，参观阿瓜特卡需要在河边骑行和在丛林中徒步旅行。

右图：埃尔塞巴尔（El Ceibal）的一座未被破坏的石碑。

70　第二章　中世纪前期

埃尔塞巴尔的衰落
危地马拉佩滕

探索这座失落城市的废墟,并感受丛林的雄伟。

◆ **距离**
3200 米

◆ **起点**
入口门

◆ **漫步类型**
有明显标记的小径,在茂密的丛林中有一些小山和峡谷

◆ **何时出发**
全年

下图:徒步穿过丛林可以到达这座被毁的寺庙。

埃尔塞巴尔位于帕西翁河(Río de la Pasión)河畔,在 735 年被邻国多斯皮拉斯击败并征服,成为胜利者乌查安·肯巴拉姆(Ucha'an K'in B'alam)的附庸。

乌查安·肯巴拉姆摧毁了埃尔塞巴尔(El Ceibal)的石柱,甚至让抄写员把纪念碑上的雕文凿掉。打败这座城市,还抹去了它的记忆。因此,埃尔塞巴尔的大部分早期历史已经永远消失了。

今天,可以乘船或开车到达埃尔塞巴尔。该遗址有三个主要部分,每个部分都被茂密丛林中的小径隔开。一些未被挖掘的遗迹位于丛林深处,需要在崎岖的、有时是泥泞的、布满岩石的小径上爬山,这条小径一直延伸到河边。另一条丛林小径通向一个圆形平台结构,称为天文台。丛林里有很多花、鸟、蝴蝶和蜥蜴,当然也有蚊子。

丹麦墙（Danevirke）
德国荷尔斯泰因州达内韦尔克

从镇中心走一段轻松的路，就能看到达内韦尔克（Dannewerk）的遗迹，
这是维京人建造的城墙，用来抵御撒克逊人的入侵。

◆ **距离**
4公里

◆ **起点**
海泽布－达内韦尔克

◆ **漫步类型**
悠闲的散步

◆ **何时出发**
全年

右上图：在绵延31公里的范围内，可以看到丹麦墙的各个部分。

右图：从海泽布－达内韦尔克的维京人房屋走到丹麦墙是一段愉快的旅程。

丹麦墙可能是所有古城墙中最不为人知的，它被认为是世界上保存最完好的维京时代遗址。它建立在北欧铁器时代防御工事的基础上，由土方工程、壕沟和绵延三十一公里的海堤组成。

最初，人们认为它是维京人建造的防御墙，用来抵御撒克逊人和斯拉夫人的入侵，后来的研究表明，它可能也起到了保护艾德河（River Eider）沿岸贸易路线的作用。

多年来，这堵墙一直是丹麦和日耳曼土地之间发生边界冲突的地方。1864年，在丹麦与普鲁士的战争中，该墙被割让给了普鲁士，故这堵墙今天在德国边境一侧。

丹麦墙现已被联合国教科文组织指定为世界遗产，寻访丹麦墙，可以在海泽布－达内韦尔克重建的维京时代房屋周围散步，可以沿着通往丹麦墙博物馆的路线走，沿途的景观中点缀着几段墙。

奥法堤

威尔士和英格兰边境

八世纪时，麦西亚（英格兰中部）的盎格鲁撒克逊国王奥法下令建造奥法堤，作为抵御邻国的防御屏障。部分大型城墙和壕沟已被纳入全长二百八十五公里的长距离步行小径，大致沿着英格兰和威尔士之间的边界。

83

晋兰之战
法国布列塔尼的格朗富热赖（Grand-Fougeray）

当布列塔尼人撕毁了与法兰克王国的停战协议时，当时由秃头查理（Charles the Bald）统治，查理寻求与撒克逊人结盟以进行反击。有了外援，他的军队在人数上比布列塔尼人多了三倍。在851年的格朗富热赖战役中，布列塔尼人用标枪从远处突袭击溃了法兰克人的队伍。这场胜利确保了布列塔尼在《昂热条约》中的独立，划定了我们今天所知的边界，以维莱因河（River Vilaine）为标志，河岸上有许多步道。

84

哈夫斯峡湾战役
挪威哈弗斯峡湾

大约在872年，哈拉尔德·费尔海尔国王（King Harald Fairhair）的维京军队，在哈夫斯峡湾海战中击败了由霍达兰、罗格兰、阿格德和特拉马克组成的联军，这是统一挪威的最终战役。关于这场战役的所有知识都来自斯诺里·斯特卢森（Snorri Sturluson）所记录的传说，没有任何证据或其他文件能够证实这场战役发生过。

沿着哈夫斯峡湾的边缘，有一条长廊通向三把巨大的剑，它们被安置在岬角上，作为战斗的纪念碑。

85

爱丁顿战役
英国威尔特郡爱丁顿

到878年，丹麦人已经在英格兰东部和东北部的沿海地区定居下来，北欧勇士组成的维京大军也来到了威塞克斯。阿尔弗雷德大帝和他的军队在爱丁顿取得决定性的胜利，挽救了盎格鲁－撒克逊人的独立。《盎格鲁撒克逊编年史》将战斗地点命名为伊桑顿（Ethandun），但现在认为它是今天威尔特郡的爱丁顿镇。阿尔弗雷德国王塔（King Alfred's Tower）是一座十八世纪的荒唐建筑，位于爱丁顿西南三十四公里处。从这里穿过田野约十三公里就能到达"埃格伯特之石（Egbert's Stone）"，据说阿尔弗雷德在这里集结了他的部队。

86

波兰－维莱提战争
波兰桑托克

维莱提邦联从963年起就与波兰公国交战。为了一劳永逸地赶走维莱提人，波兰的统治者梅什科一世（Mieszko I）在967年与波西米亚公国结盟。随后，他撤回了地面部队，引诱维莱提部队落入圈套。在波西米亚骑兵的包围下，维莱提人投降了，战争就此结束。据信，这场战斗发生在桑托克（Santok）村附近，在那里，你可以爬上重建的中世纪警卫塔，俯瞰整个地区。

右图：哈夫斯峡湾的三把巨剑标志着那场号称统一挪威的战争的遗址。

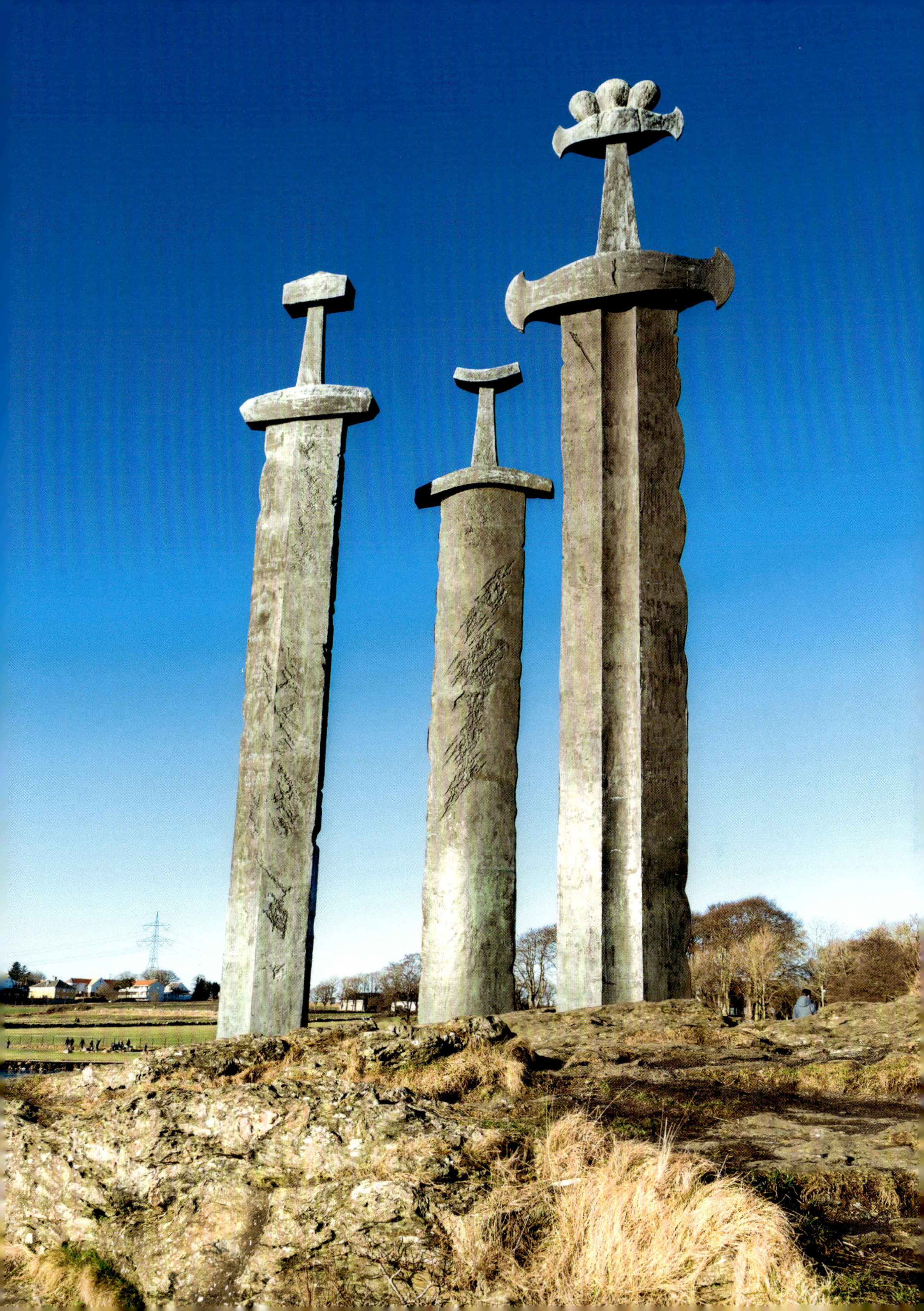

87

白藤江之战
越南下龙湾附近白藤江

938 年，南汉舰队驶入了白藤江（Bach Đằng）河口。交趾人采用了一种防御机制，将木桩固定在河岸上，使攻击舰队搁浅，为胜利创造了条件。此战之后，南汉不再攻打交趾。沿着海防市水源（Thủy Nguyên）区的河边走一小段路，就能找到庆祝越南战役胜利的纪念碑。

88

托尔特克的兴衰
墨西哥伊达尔戈州图拉德阿连德

托尔特克文化以墨西哥图拉为基地，从大约 900 年发展到 1150 年。人们对托尔特克文化了解不多，因为阿兹特克人的叙述现在被认为是神话事件，而不是历史事件。1170 年左右，图拉被邻近部落洗劫一空，并走向衰落。从中心向北走一千六百米就能到达位于山顶上的托尔特克仪式遗址。最精彩的是站在五层金字塔的顶端，与可怕的四五米高的石武士雕像面对面。

上图：在托尔特克遗址与石制战士面对面站立。

第二章　中世纪前期

89

莱希菲尔德战役
德国巴伐利亚莱希菲尔德

马扎尔部落以擅长骑马和射击而闻名，一路劫掠欧洲，最远到达西班牙和意大利南部。但在955年，他们在巴伐利亚奥格斯堡南部的莱希菲尔德（Lechfeld）被德国国王奥托一世（Otto I）拦住去路。在大奥格斯堡地区，有许多与这场战役有关的地点，它们都有步道相连。柯尼希斯布伦（Königsbrunn）的955号信息亭提供了战斗现场的概况和路线图。

90

费里斯维利尔之战
瑞典旧乌普萨拉

这是一个关于家族争斗的故事，强者斯泰尔布约恩（Styrbjörn）怀疑他的父亲被他的叔叔埃里克国王下毒，在985年向埃里克的王国发动了一场海军攻击以进行报复。由于无法从海上突破埃里克的防御，斯泰尔布约恩点燃了自己的船，表明自己要与部下战斗至死，随后兵发费里斯维利尔（Fýrisvellir）平原。埃里克国王向挪威神奥丁献祭，希望获得胜利。在随后的血战中，埃里克的军队全歼斯泰尔布约恩的军队，斯泰尔布约恩也被杀，埃里克获得了"胜利者"的称号。在老乌普萨拉（Gamla Uppsala）考古遗址周围走走，有些人认为那里的三个皇家土丘代表着奥丁神、雷神和弗雷尔神。

下图：可能代表着奥丁、索尔和弗雷尔的老乌普萨拉皇家土丘。

500—1099

马尔登战役

英国埃塞克斯郡马尔登诺西岛（Northey Island）

穿过黑水河口的堤道，这里曾是维京人和盎格鲁撒克逊人交战的地方。

◆ **距离**
3.2 公里

◆ **起点**
梅尔登文化遗产中心

◆ **漫步类型**
轻松

◆ **何时出发**
全年

右上图：纪念布里塞洛夫（Byrhtnoth）的雕像，这位盎格鲁撒克逊人选择与维京人战斗到最后。

右图：注意潮汐，可以通过堤道到达诺西岛。

在第一个千年之初，位于黑水河口的马尔登是埃塞克斯仅有的两个城镇之一（科尔切斯特是另一个），它特别容易受到维京海盗的袭击。在991年的一次大规模进攻中，盎格鲁撒克逊人在马尔登战役中被击败。我们从一首描述这场战役的盎格鲁撒克逊诗歌的三百二十五行片段中得知了这一事件。

维京人沿着黑水河逆流而上，在小小的诺西岛抛锚，他们在那里遇到了郡长布里塞洛夫和他的手下。当时，有些人宁愿用土地和财富向维京入侵者求和。而像布里塞洛夫这样的人则宁愿战斗到最后一刻。在退潮时，诺西岛和主岸连在了一起。维京人要求布里塞洛夫让他的部队上岸进行正式战斗。布里塞洛夫在照做后被杀。

你可以从梅尔登文化遗产中心（Maeldune Heritage Centre）出发，沿着海滨走到海斯（Hythe），并经过步道公园（Promenade Park），来到布里塞洛夫的传奇雕像前。从那里继续沿着海滩走到一块标记着战斗地点的牌匾，上面标明了战斗地点和诺西岛堤道的起点。

500—1099 **79**

奇琴伊察的衰落

墨西哥尤卡坦州

奇琴伊察是中美洲伟大的城邦之一，一千年来一直是一个大国。

◆ **距离**
2.4 公里

◆ **起点**
正门

◆ **漫步类型**
轻松的散步，最好在早上太热之前完成

◆ **何时出发**
全年

600 年左右，墨西哥东南部尤卡坦半岛上的奇琴伊察（Chichén Itzá）兴起，它是古代玛雅文化的伟大中心之一。据信，在它的鼎盛时期，曾有多达五万人居住在这里。

奇琴伊察在 800 年至 900 年开始衰落，一些资料表明，这座城市随后被洗劫，并被托尔特克勇士征服，他们在上面烙上了自己的印记。另一些人则认为，气候因素，特别是一系列严重的干旱，是更重要的因素。不管怎样，奇琴伊察一直在不同程度上被占领。十六世纪，西班牙征服者到达，又占领了该地，后来把它变成了一个养牛场。

库库坎神庙（Temple of Kukulcán），也被称为城堡金字塔（El Castillo）。从它的正门走到奇琴伊察的标志性金字塔，然后向西绕一圈，会经过列队排列的勇士神庙（Temple of the Warriors），还有圣井（Cenote Sagrado），一个充满水的天坑，被认为是阴间的入口，祭品和人祭被扔进那里。再就是现存最大的古代球场，那里有激烈的比赛，有时甚至会导致死亡。

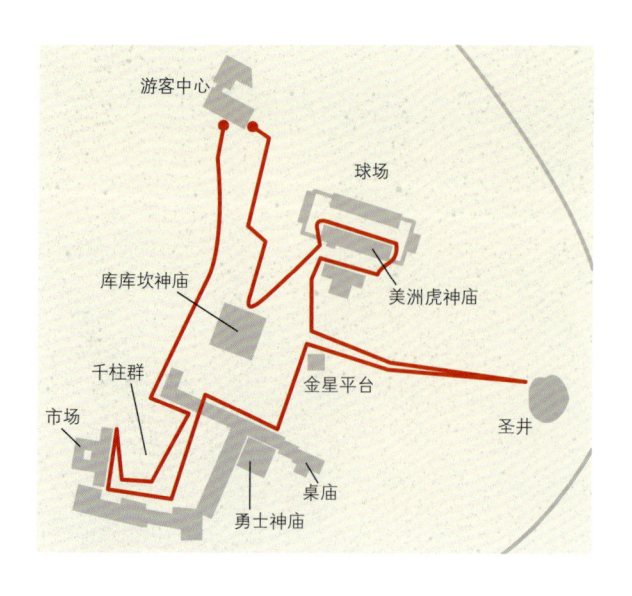

右上图：圣井，被认为是阴间的入口。

右图：库库坎神庙占据了奇琴伊察遗址的大部分。

93

Chichén Viejo

墨西哥尤卡坦州（Yucatán state）

奇琴维耶霍（Chichén Viejo）是奇琴伊察遗址较老的部分，它表明玛雅城邦拥有强大的科学和技术。从主入口往南走，你会发现一个名为"蜗牛"（El Caracol）的天文台，还有葬礼建筑和坟墓。

500—1099 81

达勒姆之围
英格兰达勒姆

1006 年，马尔科姆二世（Malcolm II）刚刚成为苏格兰国王，按照当时的惯例，他进行了一次突袭，以证明自己的作战能力。他和他的军队围攻了达勒姆（Durham），当时达勒姆是一个相当新的定居点，建在河流中的一个弯道上，从陆地上只有一个方向可以进入。但达勒姆郡长的儿子，勇敢的乌特雷德召集了诺森伯兰人和约克郡人，彻底击败了苏格兰侵略者。在蜿蜒的弯道上，有一条小径沿着河流蜿蜒而行，上面是早期定居点所在地的达勒姆大教堂（Durham Cathedral）。

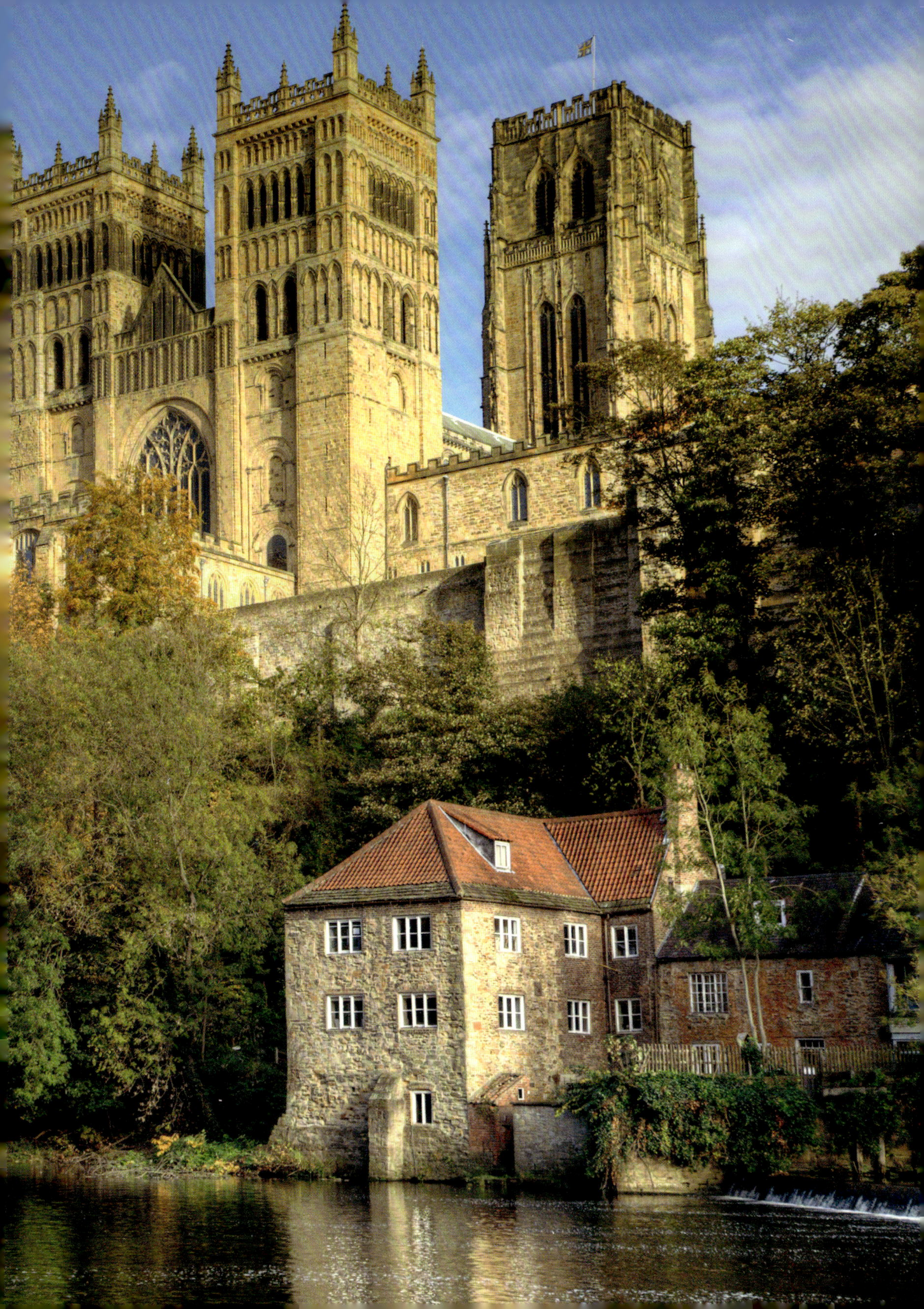

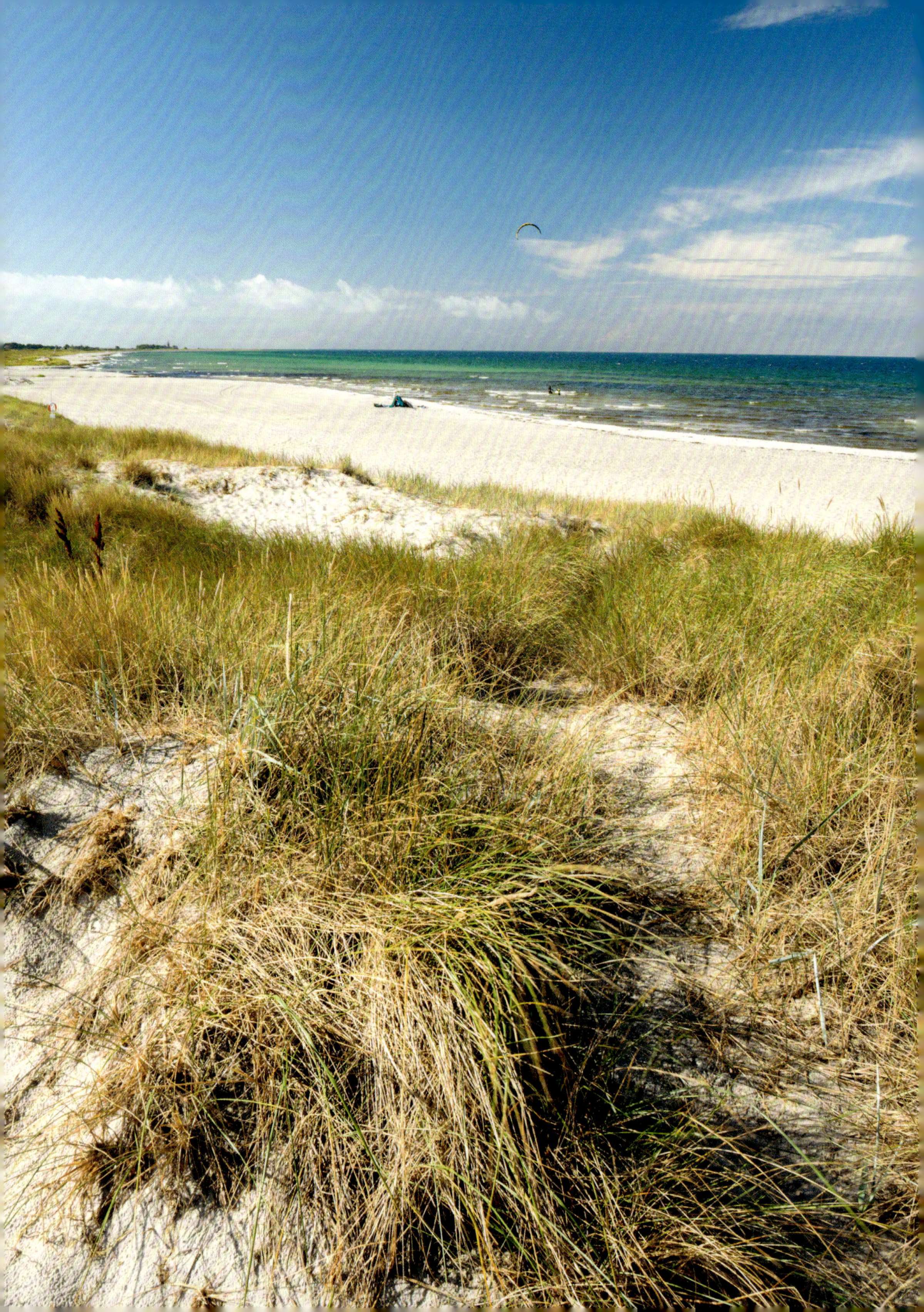

95

斯伏尔德战役
瑞典厄勒海峡

斯伏尔德战役是维京时代最大规模的海战，发生在 999 年，当时奥拉夫·特里格瓦森国王（King Olaf Tryggvason）完成了一次探险，正航行回家。他的舰队被丹麦国王、瑞典国王和拉德伯爵组成的联盟伏击，他们一艘一艘地占领了他的船，直到奥拉夫跳下自己的船逃跑。战斗的激烈和混乱在许多画作中得到了体现，其中许多作品都是从海滨步道上画出来的，这条步道俯瞰着厄勒海峡的水域，并朝向斯卡诺灯塔（Skanör beacon）。

96

克朗塔夫之战
爱尔兰都柏林郡的克朗塔夫和德蓝康德拉

1014 年，维京人在爱尔兰的统治在都柏林北部的克朗塔夫（Clontarf）战役中结束。在这里，爱尔兰至高王布莱恩·博鲁（Brian Boru）的军队击败了由都柏林之王、伦斯特之王、维京人组成的北欧－爱尔兰联盟。战斗只持续了一天，但双方都损失惨重，包括布莱恩·博鲁在内的大多数领导者都阵亡了。可以在克朗塔夫的圣安妮公园（St. Anne's Park）漫步，这里被认为是战争遗址，然后向西走到德蓝康德拉（Drumcondra）的卢克凯利桥（Luke Kelly Bridge），维京人在逃回都柏林时就是在这里倒下的。

97

阿桑丹战役
英国埃塞克斯郡阿辛顿

当撒克逊国王"邋遢王"艾塞雷德（King Ethelred the Unready）的儿子埃德蒙·艾恩赛德（Edmund Ironside）继承王位时，他决心从丹麦人手中夺回他父亲失去的一切。但在 1016 年的阿桑丹战役中，他遇到了对手，被克努特率领的丹麦人打败。这场战役实际上结束了丹麦人对英格兰的征服，它很可能是在埃塞克斯郡阿辛顿的一座山上发生的。可以从这里走到圣安德鲁教堂（Church of St. Andrew），据信是克努特在 1020 年为表示感谢而建立的阿辛顿教堂（Ashingdon Minster）。

98

斯蒂克尔斯塔德战役
挪威斯蒂克莱斯塔德

1030 年，挪威的基督教国王奥拉夫·哈罗德森率领三千六百名士兵前往斯蒂克尔斯塔德（Stiklestad）的一个农场，与一支由农夫组成的军队进行了一场战斗。奥拉夫在战斗中牺牲，这被认为是挪威皈依基督教的开始，后来他被封为挪威的守护神。在斯蒂克尔斯塔德，建有国家文化中心，用来保存圣奥拉夫的遗产。可以漫步于该中心的中世纪农场，其中包括一座重建的维京长屋。

左图：从斯卡诺海滩眺望大海，这里曾是维京海战的战场。

500—1099

99 斯坦福桥战役
英国东约克郡

1066 年，就在南下参加黑斯廷斯战役之前，哈罗德二世（Harold II）率领的英国军队出其不意地击败了挪威侵略者。现在的斯坦福桥位于其中世纪前身的下游，可以穿过桥向南穿过村庄，沿着哈罗德的进攻路线行进。

黑斯廷斯战役

英国东苏塞克斯郡巴特尔（Battle）

英格兰历史进程在这片土地上被永远改变。

◆ **距离**
500公里

◆ **起点**
佩文西城堡

◆ **漫步类型**
花三到四天时间穿过低洼的乡村

◆ **何时出发**
全年

左上图：巴特尔修道院教堂据说就建在哈罗德国王倒下的地方。

左图：通往佩文西城堡门楼的入口。

巴特尔修道院坐落在一条狭长的山脊的尽头。1066年10月14日诺曼底的威廉击败并杀死英国国王哈罗德·戈德温森，获得英格兰王位。

英军在密集的队伍中徒步作战，在山脊上占据了坚固的防御阵地。起初，他们坚守阵地，但最终被诺曼人无情的攻击所击溃，而哈罗德可能被箭射中眼睛后被砍死。

威廉花了五年时间才完成对英格兰的征服，黑斯廷斯战役是一个决定性的时刻。英国人不仅失去了他们的领袖，也失去了阻止入侵的最好机会。

沿着诺曼人入侵的足迹，乡村步道从佩文西城堡（Pevensey Castle）通往莱（Rye）镇。沿途有十个木制雕塑值得一看。

这条步道可以看到战斗地点，在那里你可以看到战斗发生过的山坡。在这里修建的修道院现在已成为一处可以探索的废墟。传统上，修道院教堂的高祭坛是哈罗德倒下的地方。

波隆纳鲁瓦之围
斯里兰卡波隆纳鲁瓦

波隆纳鲁瓦（Polonnaruwa）是斯里兰卡中世纪伟大的王国，是朱罗王朝（Cholas）的首都。1070年，僧伽罗国王毗舍耶婆诃一世（Vijayabahu I）围攻波隆纳鲁瓦，将朱罗王朝赶了出去。如今，这片广阔的土地上散落着庙宇和雕像，被茂密的热带树木所遮蔽，吸引着人们前来徒步探索。从建筑群的南端开始，慢慢向北走，一定要看看四方城周围著名的遗迹，但也要探索像公园一样的安静角落，那里唯一的观察者可能就是好奇的猴子。

曼齐克特战役
土耳其曼齐克特

拜占庭帝国和伊朗塞尔柱帝国在1071年的曼齐克特战役（Battle of Manzikert）中争夺对安纳托利亚东部的控制权。在罗马诺斯四世第奥奇尼斯（Diogenes）的领导下，拜占庭人被塞尔柱人避战策略搞得晕头转向，随后又因队伍中的不服从而遭受更大的损失。罗马诺斯被塞尔柱人俘虏，塞尔柱人的首领阿尔普·阿尔斯兰（Alp Arslan）以赎金和儿子与罗马诺斯的女儿联姻为条件释放了他。这场战役摧毁了罗马诺斯的信誉，在曼济科特战役国家历史公园里有一座纪念碑，是一个悠闲散步的好地方。

下图：广阔的波隆纳鲁瓦遗址有很多值得游客探索的地方。

安条克之围
土耳其哈泰省安塔基亚

安条克（现在的安塔基亚）之围发生在第一次十字军东征期间，当时十字军正通过叙利亚前往巴勒斯坦。它在 1098 年的安提阿战役中达到高潮，在这场战役中，法兰克军队击败了塞尔柱土耳其人。从市中心向东北方向走约三公里，你就会看到十字军试图夺回的地方，洞穴般的圣彼得教堂（Church of St. Peter），这是基督教信徒们最早聚会和秘密祈祷的地方。安条克沦陷后，十字军又增加了新的门面，以及教堂西侧狭窄的前厅。

第一次十字军东征
耶路撒冷

第一次十字军东征于 1099 年 6 月到达耶路撒冷，围攻旧城（Old City）长达一个月。7 月 15 日，十字军突破了外部防御工事的北墙（三米宽，十五米高），通过城堡（大卫塔）攻入耶路撒冷。然后屠杀犹太人和穆斯林居民，其中许多人在阿克萨清真寺（Al-Aqsa Mosque）和圣殿山的圆顶清真寺（Dome of the Rock）中寻求庇护。可以在耶路撒冷有围墙的老城（面积只有 2.6 平方公里）漫步，然后继续前往圣殿山，这里可以参观，但需要提前计划。

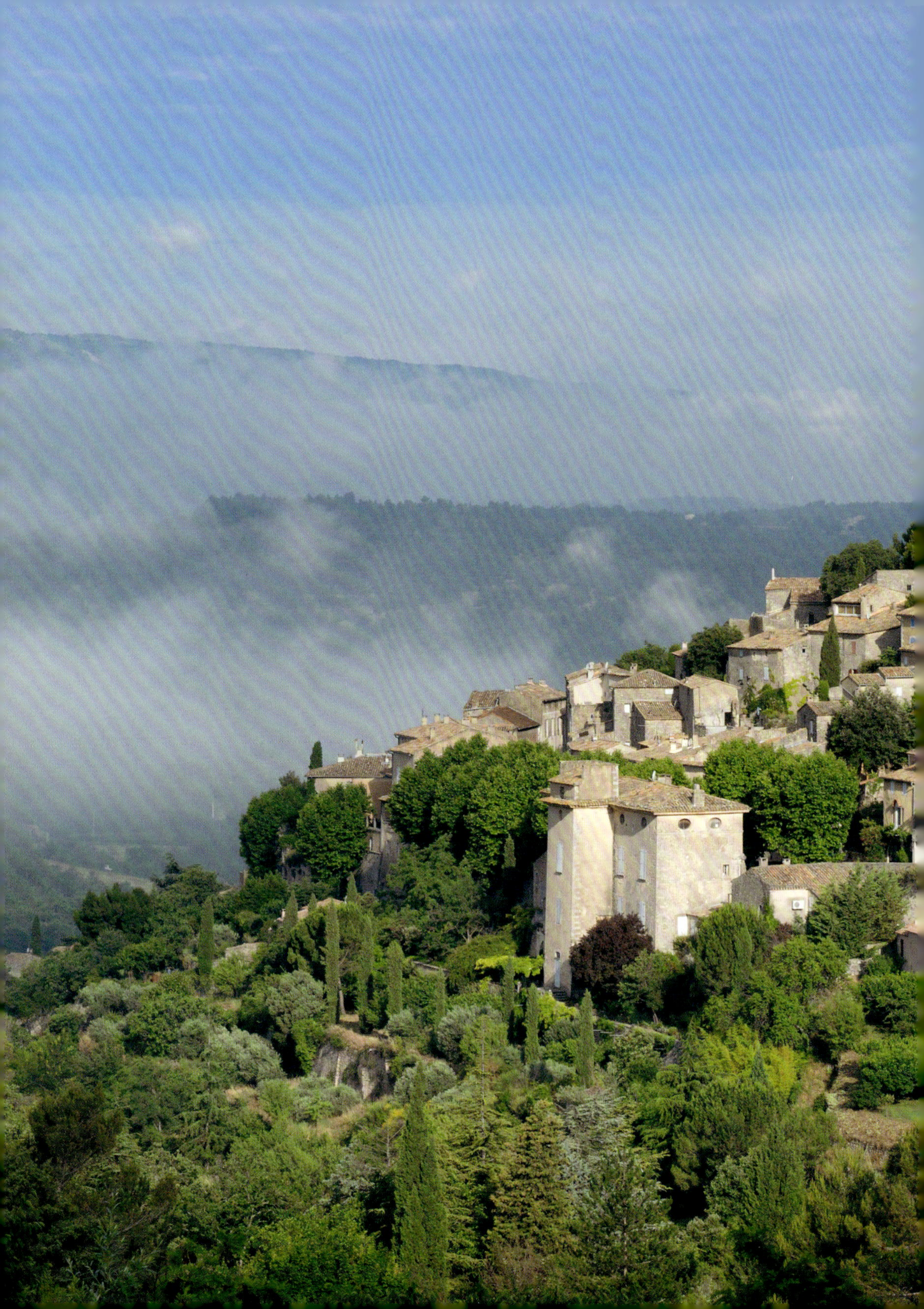

第三章
中世纪后期
1100—1499

见证城市国家的崛起、军事力量的增强,以及宗教分裂和不宽容,它们给欧洲及周边每一个角落都带来了冲突和破坏。

105

宋金战争
中国河南省汝南县

尽管宋朝和金朝以前是盟友,但当金朝拒绝按照之前的协议将占领的土地割让给宋朝时,双方发生了一系列冲突。1125年金大举两路侵宋,随后经过了一系列大规模的战争。直至1234年宋朝和蒙古联合围攻蔡州,最终灭亡了金朝。漫步于天中山文化园,可以欣赏到历代的传统建筑和著名人物的雕像。

106

围攻里斯本
葡萄牙里斯本

1147年对里斯本的围攻是第二次十字军东征中为数不多的基督教胜利之一。这次行动的成功对收复失地起了关键作用。里斯本的政治中心是山顶的圣乔治城堡（Castelo São Jorge）,你的徒步旅行应该从这里开始。从城堡出发,沿着陡峭的鹅卵石街道下山,穿过里斯本最古老的部分,到达被称为商业广场（Praça do Comércio）的大型河边广场,在那里你几乎可以想象中世纪战列舰沿着塔霍河（Tagus River）航行。

下图：以色列哈廷角。

莱尼亚诺战役
意大利莱尼亚诺

1176 年的莱尼亚诺战役对阻止神圣罗马帝国（Holy Roman Empire）夺取意大利北部控制权至关重要。伦巴第（Lombard）联盟击败了腓特烈·巴巴罗萨（Emperor Frederick Barbarossa）皇帝，这是他统治意大利的最后一次尝试。从维斯孔泰奥城堡（Castello Visconteo）出发，向西北方向走到莱尼亚诺武士纪念碑，这是一座青铜雕像，描绘了一名士兵举起他的剑，象征联盟的胜利。在 5 月的最后一个星期天，莱尼亚诺的帕利奥（Palio）会有一场历史盛会和赛马比赛。今天，莱尼亚诺出现在意大利国歌中，提醒人们记住这场战胜外国势力的重要胜利。

哈廷角战役
以色列提比里亚

库恩哈廷（Kurûn Hattîn）是一座已熄灭的双峰火山，这里因 1187 年 7 月十字军与埃及和叙利亚的穆斯林苏丹萨拉丁的军队之间的战斗而闻名。经过一场激烈的冲突，两万名十字军被赶到哈廷角（Horns of Hattin），被三万穆斯林军队击败。萨拉丁在 1187 年 10 月占领了耶路撒冷。在 326 米高的哈廷角上，沿着路标清晰的徒步小径，可以看到十字军防线的墙壁和大石头的痕迹，还有提比里亚平原（Tiberias Plains）和远处加利利海（Sea of Galilee）的绝佳景色。

109

坛之浦之战
日本关门海峡

1185 年，在本州岛和九州岛（日本四大岛屿中的两个）之间的水域，战败的平氏（Taira）和获胜的源氏（Minamoto）进行了长期冲突的最后一场战役。潮汐对结果起到了关键作用，首先有利于平氏，但随后又帮助源氏赢得了胜利。源氏在镰仓（Kamakura）建立了日本第一个幕府。从御裳川公园（Mimosusogawa Park）的坛之浦战场遗址步行到日山索道，在那里你可以骑到山顶，看到美丽的山景和水景。

110

亚萨夫战役
以色列荷兹利亚阿波罗尼亚国家公园亚萨夫

地中海古城亚萨夫（Arsuf），即现在的阿波罗尼亚，可以追溯到公元前六世纪，并且经历了各种各样的占领。1187 年，它被穆斯林占领，但在 1191 年的亚萨夫战役中再次落入十字军之手，英王理查一世击败了萨拉丁（Saladin）率领的更大的阿尤布人军队。如今位于悬崖之上的阿波罗尼亚国家公园（Apollonia National Park），保留着城市护城河、十字军堡垒和罗马别墅的遗迹。这里有步道，从海岸小路向南到荷兹利亚（Herzliya）的美景一览无余。

111

西格图纳劫掠
瑞典乌普兰西格图纳

波罗的海芬尼族的卡累利安人在 1187 年抢劫并烧毁了西格图纳（Sigtuna）镇。由于西格图纳是中世纪瑞典最重要的基督教城市，这一事件在十四世纪的《埃里克编年史》中被记录为"瑞典随后遭受严重伤害"。在十三世纪，瑞典的首领，比格·马格努森（Birger Magnussen）决定为西格图纳建立防御，并建造了特瑞·克洛诺城堡，该城堡就在西格图纳城外。堡垒周围的地区就是今天的斯德哥尔摩。在西格图纳散步就是在古老的瑞典散步。斯道拉加坦（Stora Gatan）大街是瑞典最古老的街道，可追溯到十世纪。

112

攻击阿尔比
法国塔恩省阿尔比

在十二三世纪，像法国南部的许多城镇一样，阿尔比是一个清洁派城镇。这使它与天主教会相左，天主教会视清洁派为异教徒。1209 年，教皇英诺森三世（Pope Innocent III）发起了一场针对清洁派教徒的"十字军东征"，即阿尔比派十字军东征。随后，阿尔比城遭到了攻击，在二十年的时间里，清洁派教徒被消灭。可以沿清洁派小径绕着城市行走，这里有令人惊叹的宗教建筑，其中包括法国南部最宏伟的大教堂。

右图：法国小镇阿尔比。

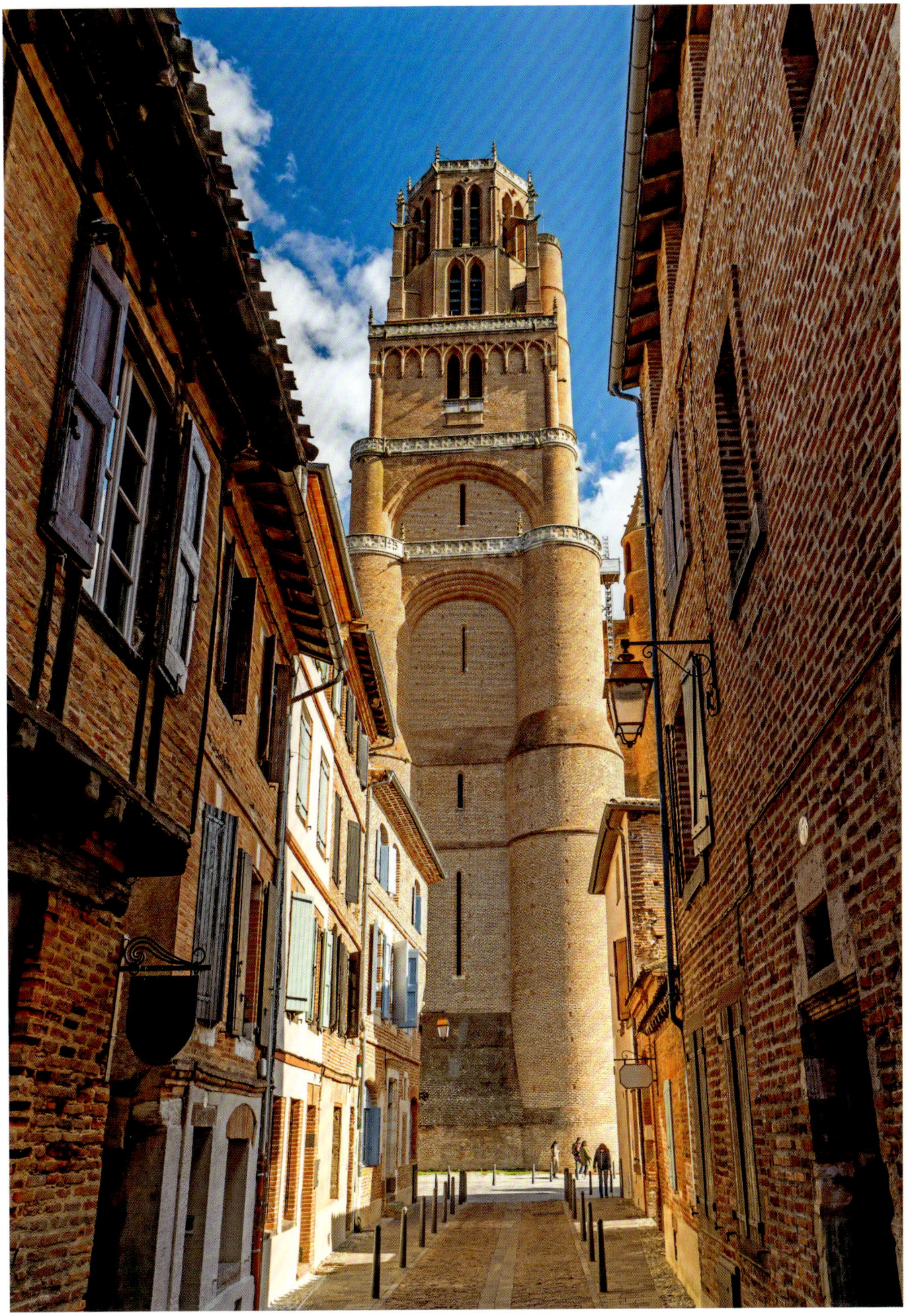

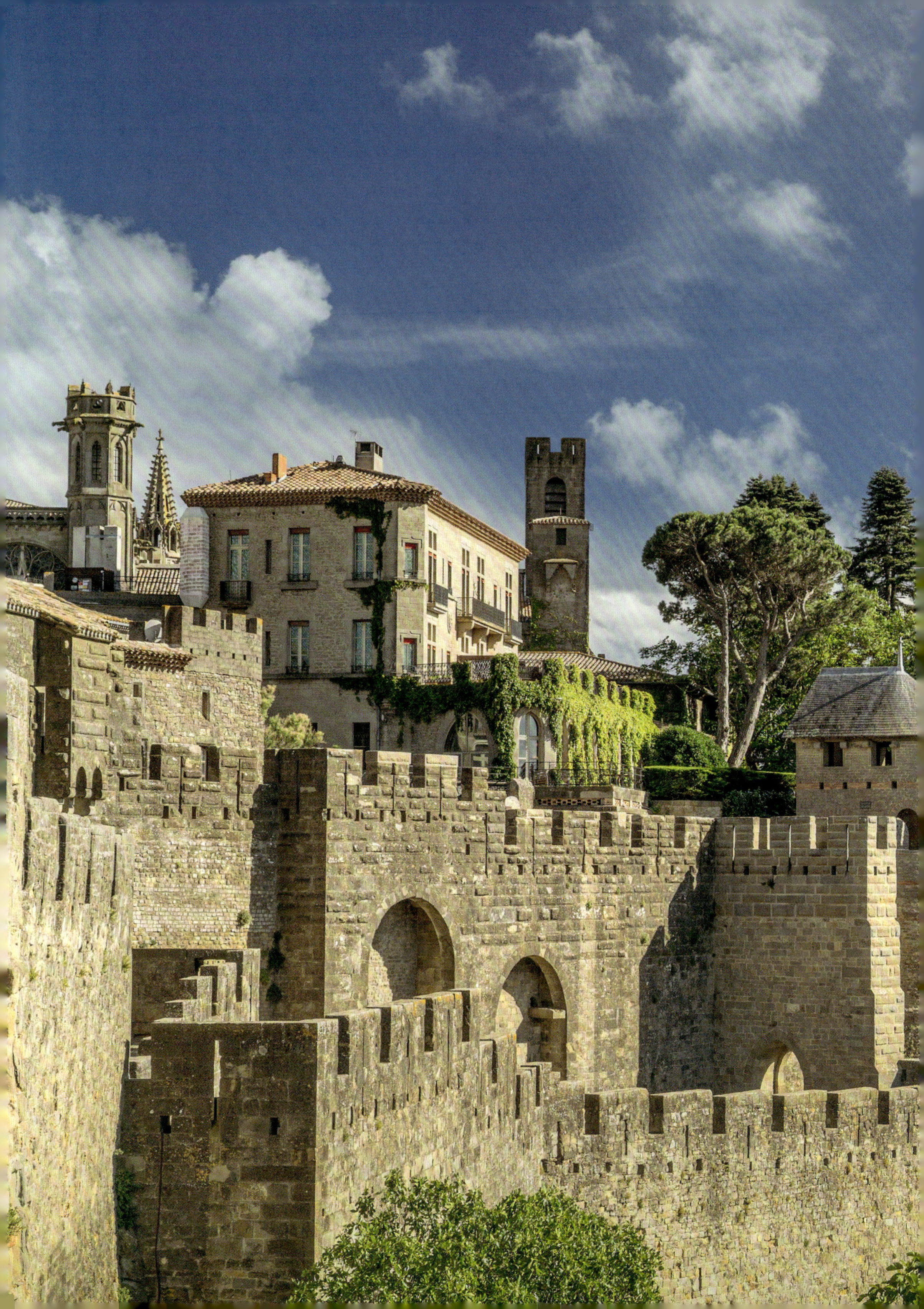

卡尔卡松之围
法国卡尔卡松

这个巨大的、坚固的城镇的城墙，包围了一个较小的防御工事网，一个城镇和城堡。千百年来，卡尔卡松见证了无数的战斗和围攻，尤其是在 1209 年，在短暂的围攻后，教皇派占领了这座城市，并驱逐了清洁派。随后，法国、英国和阿拉贡为了争夺这座城镇发生了多次小规模的冲突和战斗。十九世纪，建筑师欧仁·维奥莱勒迪克（Eugène Viollet-le-Duc）对该遗址进行了修复。漫步在古老的街道上，欣赏山坡上的风景，可以度过令人兴奋的一天。

拉斯图尔的卡特尔城堡

法国奥德省拉斯图尔（Lastours）

在比利牛斯山麓的岩石峭壁上，你可以攀爬四座卡特尔城堡的浪漫废墟。

◆ **距离**
6.4公里

◆ **起点**
拉斯图尔营地

◆ **漫步类型**
艰苦的徒步行走

◆ **何时出发**
4月至10月

右上图：尽管历史悠久，地理位置险峻，卡特尔城堡的废墟仍然有很多值得探索的地方。

右图：这四座城堡建在令人印象深刻的峭壁上，现在成为一条壮观的步行路线。

拉斯图尔的四座城堡和小村庄建立在附近丰富的铁矿之上，在中世纪成了清洁派信仰的中心。就像所有的清洁派定居点一样，这使得拉斯图尔受到了罗马天主教神职人员的反对。在阿尔比派十字军东征中，这些城堡遭到攻击，许多清洁派居民被处死。拉斯图尔于1210年沦陷。

这段三小时的步行从拉斯图尔村边缘的露营地开始，先到附近城堡的观景台，然后再陡坡下到谷底，然后再陡坡一段，爬上崎岖不平的鲨鱼牙状山脊，拉斯图尔的四座城堡就在那里排列着。回程是走同一条路，一路都有清楚的标记。

尽管城堡是这次徒步旅行的目的地，但出人意料的白雪皑皑的比利牛斯山的景色就在向南不远处。

115

第三次十字军东征出发点

法国艾格莫尔特

  沐浴在南方的阳光和咸咸的海风中，艾格莫尔特（Aigues-Mortes）是保存完好的中世纪军事建筑的典范，在十三世纪被用作十字军东征的出发点。在小镇周围的卡马尔格（Camargue）沼泽有几条极好的、轻松的步道。可以带上双筒望远镜，近距离观察著名的火烈鸟。

116
莫尔莱防御结构
法国布列塔尼洛屈埃诺莱

随着时间的推移，布列塔尼的莫尔莱（Morlaix）河畔建起了许多防御工事。其中一个比较神秘的地方是特雷贝斯城堡（Castel-an-Trébez）。今天它只是被森林包围的未知日期隆起的土丘。令人愉快的河边步道从洛屈埃诺莱（Locquénolé）村延伸到遗址。

第三次十字军东征路线
法国普罗旺斯博尼约村

沿着圣殿骑士团的足迹自信地行进，穿过遍布橄榄树的普罗旺斯乡村。

◆ **距离**
32 公里

◆ **起点**
博尼约村的旧教堂

◆ **漫步类型**
在乡间小路上玩两天

◆ **何时出发**
3 月至 5 月或 9 月至 10 月

博尼约从史前时代就有人居住，该村位于古老的贸易和朝圣路线上，这意味着许多军队曾在这里经过。村子里有两座教堂。位于村子上部的那座较老的教堂建于十二世纪，圣殿骑士团就是从这座教堂的大门出发去十字军东征的。尽管这段步行不会把你一直带到耶路撒冷，但可以穿越田园诗般的乡村。

第一天步行需要四个半小时，从博尼约（Bonnieux）村蜿蜒到蜂蜜色的拉科斯特村（Lacoste），该村位于一座小城堡周围，从那里可以俯瞰周围的吕贝隆（Luberon）乡村。沿着丰特普尔基耶尔路（Chemin de Font Pourquière）穿过明亮的林地，你会来到更大的高特（Goult）镇，你可以在那里过夜。第二天要走六个小时才能回到博尼约。从卡拉文自行车道出发，到达有两千年历史的罗马桥朱利安桥（Pont Julien）。从这里开始，一条乡间小路向南拐，并通向博尼约村。

左图：旧教堂是普罗旺斯博尼约村的皇冠。

右图：从十字军东征时圣殿骑士团走过的街道开始你的旅程。

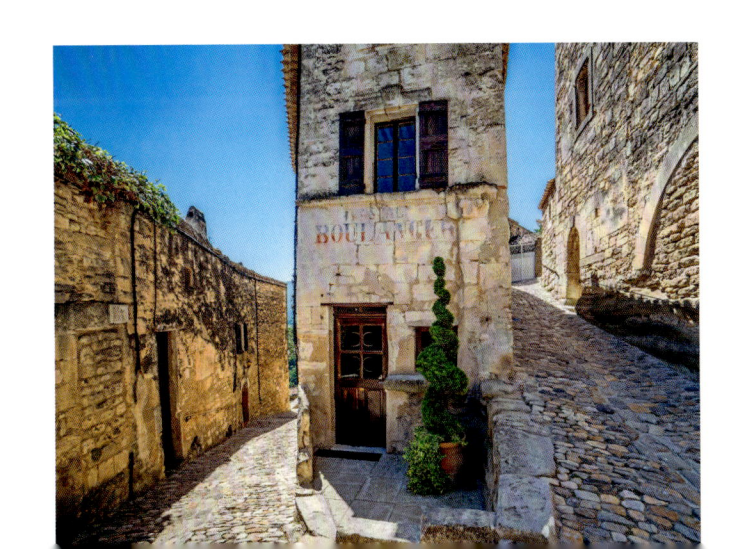

118

莫希战役

匈牙利包尔绍德－奥包乌伊－曾普伦县（Borsod-Abaúj-Zemplén County）莫希

绕着土堆上树立的巨大木十字架走一圈。

◆ **距离**
29 公里

◆ **起点**
停车场

◆ **漫步类型**
轻松

◆ **何时出发**
全年

右图：为纪念莫希战役而建造的土堆上排列着十字架，一万名匈牙利人在这场战役中丧生。

十三世纪蒙古人对欧洲的入侵始于 1220 年代，持续了二十年。1241 年，蒙古人横扫匈牙利，几乎将其夷为平地，大约三分之一的人口因此丧生。进攻在匈牙利东北部萨约河（Sajó River）附近的莫希达到高潮，蒙古领袖拔都的军队在那里与匈牙利国王培罗的军队交战。匈牙利损失了大约一万人，被彻底击败。匈牙利和欧洲的未来似乎注定要失败。

然后，命运发生了扭转，成吉思汗的继承人和蒙古最高统治者窝阔台突然死亡。蒙古人向欧洲和大西洋的进军停滞不前，再也没有恢复势头。

莫希战役国家纪念碑是一个人工土丘。可以沿着两条同心的走道走一走，这两条走道通向土丘，两边排列着十字架。从其中一个地下门进入土丘，然后到达最里面的房间，那里放置了花环来纪念死者。

119

中都之战
中国北京

在金朝统治了一个多世纪后，成吉思汗率领的蒙古人于1213年攻破了长城，包围了金中都（今北京）。两年后，他们进攻并攻克了金中都。你可以登上八达岭长城，它就位于北京西北七十公里处。

120

围攻阿维尼翁
法国普罗旺斯的阿维尼翁

作为阿尔比派十字军的一部分，法国国王路易八世于 1226 年围困了阿维尼翁（Avignon）城。在此之前，国王和这座城市之间发生了一系列的政治纠纷和攻击。阿维尼翁重兵防守的城墙使围攻变得非常困难，甚至围攻者的补给也出现了问题。双方的条件都很差，都急于达成协议，阿维尼翁争取到了更好的投降条件。沿着河边的城墙走向教皇宫（Palais des Papes）。

121

围攻蒙塞古
法国阿列日省蒙塞古

蒙塞古（Montségur）城堡坐落在一个拇指状的岩石尖顶上，也许是散布在比利牛斯山东侧的所有清洁派城堡中最壮观的。通过半日的徒步旅行可以到达那里，一路上可以看到比利牛斯山的景色。1242 年，这座城堡是几百名士兵和平民的避难所，遭到了大约一万人的皇家军队的袭击。这场战争长达九个月，当城堡最终倒塌时，大部分清洁派居住者被活活烧死，堡垒也被摧毁。

右图：蒙塞古城堡位于法国比利牛斯山，景色壮观。

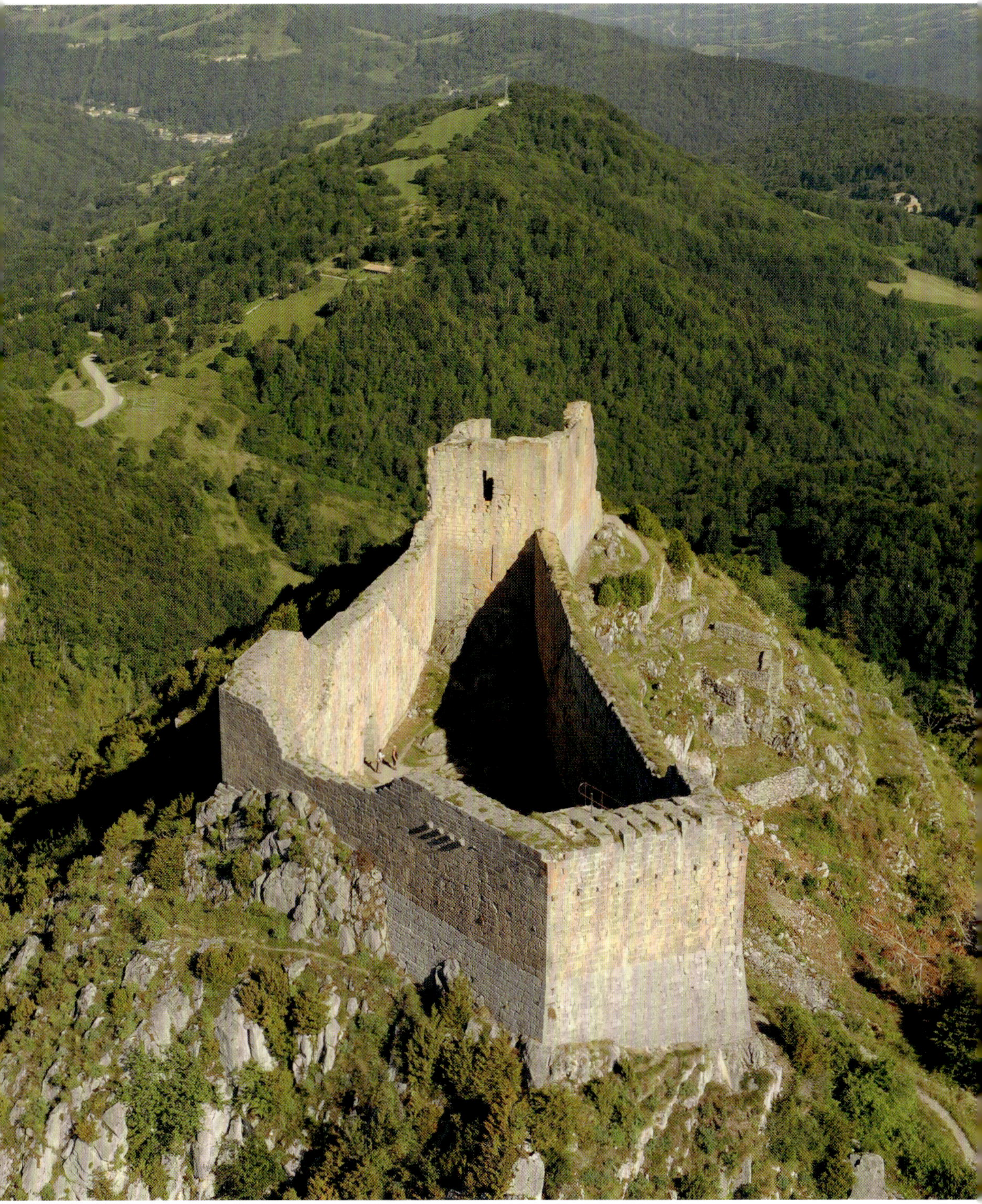

106　第三章　中世纪后期

涅瓦河之战
俄罗斯乌斯季伊佐拉

沿着乌斯季伊佐拉（Ust-Izhora）河漫步，你会经过涅夫斯基王子（Prince Nevsky）的雕像和他第一次胜利的地点。

◆ **距离**
  自由选择

◆ **起点**
  乌斯季伊佐拉河畔

◆ **漫步类型**
  悠闲漫步

◆ **何时出发**
  5月至9月

左上图：亚历山大王子的雕像矗立在涅瓦河和伊佐拉河的汇合处。

左图：战役期间，涅瓦河是重要的贸易路线。

1240年夏天的一天，一支由瑞典的比尔格·雅尔（Birger Jarl）率领的海军舰队，载着一支由瑞典、挪威、芬兰和塔瓦斯塔人组成的军队，向涅瓦河（Neva River）上游驶去，他们在涅瓦河和伊佐拉河（Izhora Rivers）的汇合处扎营，准备发动进攻。

诺夫哥罗德（Novgorod）的亚历山大·雅罗斯拉夫维奇（Alexander Yaroslavich）王子听到了这次袭击的风声，并设法阻止了乌斯季伊佐拉定居点附近的入侵，该定居点距离未来的圣彼得堡上游一点，阻止了可能的接管。

目前尚不清楚，这次入侵是基督教瑞典人试图向俄罗斯西北部扩张，并将东正教诺夫哥罗德教派转变为西方基督教的一部分，还是仅仅是为了控制涅瓦河，因为涅瓦河在当时是一条重要的贸易路线。

然而，正是这场战役使亚历山大王子获得了"涅夫斯基"的绰号，因为他在战斗中取得了第一次重大胜利，并成功摧毁了比尔格·雅尔的军队。

乌斯季伊佐拉有一座纪念战役的博物馆很值得一游，在圣彼得堡河畔。涅夫斯基的雕像在河流汇合处迎着游客。

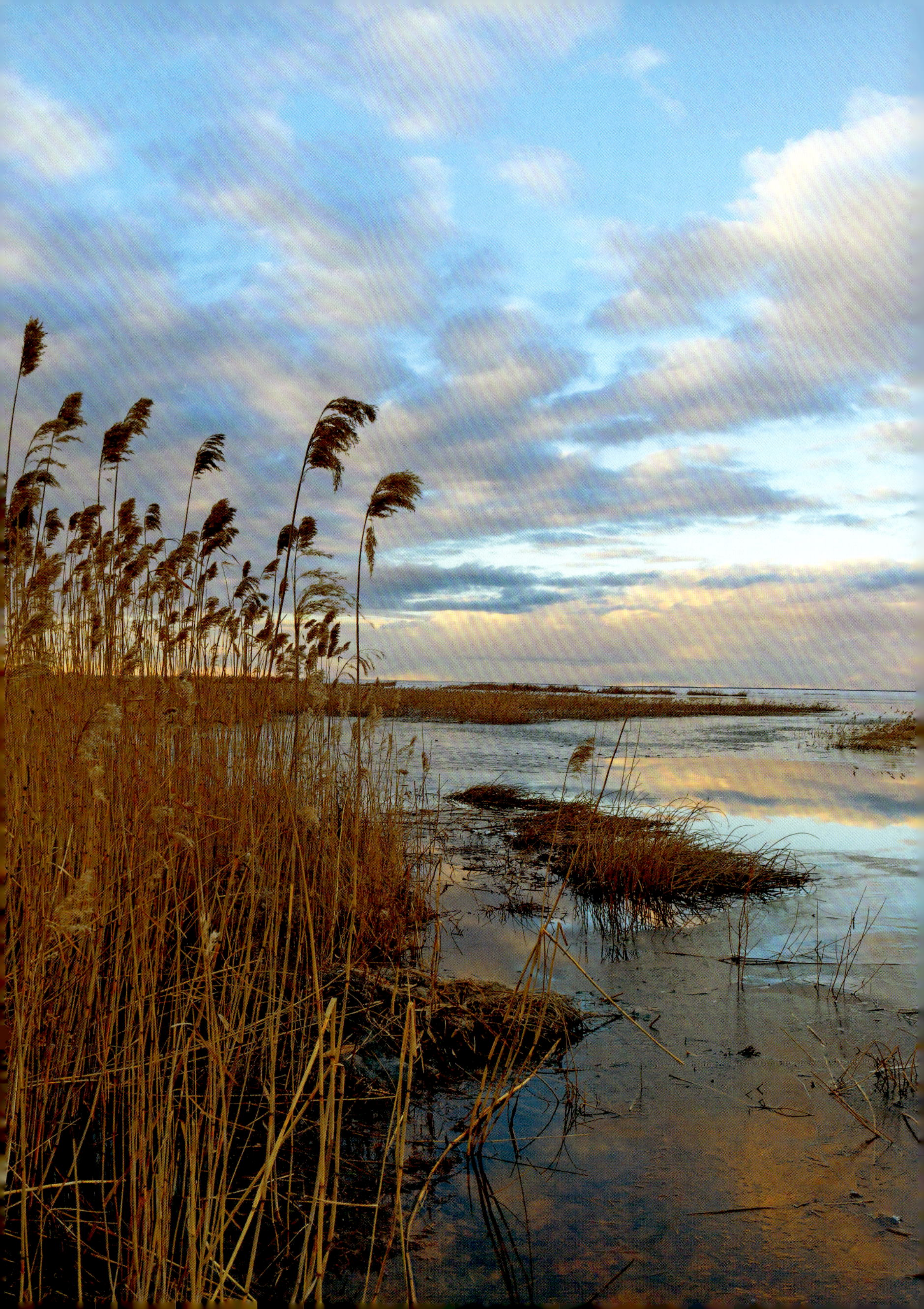

冰上之战
爱沙尼亚瓦尔尼亚

旨在将东正教诺夫哥罗德共和国转而信奉罗马天主教，北方十字军于1242年4月发动战争。然而，亚历山大·涅夫斯基（Alexander Nevsky）把天主教部队引诱到佩普斯湖（Lake Peipus）结冰的水面上，他的部队在靠近湖中心时从侧边攻击十字军骑士。当骑士撤退时，冰面在马匹和厚重盔甲的重压下开始崩塌，损失惨重。沿着瓦尔尼亚（Varnja）和科尔卡（Kolkja）之间的湖的南岸走一走，就能看到那场战役的遗址。

124

刘易斯战役

英国东苏塞克斯

欣赏南唐斯国家公园（South Downs National Park）的风景，西蒙·德·蒙德福特（Simon de Montfort）在这里成为英格兰的临时统治者。

- ◆ **距离**
  4.8公里
- ◆ **起点**
  斯皮塔尔路
- ◆ **漫步类型**
  短而多山
- ◆ **何时出发**
  全年

当国王亨利三世（Henry III）违背与贵族议会分享权力的协议时，他的妹夫西蒙·德·蒙德福特领导了一场反抗他的叛乱。

1264年5月，起义军在刘易斯（Lewes）向亨利的军队挺进，并在城镇上方的高地部署。在其他皇家部队集结之前，国王的儿子爱德华王子（Prince Edward）率领骑兵发起了一次鲁莽的冲锋。他们把缺乏经验的部队分散在德·蒙德福特的左翼，但又犯了把他们赶出战场的错误。当爱德华的骑士们返回时，皇家军队的主力已经被赶出了刘易斯，并被击败。爱德华和亨利都被迫投降。

这场胜利使德·蒙德福特成为英格兰事实上的统治者，他随后召集的议会（第一个包括市民的议会）被视为议会民主发展的重要一步。

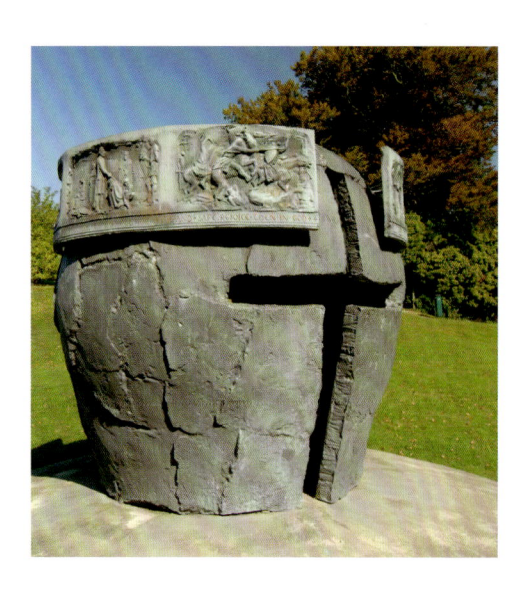

刘易斯监狱旁边的斯皮塔尔路（Spital Road）通往兰得波特（Landport Bottom）洼地，这是一片引人入胜的开阔低地，景色宜人，最初的战斗就发生在这里。从这里，可以绕回到历史悠久的小镇。爱德华居住的刘易斯城堡（Lewes Castle），以及他和父亲投降前避难的刘易斯修道院（Lewes Priory）遗址，现在都对游客开放。

左图：为纪念这场战役而建的纪念碑坐落在刘易斯修道院的空地上。

125

拉格斯之战
苏格兰埃尔郡

从拉格斯（Largs）往南走，你很快就会来到名为"铅笔"（the Pencil）的 21 米高的纪念碑，它是为了纪念 1263 年在这里发生的一场战斗而修建的，当时一部分挪威入侵舰队被吹上岸，派来营救他们的人被苏格兰人击败。

126

伊夫舍姆战役
英国伍斯特郡

西蒙·德·蒙德福特男爵的军队寡不敌众被困在埃文（Avon）河的环形地带，被爱德华王子的保皇派屠杀。德·蒙德福特本人被切成碎片。就在城镇的北部，有一条有标记的小径将带你走过 1265 年那场战役的大致区域。

左图：爱德华王子在战前驻扎在刘易斯城堡。

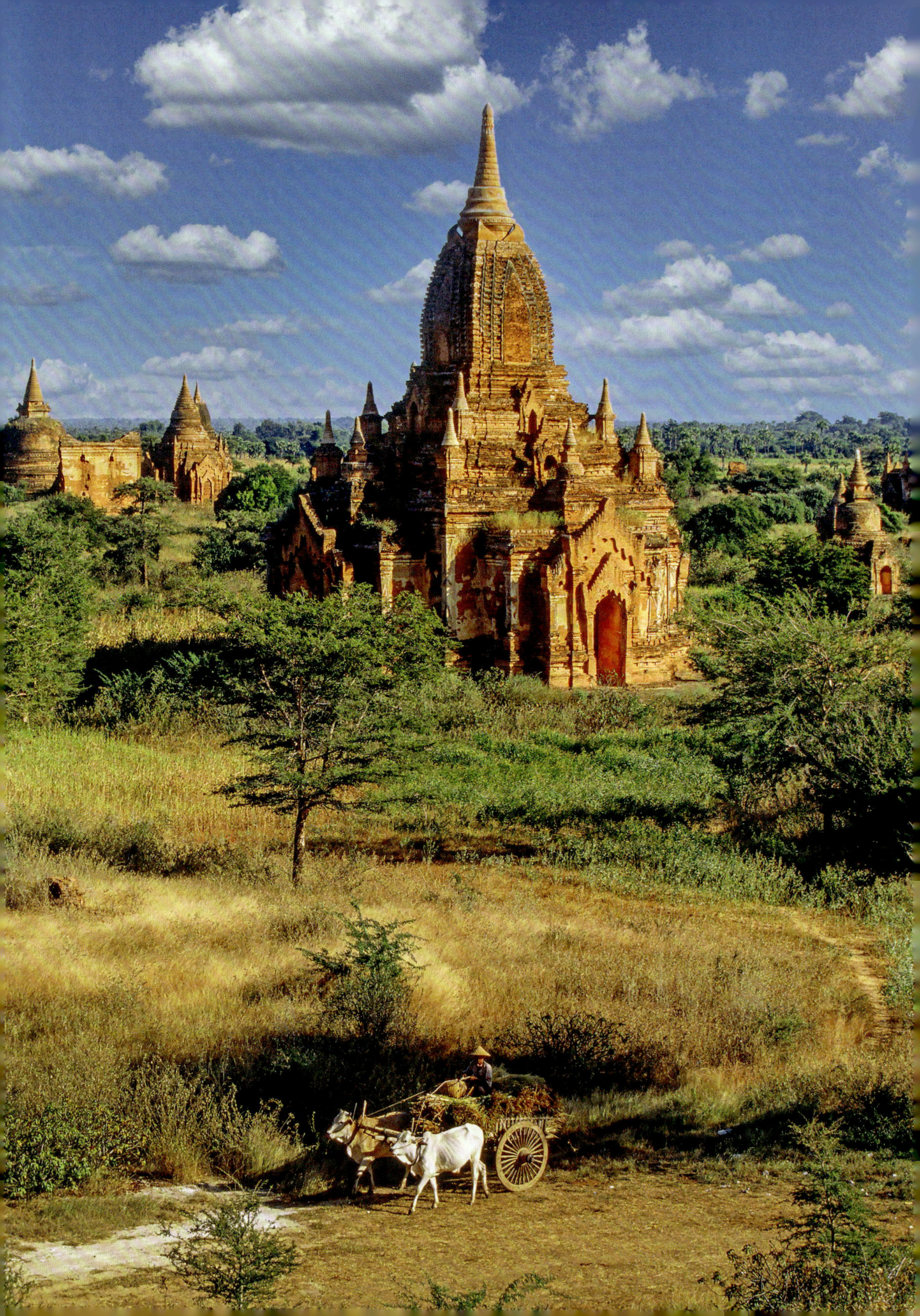

127

贝内文托战役
意大利坎帕尼亚大区贝内文托

1266 年 2 月 26 日早晨，安茹的查理（Charles of Anjou）与神圣罗马帝国皇帝腓特烈二世（Frederick II）的私生子西西里国王曼弗雷德（King Manfred of Sicily）在那不勒斯东北部的贝内文托（Benevento）对峙。尽管开局不错，但曼弗雷德的骑兵很快就被击溃，他损失惨重。他的支持者们很快就弃他而去，让他冲进战火，迎接迅速而残酷的死亡。你可以从贝内文托开始，沿着古老的法兰西格纳（Via Francigena）朝圣之路，蜿蜒向西北方向的罗马行进。

128

征服施瓦
埃塞俄比亚的斯亚贝巴

施瓦苏丹国是今天埃塞俄比亚的一个历史地区，它是一个穆斯林王国，位于一个以基督教为主的地区，存在了近四百年，直到 1278 年被征服并并入伊法特苏丹国。如今，埃塞俄比亚充满活力的首都亚的斯亚贝巴（Addis Ababa）大致坐落在曾经是施瓦（Shewa）的中心地带。想要俯瞰整个城市和周围的高地令人振奋的景色，可以花半天时间爬上三千米高的恩托托山（Mount Entoto）。除了风景，这里还有一些有趣的教堂和修道院。

129

蒲甘王朝的崩溃
缅甸蒲甘

作为缅甸历史上最强大的王朝，蒲甘王朝（Pagan Empire）在十二三世纪达到了它的顶峰。然而，辉煌的日子并没有持续多久。蒲甘王朝的统治者建造了至少一万座佛教寺庙。蒙古军队在 1287 年不费吹灰之力就击败了蒲甘王朝。这里的平原上点缀着大约两千座现存的寺庙，它们之间由土路相连，可以进行数天的愉快步行。

130

斯特灵桥战役
苏格兰斯特灵

1297 年，英国国王爱德华一世在苏格兰重建权威的战役在斯特灵桥遭遇严重挫折。当苏格兰军队猛扑过来，将英格兰军队切成两半，屠杀困在福斯河北岸的英军时，一支英格兰军队的一半已经列队穿过一座木桥（在十五世纪被石桥取代）。从这里步行四十五分钟即可到达阿比·克雷格山（Abbey Craig Hill）的山顶，苏格兰领导人威廉·华莱士（William Wallace）曾在那里目睹了英格兰军队的前进。登上二百四十六级台阶的国家华莱士纪念碑，欣赏斯特林的壮丽景色。

左图：庙宇是蒲甘王朝的美好遗产。

131

西班牙角

法国布列塔尼的罗斯坎维尔（Roscanvel）

当你走在连接着一串古老防御工事、微风拂面的悬崖小路上时，你可以感受到大西洋的力量。

◆ **距离**
14.5 公里

◆ **起点**
罗斯坎维尔教堂

◆ **漫步类型**
适合家庭的散步

◆ **何时出发**
4 月至 10 月

当你在古老防御工事布满藻类的墙壁上闲逛时，海鸥和塘鹅在你头顶盘旋，在呼啸的风中尖叫，你很容易感受到驻扎在这片荒凉的布雷顿岬角上的士兵们一定会感受到的恐惧。

这是一次真正的时间机器之旅，在大约四个小时的时间里，你将经过城垛（或城垛的旧址）、堡垒和其他军事建筑，这些建筑覆盖了从十四世纪到二十世纪。

然而，也许比历史更能给人留下深刻印象的是北大西洋的狂野海景，以及被冬季风暴猛烈冲击的悬崖。

这条适合全家出游的步道始于罗斯坎维尔（Roscanvel）小镇，按照红白两色的路标，沿着步道向北到达乐古雷斯特（Le Gouerest）村，然后向上到达暴风肆虐的岬角西班牙角（Pointe des Espagnols），顾名思义，这里是西班牙士兵在十六世纪后期建立的基地。

从这里开始，GR34 步道沿着半岛引人注目的西海岸延伸，经过许多城垛（其中一些可以追溯到十四世纪），然后向东转回罗斯坎维尔。

下图：布列塔尼崎岖的海岸线形成了一条壮观的步行路线。

第三章　中世纪后期

132

拉雷桑格勒加固村庄
法国南部热尔省拉雷桑格勒

这个被认为是法国最美丽的村庄之一的小村庄，被巨大的防御工事包围着，这使得拉雷桑格勒（Larressingle）不仅是中世纪防御村庄的一个令人惊叹的例子，而且也是法国最小的此类防御村庄。这个村庄在英法百年战争（1337—1453）期间建起了防御墙，但在那场战争中，这些防御设施实际上从未被用到过。周围的葡萄藤条纹乡村是悠闲徒步旅行的好去处。

133

百年战争
法国多尔多涅省卡斯泰尔诺城堡

卡斯泰尔诺城堡（Château de Castelnaud）在百年战争期间几经易手，简直就是童话故事的翻版。美丽的半日步行将城堡与同样令人印象深刻的悬崖边村庄洛克－甘克（La Roque-Gageac）连接起来。

左图：西班牙人把他们的基地建在西班牙角。

134

大分裂
法国阿维尼翁

在十四世纪的大部分时间里，阿维尼翁取代了罗马成为教皇所在地。但在 1378 年，大分裂使阿维尼翁的一位教皇与罗马的另一位教皇对立起来。这个小镇有一些法国最辉煌的宗教建筑，在城市的老城区散步时可以参观这些建筑。沿着城墙漫步，欣赏传说中的有着九百年历史的传奇圣贝内泽桥（Saint Bénézet Bridge）。从芭德拉丝岛（Barthelasse Island）可以俯瞰教皇宫。

135

中世纪的防御
法国莱博德普罗旺斯

这座位于莱博德普罗旺斯（Les Baux-de-Provence）的城堡，坐落在几乎坚不可摧的岩石露头上，可以俯瞰肥沃的平原。这个地方一直具有重要的军事意义，在十三四世纪时达到了鼎盛时期，当时城堡及其周围的小村庄正处于许多围攻和战斗的险境中。它被认为是普罗旺斯最美丽的村庄之一，最好的体验是在鲍马兰山脊（Crêtes de Baumayrane）步行，这是一条用时四小时的小径，可以穿过古老的村庄，以及一系列树木繁茂的山脊和安静的农田。

右图：莱博德普罗旺斯是普罗旺斯最美丽的村庄，它曾经也是重要的军事据点。

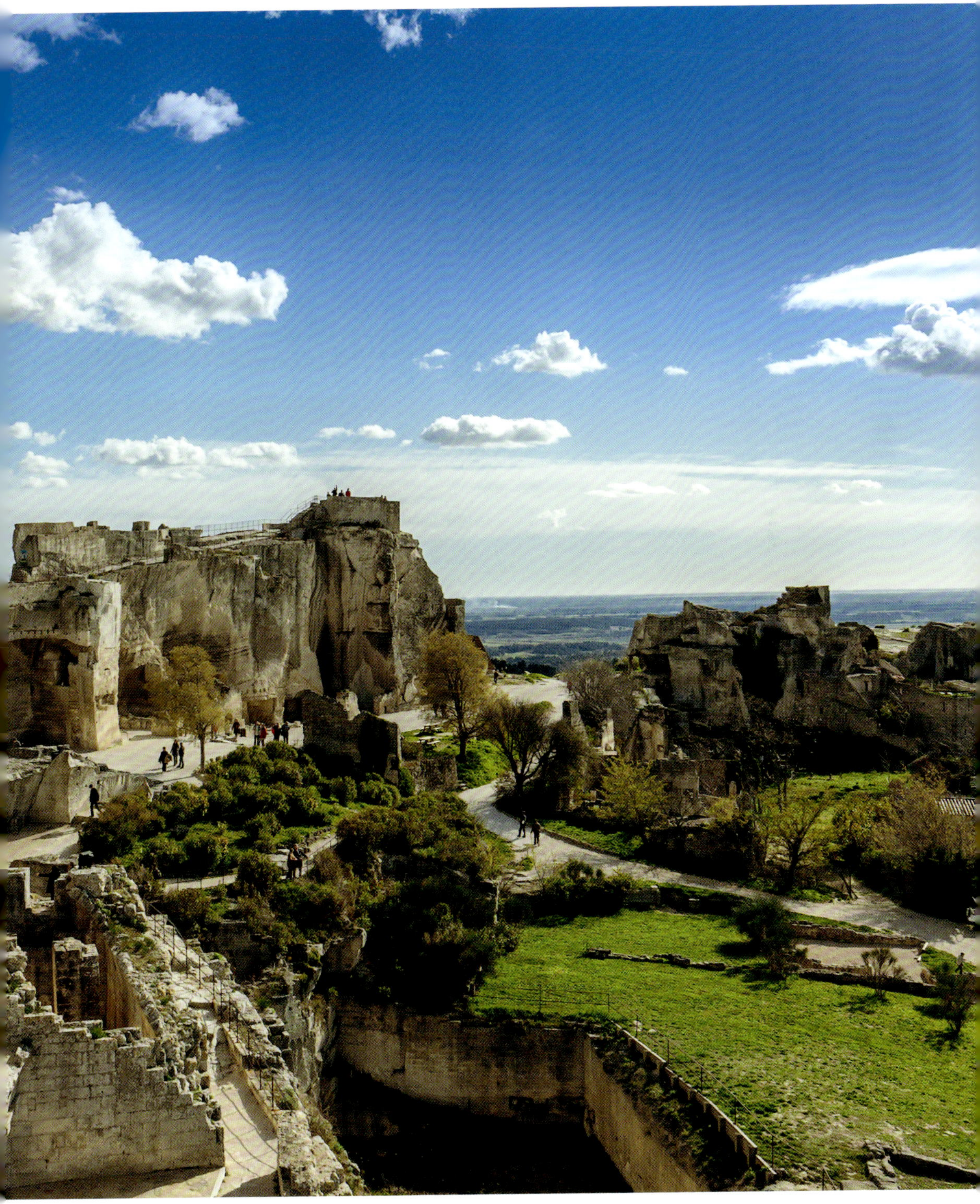

班诺克本战役

苏格兰斯特灵郡斯特灵

尽管班诺克本战役没有给苏格兰带来独立，但它仍被视为苏格兰历史上的一个重要里程碑。

◆ **距离**
2.4 公里

◆ **起点**
游客中心

◆ **漫步类型**
轻松

◆ **何时出发**
全年

右图：罗伯特·布鲁斯的骑马雕像守卫着昔日的战场。

下图：班诺克本战役发生地的鸟瞰图。

尽管这场战役是苏格兰国王罗伯特·布鲁斯（Robert the Bruce）和他的军队对英格兰国王爱德华二世（Edward II）军队的决定性胜利，但它并没有结束第一次苏格兰独立战争，这场战争又持续了十四年。但它确实帮助苏格兰从英格兰独立出来。

1313年，十五年前取代威廉·华莱士（William Wallace）成为独立运动领袖的布鲁斯要求英格兰在斯特灵城堡（Stirling Castle）的守军投降。爱德华无法忽视这样的挑战，第二年英格兰人向北推进。布鲁斯将他的军队部署在斯特灵城堡西南三英里处的一片林地，并彻底击败了英军，英军人数多达两万五千人，而布鲁斯麾下的军队人数仅为英军的三分之一。

战争的确切地点多年来一直争论不休。由苏格兰国家信托基金管理的游客中心是最有可能的地点。它使用交互式技术使战斗变得栩栩如生，包括在三维场景上对部队行动进行数字投影。战场现在是一个维护良好的草坪，上面有一个圆形的纪念碑。可以穿过田野，来到十九世纪的布鲁斯骑士像前，同时感受一下大自然。

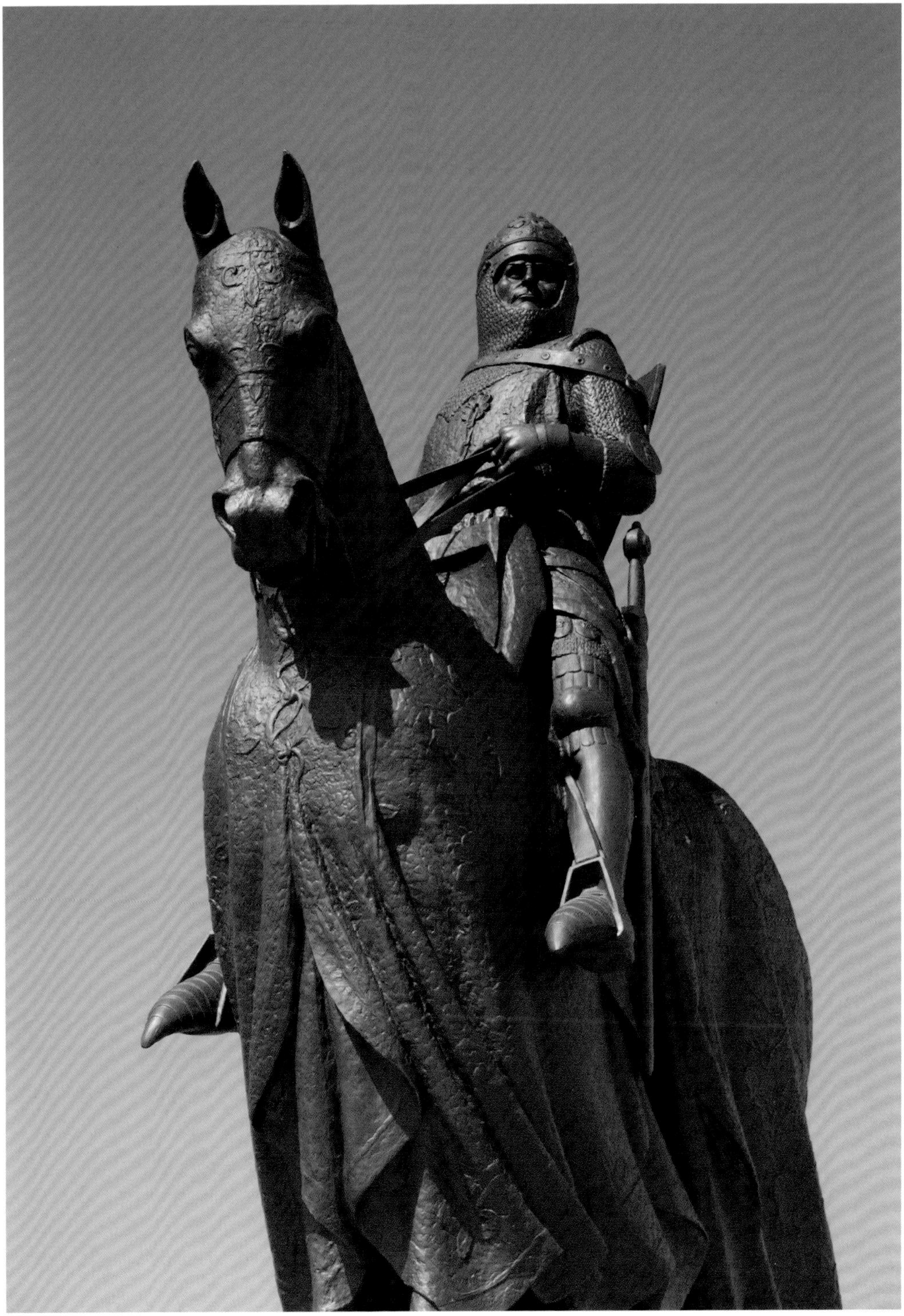

137

鸦溪大屠杀
南达科塔州张伯伦

在鸦溪（Crow Creek）岸边一处大规模埋葬地点发现了近五百具骸骨，这显示了屠杀的证据。这是令人毛骨悚然的发现，大人和孩子都被砍掉了四肢。对攻击者知之甚少。这些骸骨的年代大概是 1325 年。今天的遗址是密苏里河宁静的河岸上的一座长满草的小山。你可以在割过草的地方走一走，感受一下周围的气氛，思索一下为什么会发生这样的暴行。

138

阿兹特克帝国的崛起
墨西哥墨西哥城

阿兹特克人最初是来自北方的游牧民族，他们于 1325 年在今天的墨西哥城所在地墨西哥谷（Valle de México）定居，与另外两个山谷国家组成了"三国联盟"，将墨西哥中部的大部分地区置于他们的控制之下。到了十五世纪，阿兹特克人（或墨西哥人）成了统治群体，他们的首都在特诺奇蒂特兰（Tenochtitlán）。直到十六世纪征服者到来之前，他们几乎无法阻挡。墨西哥城的中心广场，索卡洛（Zócalo）建在阿兹特克的特诺奇蒂特兰的主要广场上。走到宪法广场的北端，在那里你会发现大神庙（Templo Mayor）的遗迹，这是阿兹特克人重要的仪式建筑，是西班牙人将其拆除了。

上图：在墨西哥城中心广场发掘出的大神庙遗址。

139

凑川之战
日本神户

自 1318 年至 1339 年，日本后醍醐（Go-Daigo）天皇多次试图推翻幕府以恢复君主制，这导致了内战。在 1336 年的这场终极战役中，天皇最忠诚的领军武士楠木正成（Kusunoki Masashige）和他的兄弟无法面对失败的耻辱而自杀。神户的凑川神社据说就建在那场战役发生的地方。

140

鄱阳湖之战
中国江西南昌

鄱阳湖是中国最大的淡水湖。1363 年，朱元璋与陈友谅的舰队在鄱阳湖大战。经过数周的相互攻击，朱元璋决定用火攻，并以少胜多，消灭了陈友谅的势力。不妨在鄱阳湖国家级自然保护区漫步，欣赏一下这美丽的湖泊。

上图：鄱阳湖丰水期，湖水环绕落星墩。

基奥贾战争
意大利威尼托大区基奥贾

沿着基奥贾星形堡垒的城墙走一走,它是在威尼斯几乎被热那亚人占领之后建造的。

◆ **距离**
1.5 公里

◆ **起点**
经过圣马可,在古穆拉齐大坝的起点

◆ **漫步类型**
铺装小路散步

◆ **何时出发**
全年

右上图:星形堡垒圣费利斯为潟湖入口提供保护。

右图:基奥贾是威尼斯比较安静但同样迷人的邻里地区。

威尼斯南部沉睡的海滨小镇基奥贾(Chioggia),是威尼斯人和热那亚人之间最后一场战争的发生地,这两个国家是主要的商业强国同时也是长期的对手。

这两个海上强国在 1378 年开始的基奥贾战争中展开了正面交锋。威尼斯派遣了一支庞大的舰队,在地中海东部与热那亚人作战,热那亚人得到了帕多瓦人和匈牙利人的支持,这让威尼斯这座城市四面楚歌。

热那亚人趁机占领了基奥贾港。然而,在 1379 年 12 月 22 日的深夜,威尼斯人设法关闭了所有通往基奥贾的通道和航道,包围了热那亚人。

接下来的一个月,威尼斯人的地中海舰队返回威尼斯,力量的平衡再次转变,最终迫使热那亚舰队在 1380 年 6 月投降。

你可以沿着古穆拉齐大坝(Murazzi Dam)和圣菲利斯城堡(Forte San Felice)的城墙走,圣菲利斯城堡是一座十四世纪的要塞,为了保证战争后进入潟湖的入口而战略性地伸入大海。它被建造成五角星的形状,以确保对水域的控制。在 6 月的第三个周末,帕利奥·德拉·马西利亚(Palio della Marciliana)会看到战争的历史重现表演,还有赛船会、中世纪音乐和射箭比赛。

142

阿勒祖巴洛特战役
葡萄牙巴塔利亚附近

　　葡萄牙国王费迪南一世（Ferdinand I）死后无嗣，他的女儿比阿特丽斯公主（Princess Beatrice）嫁给了卡斯蒂利亚国王胡安一世（King Juan I of Castile），这使葡萄牙陷入了被卡斯蒂利亚帝国吞并的危险之中。1385年，阿维什的若昂（John of Aviz）在英格兰长弓手的协助下击退了卡斯蒂利亚人。这场胜利巩固了葡萄牙作为一个独立国家的地位，阿维什的若昂成为葡萄牙的国王若昂一世（King John I）。可以在巴塔利亚周围散步，参观巴塔利亚修道院（Santa Maria da Vitória na Batalha）。

143

奥特本之战
英格兰诺森伯兰郡奥特本

苏格兰和英格兰在十四世纪晚期政治不稳定，双方都觊觎对方的领土，边境袭击渐增。1388 年，苏格兰人在诺森伯兰郡的奥特本冒险进入英格兰领土二十四公里。尽管拥有三比一的优势，英格兰军队还是被击败了，决定性的胜利使局面稳定了一段时间。你可以轻松步行到战斗遗址，它位于诺森伯兰国家公园（Northumberland National Park）内，离小镇西北一公里半。它的标志是珀西十字架（Percy Cross），该十字架建于 1400 年之前，后来修复了几次。

144

捷列克河之战
格鲁吉亚 / 俄罗斯北高加索

在 1395 年的最后一场冲突之前，金帐汗国的蒙古领袖脱脱迷失和帖木儿帝国的缔造者帖木儿已经交战多年。战争以帖木儿的胜利告终。这场战役是在捷列克（Terek）河沿岸进行的，但确切地点不详，有人认为在今天车臣共和国的格罗兹尼附近。在捷列克河上游的格鲁吉亚卡兹贝基（Kazbegi）国家公园的达亚尔峡谷（Daryal Gorge），有美丽的步行景观。

145

安卡拉战役
土耳其安卡拉省安卡拉

1402 年的安卡拉战役与其说是为了建立帝国，不如说是出于个人恩怨。尽管奥斯曼人和蒙古人之间关系紧张，但直到奥斯曼帝国苏丹巴耶济德一世（Bayezid I）要求帖木儿进贡，引发了战争。帖木儿军队的规模是奥斯曼帝国的两倍，结果很快，苏丹被俘。战斗发生在丘布平原（Çubuk Plain），现在是安卡拉的郊区。在没有任何可见的战争遗迹的情况下，你可以在首都的安纳托利亚文明博物馆（Museum of Anatolian Civilizations）漫步，那里有很多关于帖木儿的东西。

占领德里
印度德里

1398 年，帖木儿入侵了世界上最富有的城市之一德里，借口是苏丹国对其印度教臣民过于宽容。传说守卫者用链甲武装大象，并在它们的象牙上下毒。据称，帖木儿在骆驼部队脚下放火焚烧干草（这些动物很容易惊慌失措），挑衅他们冲向大象。帖木儿随后处决了成千上万的"异教徒"。与苏丹国密切相关的是，联合国教科文组织世界遗产顾特卜塔（Qutab Minar），你可以在原始的老德里散步，到处都是废弃的坟墓和纪念碑，包括七十三米高的十二世纪的顾特卜塔。

153

围攻塞萨洛尼卡

希腊塞萨洛尼卡

塞萨洛尼卡（Thessalonica）以前是奥斯曼帝国的一部分，自 1403 年以来一直处于拜占庭的统治之下。然而，在 1422 年，它激怒了奥斯曼帝国的苏丹穆拉德二世（Murad II），因为它选择支持他的一个对手。苏丹进攻该城，该城无力自卫，转向了威尼斯。苏丹穆拉德拒绝承认威尼斯的权威，并封锁了这座城市，导致了可怕的情况，许多人逃离了威尼斯。封锁持续了七年，最终穆拉德召集了足够多的军队，制服了威尼斯人，并声称塞萨洛尼卡是奥斯曼帝国的领土。你可以绕着塞萨洛尼卡原城的一些残存城墙走一圈。

下图：漫步在塞萨洛尼卡的古老城墙周围。

154

瓦尔纳战役
保加利亚瓦尔纳

十字军在 1444 年最后一次试图击败奥斯曼帝国的尝试是灾难性的。在瓦尔纳战役中，苏丹穆拉德二世率领的六万奥斯曼人与波兰和匈牙利国王拉迪斯劳斯三世（Ladislaus III）率领的半数十字军展开了对抗。拉迪斯劳斯三世忽视了"苏丹的狩猎队比你们所有军队都强大"的警告，大约两万名十字军战士被杀，其中包括拉迪斯劳斯，他被砍下的头颅被放进一罐蜂蜜中，运到奥斯曼帝国的首都布尔萨进行公开展示。你可以在瓦尔纳港口北部的露天公园博物馆里散步，那里有拉迪斯劳斯的纪念碑和古色雷斯人坟墓上雕刻的战争纪念碑。

155

罗德岛之围
希腊罗德岛

自 1310 年以来，罗德岛（Rhodes）一直是医院骑士团（一个天主教军事团体）的总部，经常遭到奥斯曼帝国的攻击，后者试图将该岛据为己有。1444 年，奥斯曼帝国的军队再次登陆该岛，几个月的战斗在不同的港口展开，罗德岛的城堡被围困。在一场恶战之后，奥斯曼人损失惨重，他们没有等待苏丹的命令就放弃了围城。老城的护城河现在是一系列带有步行小道的公园，周围是城墙，城墙的塔楼充当了博物馆。

156

五座堡垒之战
新西兰北岛卡卡希

霍图部落（Ngāti Hotu）是居住在新西兰北岛的毛利人部落。他们最初以霍克斯湾（Hawkes Bay）的海岸为基地，据认为是为了躲避来自波利尼西亚和美拉尼西亚的食人部落而向内陆迁移。他们在陶波（Taupō）湖一带定居，一些人住在附近的卡卡希（Kakahi）村，他们用五座堡垒保卫那里。大约在 1450 年，毛利旺加努伊（Whanganui Māori）部落偶然发现了这个定居点，并派出援军发动了进攻。霍图部落在卡卡希周围建立了五座堡垒，但这还不够。堡垒一个接一个地倒在进攻者的手中，胜利者把受害者的腿挂在河边的树上，这促使所有幸存者逃离，部落也从历史中消失了。可以沿着村子里的土路（大致沿着战场附近的河流）走一走，享受周围的自然环境。

君士坦丁堡的陷落
土耳其伊斯坦布尔的艾德奈卡培

沿着君士坦丁堡的城墙行走，君士坦丁堡是基督教世界的珍宝和堡垒。

◆ **距离**
3.2公里

◆ **起点**
科拉教堂（卡里耶清真寺）

◆ **漫步类型**
轻松

◆ **何时出发**
全年

下图：君士坦丁堡的三排城墙。

1453年，欧洲和基督教罗马帝国拜占庭的首都君士坦丁堡被亚洲人和穆斯林奥斯曼人占领。

尽管苏丹穆罕默德二世（Mehmet II，后来的征服者穆罕默德）的军队，在人数上远远超过君士坦丁堡的守军，但拜占庭人坚持了五十三天，直到5月29日（星期二）。穆罕默德以君士坦丁堡为新首都，取代色雷斯的阿德里安堡（Adrianople），现在的埃迪尔内（Edirne）。据说，被征服的拜占庭人把星期二永远视为不吉利的一天，是做生意或开始旅行的不吉利日。

君士坦丁堡的三排城墙长达四英里多，在狄奥多西二世（Theodosius II）统治之前修建了一千年。大部分所谓的狄奥多西城墙，包括许多塔，今天仍然可以看到。雄心勃勃的人可以从金角湾（Golden Horn）一直走到马尔马拉海。但最能近距离看到围墙的地方之一是艾德奈卡培（Edirnekapı，艾德奈门）区，位于著名的科拉教堂（Chora Church，现为卡里耶清真寺（Kariye Mosque）的阴影下。

158

围攻培拉特
阿尔巴尼亚培拉特

1455 年，奥斯曼人来到培拉特（Berat），爬上防守薄弱的城墙，占领了培拉特城堡（Berat Castle），这座城堡坐落在俯瞰山谷的陡峭山顶上，并且具有战略意义。在斯坎德培（Skanderbeg）的带领下，阿尔巴尼亚人包围了这座城市，试图夺回它。尽管击败了奥斯曼苏丹派遣的救援部队，但由于自己的损失和疲惫，阿尔巴尼亚人最终撤退。从老城沿着陡峭的小路走到培拉特的城堡，你就会明白为什么这个地方值得人们为之战斗。

159

贝尔格莱德之围
塞尔维亚贝尔格莱德

在征服君士坦丁堡后，穆罕默德二世于 1456 年将目光投向了北部的匈牙利王国，而维也纳就在其家门口。他采取的策略是直接夺取贝尔格莱德的边境要塞。但匈牙利的反击迫使土耳其撤退，使奥斯曼帝国在欧洲的进攻推迟了几十年。可以爬上贝尔格莱德卡勒梅格丹城堡的战斗地点。

左图：科拉教堂坐落在君士坦丁堡的古城墙附近。

1100—1499

160

圣奥尔本斯战役
英格兰的赫特福德郡

1455 年，玫瑰战争的第一次战役在圣奥尔本斯的街道上打响，约克党人取得了胜利。1455 年，这座城市钟楼上的钟（夏季周末开放）敲响了警钟，该钟直到今天还在报时。

161

北安普顿战役
英格兰北安普顿郡

1460 年，在格雷勋爵（Lord Grey）改变立场，帮助沃里克伯爵（Earl of Warwick）的约克党人进入要塞营地后，兰开斯特人在此被击败。尽管该遗址的一部分现在是一个高尔夫球场，但在附近的德拉普雷修道院（Delapré Abbey）有关于此次战役的展览，还有一条通往战斗的中心位置的公共步道。

右图：这条步行路线经过达科尔十字架（Dacre's Cross），即陶顿战役的纪念碑。

162

陶顿战役
英格兰北约克郡

在陶顿（Towton）附近的农民田地里散步，这里是英格兰土地上最血腥的一场战斗的战场。

◆ **距离**
8公里

◆ **起点**
陶顿村

◆ **漫步类型**
田野周围按标记指示行走

◆ **何时出发**
全年

1461年，陶顿见证了亨利六世（Henry VI）的兰开斯特军队的毁灭和约克主义者爱德华四世（Edward IV）登基成为英格兰国王。

战斗开始于一场炫目的暴风雪，双方互射了弓箭。在顺风的情况下，约克郡军队表现得更好，促使兰开斯特军队向前推进并发起进攻。兰开斯特家族的兵力较多，但由于爱德华身先士卒，约克家族的防线一直坚守到援军的到来才最终扭转了局面。当战败的兰开斯特人逃跑时，成千上万的人在随后的无情追捕中被屠杀；另一些人则是在挣扎着穿过考克贝克（Cock Beck）河逃跑时被淹死，据说这条河被鲜血染红了。当时有说法说那天有二万八千人死亡，这无疑是夸大其词，但陶顿战役几乎可以肯定的是英格兰土地上最血腥的战役之一。

战场的大部分地方都有标记清晰的小路，指示牌上显示着战斗和参战人员的信息。最后，可以沿着老伦敦路（Old London Road）走下去，老伦敦路是陶顿村的一条小路，一直延伸到一个阴森森的考克贝克渡口。据说，当时这里尸体堆积，以至于在水面上形成了一座桥。

下图：利德教堂（Lead Church）位于陶顿战场附近。

163

应仁之乱
日本京都

一位高级官员和一位地方领主就无继承人足利义政将军的继任者之争升级为古代日本最大的战争。1467 年，约二十七万武士聚集在京都，为敌对双方作战。它经常被称为"浪费的战争"，因为它没有明确的胜利者，京都被大面积破坏，数千人死亡。可以绕着上贺茂神社走一圈，找到标志着战争爆发的石头，然后前往建于主战地点的四国寺。

下图：京都的上贺茂神社里有一块纪念战争爆发的石头。

164

巴尼特战役
英格兰大伦敦

走在巴尼特繁忙的大街上，来到蒙肯哈德利（Monken Hadley）的小村庄，你将追随爱德华四世（Edward IV）的约克军（Yorkist army）的脚步，他们在1471年艰难北上，对抗爱德华的前盟友，立王者沃里克（Warwick the Kingmaker）的兰开斯特军队。由于是在浓雾中进行作战，随后的战斗一片混乱。沃里克的部分军队在追捕一些逃跑的约克党人后重新投入战斗，他们被误以为是敌人，结果遭到了己方的攻击。兰开斯特家族溃不成军，沃里克本人也被杀，使巴尼特战役成了玫瑰战争中的一个重要转折点。

165

蒂克斯伯里战役
英国格洛斯特郡

国王爱德华四世（Edward IV）在巴尼特的胜利之后，在河边的蒂克斯伯里（Tewkesbury）摧毁了第二支兰开斯特军队。发生过最激烈战斗的大部分地区都得以幸存，一条带有标记的四十五分钟步行路线，可以带你绕过关键地点。一定要去参观蒂克斯伯里修道院，一些战败的兰开斯特人试图在那里寻求庇护，结果却被拖出来砍了头。夏天的时候，当商店里挂起绘有参战士兵的武器的横幅时，这个城镇会变得五彩缤纷。

上图：蒂克斯伯里的血腥草地曾经是激烈战斗的地点。

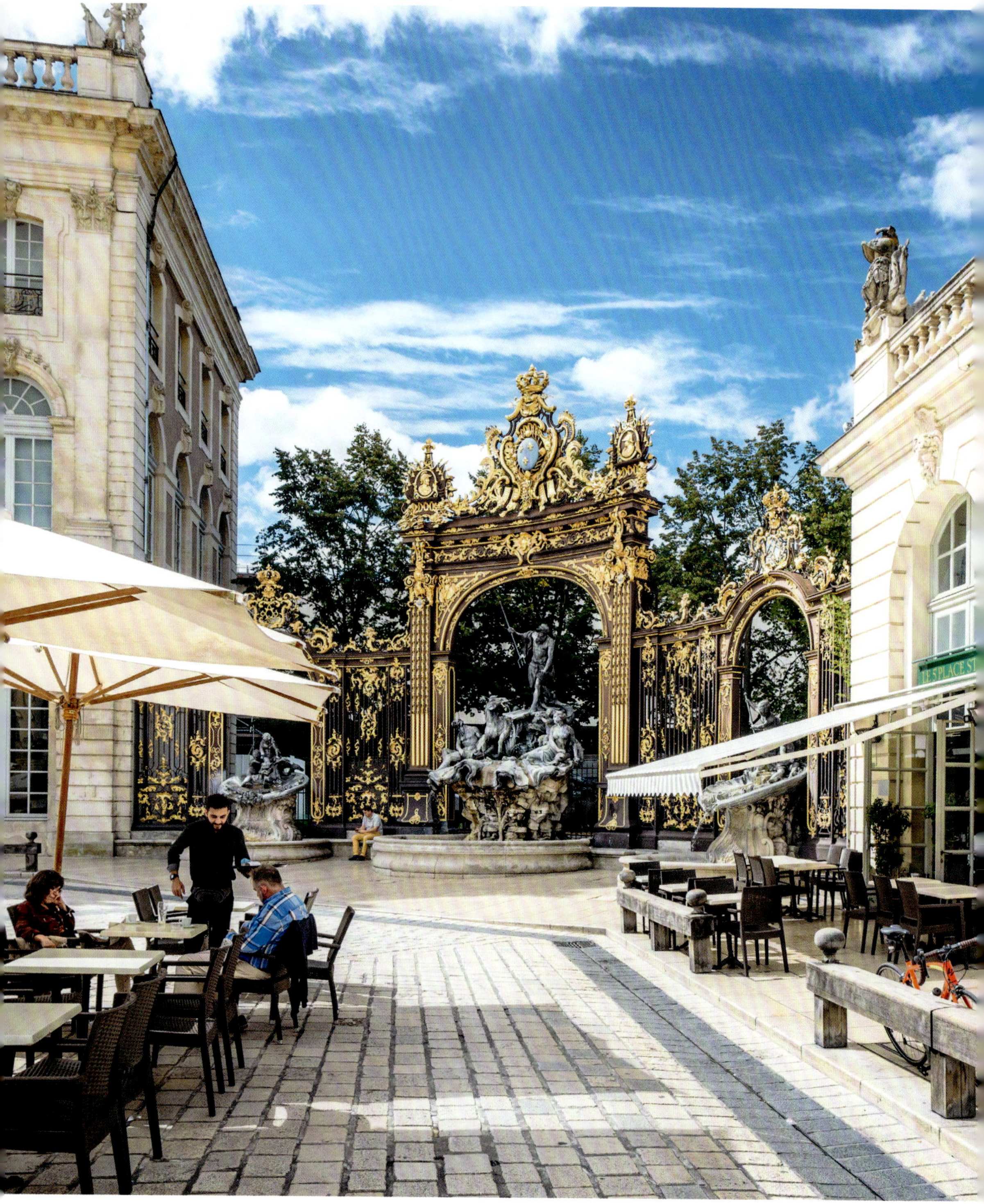

166

勃艮第战争：格朗德森战役
瑞士纳沙泰尔湖

勃艮第公爵大胆的查理（Charles the Bold）拥有权力和财富来实现他的伟大抱负，他发动了一场扩张帝国的战役。1476年，他将目光转向了瑞士联盟，并在一次围城后占领了格朗松城堡（Castle of Grandson）。瑞士人很快就带着援军赶来，在康斯塞（Concise）附近的森林里与查理的军队对峙。这引起了勃艮第人的恐慌，他们在混乱中撤退，把他们的大部分财宝留给了瑞士人。可以从格朗松镇出发，沿着湖向康斯塞镇走去，重温一下历史。

167

勃艮第战争：南锡战役
法国南锡洛林

大胆的查理在格朗松战役中失败后并没有放弃他的征服。1477年，他重新集结军队，向南锡（Nancy）进军，希望从对手手中夺取这座城市。他犯的错误是在冬天行军，在沿途的恶劣条件下，他损失了一些人。在到达目的地后，剩余的军队与洛林公爵（Duke of Lorraine）的军队展开了战斗，查理在战斗中被杀死并肢解。不妨漫步在这座美丽城市的老中心和三座十八世纪的广场，并欣赏洛林公国的旧都。

168

塔西马洛阿战役
墨西哥米却肯州伊达尔戈城

从1469年开始，阿兹特克人对他们强大的邻居普雷佩查（或塔拉斯坎）帝国发起了旷日持久的进攻。这场战争在1478年达到了高潮，阿兹特克统治者阿克萨卡特（Axayácatl）率领三万二千名战士越过边境，在塔西马洛阿战役中，他们遭遇了五万塔拉斯坎人。普雷佩查帝国取得了压倒性的胜利，杀死或俘虏了百分之九十的阿兹特克军队。这可能部分是因为塔拉斯坎人用铜做矛头和盾牌。可以漫步在伊达尔戈古城，参观圣乔斯（San José）教堂，里面有一些阿兹特克物品。

左图：南锡的斯坦尼斯拉斯广场（Nancy's Stanislas Square）的特色是在一个镀金的锻铁门廊中有一座引人注目的海神喷泉。

上图：斯洛文尼亚的布列加玛城堡建在一个洞穴的入口处。

围攻布列加玛城堡
斯洛文尼亚诺特兰杰斯卡省的布列加玛

　　布列加玛城堡（Predjama Castle）位于斯洛文尼亚西南部一个半山腰的洞穴口，看起来不可征服。在十五世纪匈牙利和奥地利之间的战争中，一个亲马扎尔的土匪叫伊拉泽姆·鲁格（Erazem rueger），他把自己藏在里面，通过一条秘密通道进出。1483年，奥地利人发动了进攻，伊拉泽姆向他们投掷了大量的新鲜水果，以证明自己不是囚犯。但后来一个仆人背叛了他，当伊拉泽姆去"连苏丹都必须独自去的地方"时，他坐在马桶上被炮弹击中。布列加玛城堡全年对游客开放。

围攻帕瓦加德
印度古吉拉特邦潘奇马哈斯县

古吉拉特邦的尚庞（Champaner）是一个历史悠久的城邦，由查夫达王朝的拉其普特（Rajput）国王凡拉杰·查夫达（Vanraj Chavda）建立。与附近的帕瓦加德（Pavagadh）市一起，该位置位于横穿印度的战略贸易路线上。苏丹马哈茂德·贝格达（Mahmud Begda）在与拉杰普特人的战争中，从1483年到1484年围攻这座城市将近两年。他成功地占领了这座城市，后来把它扩建成了他的新首都。可以绕着遗址走一圈，欣赏印度和穆斯林遗产的大门、宫殿、拱门、寺庙和清真寺，并走上帕瓦加德山，从上面欣赏建筑群的景色。

下图：在帕瓦加德山上漫步，可以看到整个遗址的美景。

171

博斯沃思原野战役
英格兰莱斯特郡博斯沃思市场

一个国王死在这里，另一个国王就地加冕。

◆ **距离**
8 公里

◆ **起点**
博斯沃思战场遗产中心

◆ **漫步类型**
轻松的乡村散步

◆ **何时出发**
全年

1483 年理查三世（Richard III）夺取王位以及年轻的爱德华五世的失踪疏远了许多前约克主义者，使得流亡的兰开斯特人亨利·都铎（Henry Tudor）成了王位的另一个候选人。

在法国的军事支持下，亨利于 1485 年登陆威尔士，并进军英格兰，在博斯沃思市场（Market Bosworth）附近与理查三世（Richard III）对峙。理查有一支更大的军队，但在战斗当天，他的一些部队根本没能参战，强大的斯坦利军队与亨利交战。在率领一支绝望但失败的骑兵冲锋对手后，理查被击溃，胜利的亨利在战场上加冕，成为亨利七世（Henry VII）国王。

可以从有游客中心、纪念碑和观景点的安比恩山（Ambion Hill）开始行走。这座山长期以来被认为是战斗的地点，但现在人们接受的说法是，战斗发生在大约 3.2 公里外的一条叫做芬恩莱恩（Fenn Lanes）的古罗马道路的两边，而安比恩山是理查在战斗前扎营的地方。穿过安比恩伍德（Ambion Wood），沿着一段运河，你会到达芬恩莱恩，这条路穿过农田向南直通战场。大约一英里后，会看到在一个农场前有一条小路，这条路通向理查可能摔倒的地方。

172

斯托克战役
英格兰诺丁汉郡

这片特伦特河（Trent River）之上的高地见证了玫瑰战争的最后一场战役，在 1487 年，亨利七世的军队击败了伪装者兰伯特·西姆内尔（Lambert Simnel）的德国雇佣军、爱尔兰军队和死忠的约克主义者。一条带有信息板的步道可以引导您参观现场。

上图：博斯沃思战场的遗址也提供了漫步乡间的愉快体验。

左图：文化遗产中心的纪念日晷上有一个皇冠。

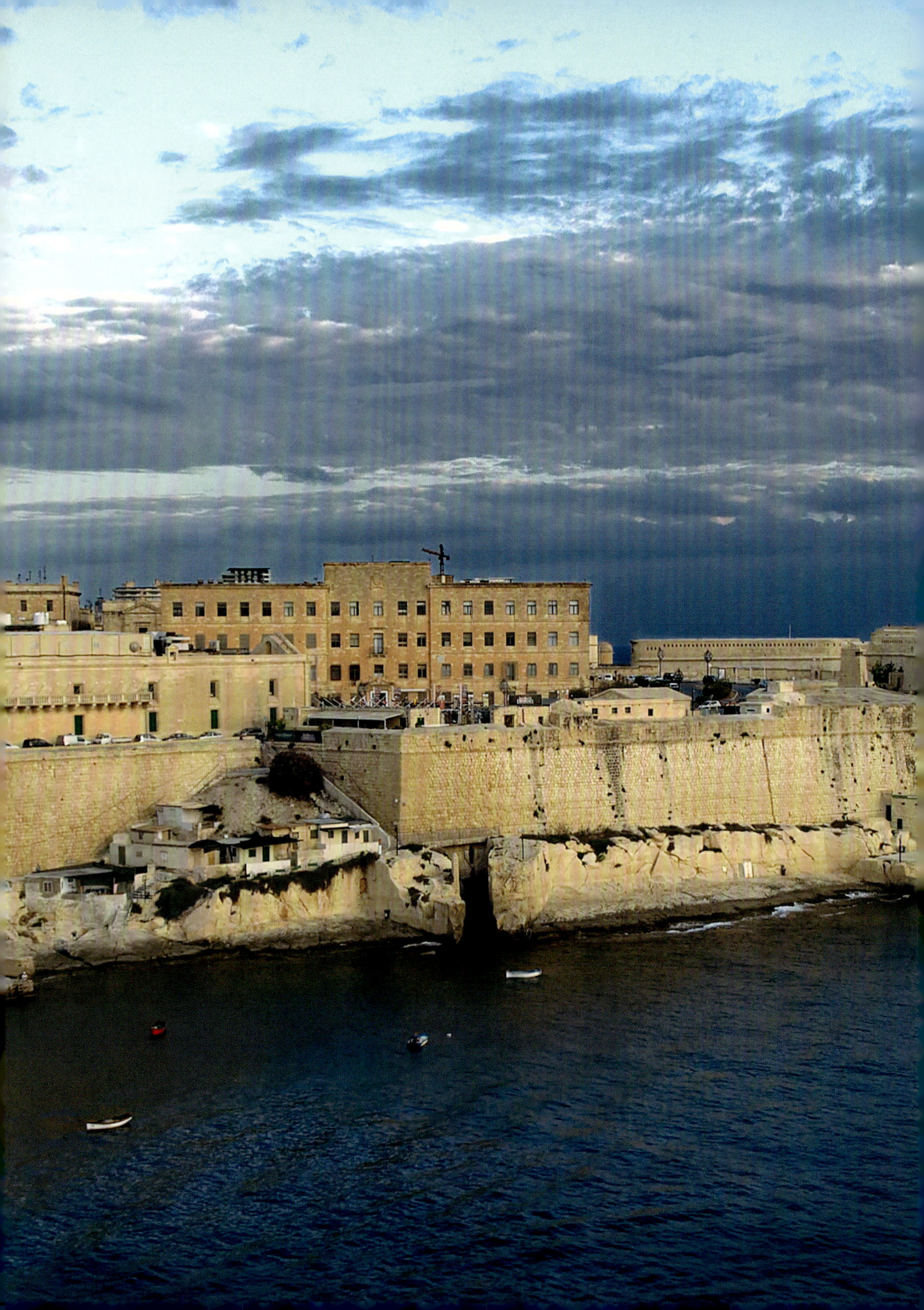

第四章
近　代
1500—1699

在殖民主义的刺激下，西方进入了一个探索和经济增长的时代。在这个时代，强国与弱国、富国与穷国之间，当地人与闯入者之间，不时爆发冲突，甚至是流血战争。

173

葡萄牙人的占领
坦桑尼亚基尔瓦基西瓦尼

在整个中世纪的大部分时间里，东非棕榈树环绕的海岸线上点缀着斯瓦希里（Swahili）城邦。其中一些地区，如蒙巴萨（Mombasa）、拉姆（Lamu）和桑给巴尔（Zanzibar），至今仍在蓬勃发展，但其他地区，如坦桑尼亚的基尔瓦基西瓦尼（Kilwa Kisiwani），如今不过是珊瑚石墙逐渐褪色的记忆。像许多这样的地区一样，基尔瓦基西瓦尼的末日掌握在葡萄牙人手中，葡萄牙人在1505年烧毁了这座城市。今天，一个非常愉快的半日步行将带您游览这些岛屿废墟的遗迹。

174

弗洛登战役
英格兰诺森伯兰郡

1513年，苏格兰的詹姆斯四世（James IV）入侵英格兰后，遭遇了萨里伯爵（Earl of Surrey）率领的英格兰军队。苏格兰人在陡峭的山上占据了强大的防守阵地，但在萨里炮兵的驱使下，他们发起了进攻。他们带着笨重的长矛艰难地走下山坡，变得毫无组织性，在山下泥泞的地面上挣扎时，英格兰人把他们剁成了碎片。数千人死亡，包括詹姆斯本人。战场上有很好的步行通道。走下陡峭的布兰斯顿山（Branxton Hill），你很快就会明白苏格兰人所面临的困境。

左图：位于弗洛登战役遗址的派珀山纪念碑。

右图：莫纳西之路在马里尼亚诺战役的发生地梅莱尼亚诺附近结束。

第四章 近代

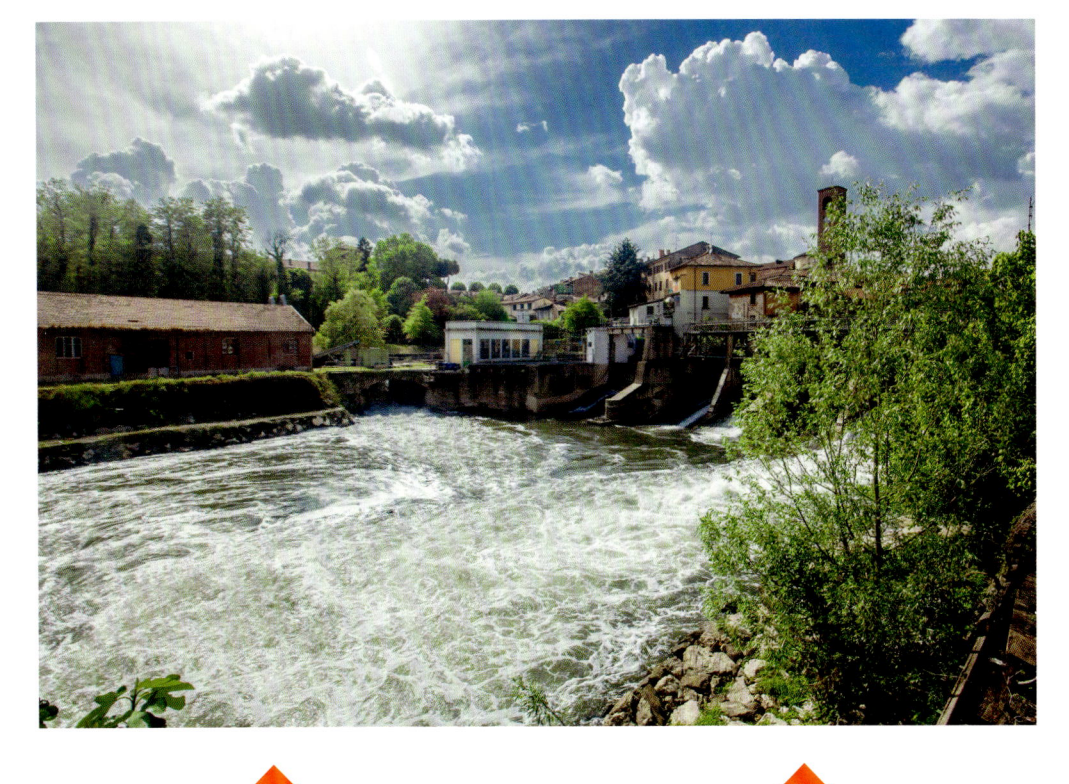

诺瓦拉之战
意大利皮埃蒙特大区的诺瓦拉

1513年6月3日，在康布雷联盟战争（War of the League of Cambrai）期间，法国军队包围了米兰公国最重要的城市之一诺瓦拉。这场围城持续了两天，直到法国人得到消息，一支与米兰公爵结盟的瑞士大军正在逼近，法国人才撤退。法国人在城外的两个农舍扎营。6月6日拂晓，他们遭到瑞士人的攻击，并迅速被击败。这场战役造成约九千人死亡，并导致法国从意大利撤退了一段时间。你可以绕着战场走一圈，经过步兵和骑兵扎营的农舍。

马里尼亚诺战役
意大利伦巴第州梅莱尼亚诺

1515年，约两万瑞士人和三万五千法国人在康布雷联盟战争的最后一场主要战役马里尼亚诺战役（Battle of Marignano）中展开厮杀。这是一场残酷的战斗，造成一万八千人死亡，因此被称为"巨人之战"。你可以走一段莫纳西之路（Cammino dei Monaci），这条六十四公里的路线从米兰开始，在现在的小镇梅莱尼亚诺（Melegnano）附近结束，途经圣玛利亚德拉内夫教堂（Church of Santa Maria della Neve）的小礼拜堂，那里有一个存放着在战斗中阵亡的瑞士士兵骨头的骨灰瓮。每年9月，该镇都会举办一场战役的历史重演。

1500—1699

科西嘉岛的瞭望塔

法国科西嘉岛

从卡波罗索高高的悬崖上鸟瞰锯齿状的科西嘉海岸。

◆ **距离**
10.5公里

◆ **起点**
卡波罗索停车场

◆ **漫步类型**
半天的家庭散步

◆ **何时出发**
3月至6月和9月至10月

几个世纪以来，科西嘉岛的自然美景一直激励着人们来这里冒险。其中一些游客不像其他游客那么受欢迎，比如在整个十六世纪肆虐科西嘉海岸的海盗。

海盗会烧毁村庄，沿途偷窃和伤人。因此，科西嘉人（他们当时是热那亚共和国的臣民）沿着海岸线建造了低矮的石头瞭望塔，以向村民发出海盗预警。

今天，许多这样的瞭望塔仍然矗立。沿着科西嘉岛西北部的海岸漫步，你会看到其中最令人印象深刻的瞭望塔之一，它坐落在巨大的悬崖上，悬崖伸入地中海，就像一个愤怒的握拳。

徒步从科西嘉岛西北部的卡波罗索停车场（Parking Capo Rosso）开始，沿着一条标记清晰的小路下山，穿过海岸灌木丛，到达悬崖底部。从这里爬到山顶看起来几乎不可能，但沿着小径绕到悬崖的向海一侧，一条陡峭的上升小路将把你带到悬崖顶端，那里有一座保存完好的热那亚塔，可以看到海岸的全景。

上图：步行到海岸瞭望塔的顶部，欣赏海岸线的美景是非常值得的。

右图：建造瞭望塔是为了提防靠近的海盗船。

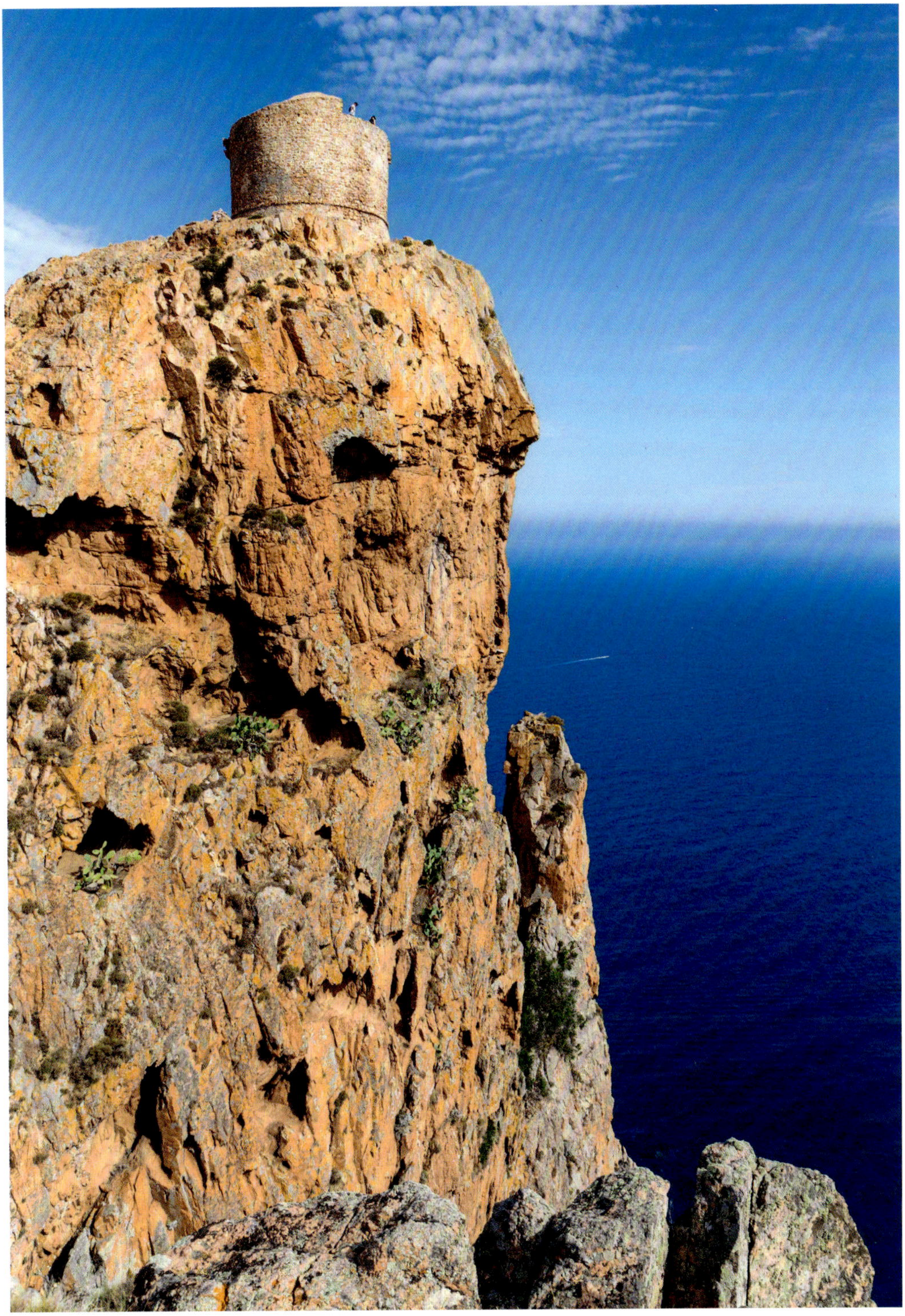

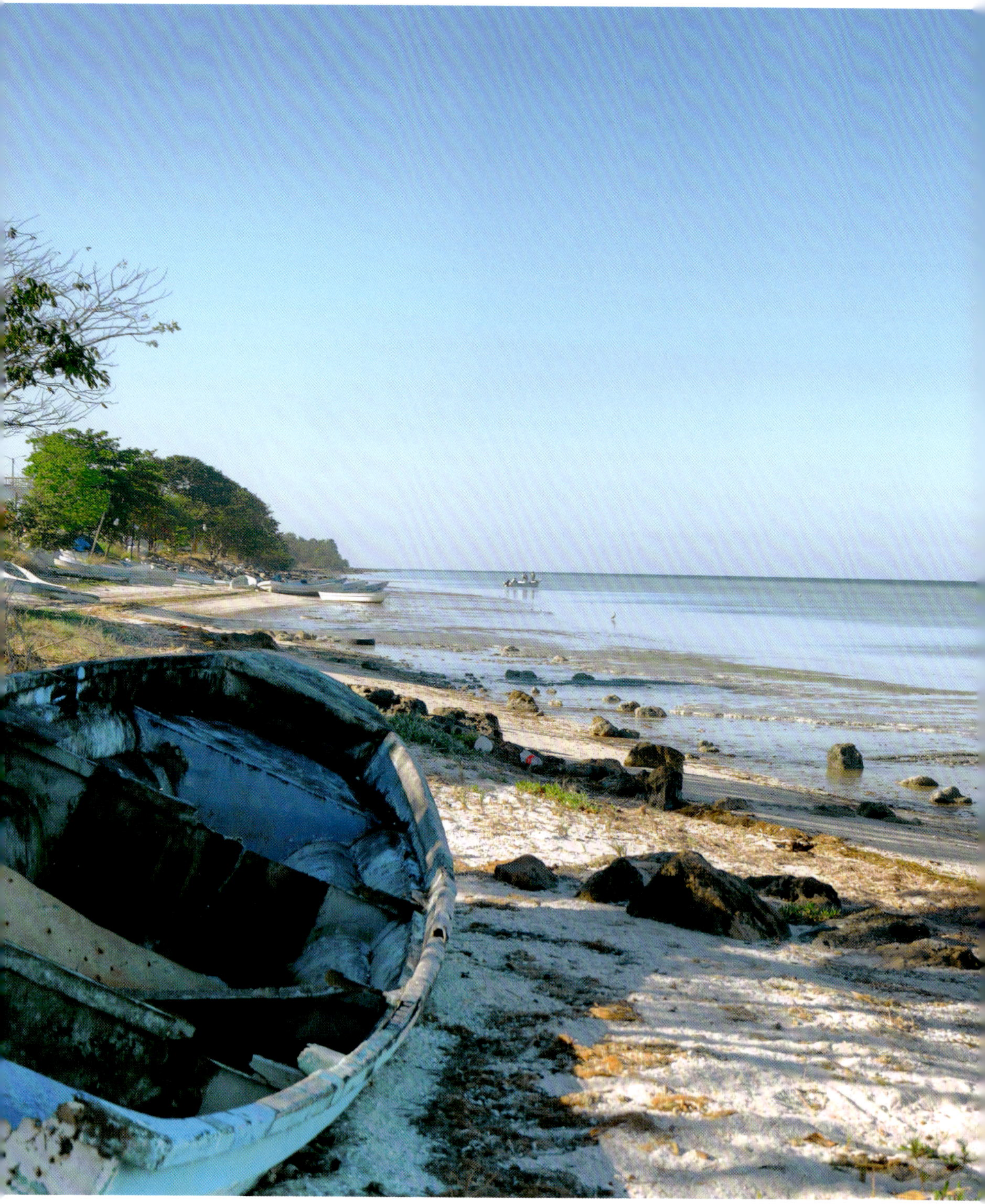

178

乔治·多沙的处决
罗马尼亚蒂米什县的蒂米什瓦拉

1514 年，在教皇的庇佑下，由匈牙利特兰西瓦尼亚战士乔治·多沙（György Dózsa）领导的近代十字军很快演变成起义，农民们在大平原上游行。他们遭到了残酷的对待。大约七万名农民被折磨和处决；多沙在铁王座上被活活煎炸，头上戴着一顶咝咝作响的金属王冠。在蒂米吉奥亚拉老城漫步，你会经过圣母玛利亚纪念碑（Virgin Mary Monument），据说是为了纪念多沙的殉难者。

179

里达尼耶战役
埃及开罗的里达尼耶

1517 年，奥斯曼人在开罗城外的里达尼耶（Ridanieh）与马穆鲁克苏丹国军队交战时，暂停了在巴尔干半岛的进攻。埃及人很快就溃不成军，逃向尼罗河。奥斯曼人随后进入首都，占领了城堡，杀死了全部驻军和苏丹图曼巴伊二世（Tuman Bay II），他的尸体被挂在城门上。可以参观奥斯曼人居住的城堡（一直居住到 1798 年）。它位于城市的东部边缘，包括博物馆、清真寺和露台，那里可以看到令人惊叹的景色。

180

"邪恶的战斗"
墨西哥坎佩切州香波顿

1517 年，弗朗西斯科·埃尔南德斯·德科尔多瓦（Francisco Hernández de Córdoba）踏上了前往尤卡坦半岛（Yucatán Peninsula）的命运之旅。为了找水，他和他的人在香波顿（Champotón）上岸，在那里他们看到了一条很有希望的河，可以填满他们漏水的桶。他们先是被诱骗到玛雅城中心，然后遭到攻击，损失了五十人，科尔多瓦自己也受了致命伤。如今，这个宁静的旅游小镇马雷贡（Malecón）的海滨步行街为游客提供了沿两个方向数英里的海岸线步行。海滩上的白沙细如白垩灰，很美，就像墨西哥湾一样。

181

西班牙人征服阿兹特克人
墨西哥墨西哥城

西班牙人在经历了两年的战争后征服了阿兹特克帝国。1521 年，西班牙人联合阿兹特克的本土敌人，在首都击败了墨西卡人（帝国的统治者）。在特诺奇蒂特兰战役（Battle of Tenochtitlán）中，守军在阿兹特克战神威齐洛波契特里（Huitzilopochtli）的祭坛前割下了七十名西班牙战俘跳动的心脏。索卡洛（Zócalo），即墨西哥城的中心广场建在阿兹特克大神庙的旧址上，是一个大约可以追溯到 1400 年的平台。在它的南半部，一块祭祀的石头矗立在一个神龛前，供奉的正是这位神。

左图：在尤卡坦半岛登陆香波顿对马雷贡来说是一个决定性的举动。

185

印加内战
厄瓜多尔阿苏艾省昆卡市

漫步在现代昆卡市的街道上，该城市的下面是在同父异母兄弟的战斗中被摧毁的印加首都的废墟。

◆ **距离**
2.4 公里

◆ **起点**
卡尔德隆公园（Parque Calderón）

◆ **漫步类型**
沿着人行道轻松漫步

◆ **何时出发**
全年

右上图：昆卡的旧大教堂是用印加城废墟的石头建造的。

右图：这个考古公园展现了图米万巴城的大致规模。

当伟大的印加皇帝艾那·卡帕克（Huayna Capa）于1527年去世（可能是死于西班牙征服者引入的天花）时，他原本打算让自己的长子尼南·库尤奇（Ninan Kuyuchi）成为印加的下一任统治者。然而，库尤奇也在同一时间去世，头衔传给了卡帕克的合法儿子胡斯卡（Huáscar）。这导致了一场与卡帕克的另一个儿子阿塔瓦尔帕（据说卡帕克有数百名妻妾）的激烈战斗，阿塔瓦尔帕（Atahualpa）是胡斯卡的同父异母兄弟，他认为自己更受欢迎，更擅长战斗，所以王位应该是他的。

在这场从1529年持续到1532年的冲突中，图米万巴城（Tumebamba）陷入了战火，基本上被摧毁。图米万巴城的设计灵感来自古斯科（Cusco），古斯科是印加古城，位于现在的秘鲁境内。西班牙征服者随后到来，加速了分裂的印加帝国的灭亡。

今天，厄瓜多尔的昆卡市位于图米万巴的旧址上。昆卡最古老的教堂旧大教堂（Catedral Vieja）是用城市废墟的石头建成的，现在是一座博物馆。可以从这里出发，前往普马旁戈考古公园（Pumapungo Archaeological Park），在印加遗址、城墙、陵墓和仪式浴场之间漫步。

186

卡哈马卡战役

秘鲁卡哈马卡省

1532年，皮萨罗（Pizzarro）和他的西班牙征服者进入卡哈马卡（Cajamarca）城，俘虏了印加皇帝阿塔瓦尔帕（Atahualpa）。在随后的战斗中，没有一个西班牙人受重伤，而成千上万的印加士兵和随从被杀。不妨绕着印加的赎金室走一圈，据说里面装满了拯救阿塔瓦尔帕的赎金。

1500—1699

156 第四章 近代

围攻库斯科
秘鲁库斯科

走在城镇和城堡之间,感受印加人令人印象深刻的建筑技巧。

- **距离**
  1.4公里
- **起点**
  太阳神庙建筑群
- **漫步类型**
  上坡
- **何时出发**
  全年

左上图:库斯科广阔的阿马斯广场,印加领袖就是在这里被杀害的。

左图:萨克塞华曼城堡的墙壁。

1536年,印加帝国的皇帝曼科·印加·尤潘基(Manco Inca Yupanqui)的军队与西班牙征服者发生了暴力冲突,因为他试图恢复他的帝国。5月6日,印加军队向库斯科的中心进军,从西班牙人手中夺回了这座城市。

他们几乎打败了西班牙人,直到胡安·皮萨罗(Juan Pizarro)率领他人数上处于劣势但装备更精良的部队,袭击了印加人驻扎在库斯科北郊的萨克塞华曼(Sacsayhuamán)城堡。这场血战造成数千人死亡,据说他们的遗骸被安第斯秃鹰吃掉了。经过几个月的战斗,印加人最终撤退到圣谷(Sacred Valley),留下西班牙人在库斯科的胜利中狂欢。

你可以从太阳神庙(Qorikancha)建筑群开始你的旅程,这座印加神庙的财富被征服者掠夺一空(据说它的内墙有一排黄金飞檐)。向西北方向走到阿马斯广场(Plaza de Armas),西班牙殖民总督弗朗西斯科·拉瓦雷斯·德·托莱多(Francisco Álvarez de Toledo)就在这里逮捕了印加领导人图帕克·阿马鲁(Túpac Amaru),并于1571年将他斩首。从广场走上坡路就到了萨克塞华曼城堡,它的防御墙令人印象深刻,由三座平行的石墙组成,沿着高原蜿蜒而行。这些石头是真正的纪念碑,许多有三四米高,其中一块重三百多吨。

158　第四章　近代

188 唐斯城堡
英格兰肯特郡迪尔

在与阿拉贡的凯瑟琳（Catherine of Aragon）离婚前后，亨利八世（Henry VIII）面临着来自法国和天主教会的政治威胁。他下令沿着英格兰海岸建造一系列防御工事，其中之一就是建于1540年的唐斯城堡（Castles of the Downs）。花朵形状的沃尔默（Walmer）城堡和迪尔（Deal）城堡，以及桑当（Sandown）的废墟是沿岸四十二个炮兵工事中的三个。每个城堡的圆墙都提供了重叠的火力，以防御攻击的船只。沿着海岸悠闲地走五公里路能经过所有这三座城堡。

189 达克战争
瑞典斯马兰舍维鲁姆

当瑞典国王古斯塔夫·瓦萨引入税收制度和路德教时，农民们感到不满。这在1542年引发了斯马兰（Småland）的暴动，逃亡者尼尔斯·达克（Nils Dacke）领导了暴动。国王试图通过切断对该地区的供应和传播有关达克（Dacke）的宣传，来遏制达克的影响。他派遣他的德国雇佣军进攻斯马兰，尽管损失惨重，还是镇压了起义。达克后来被杀，作为对其他人的警告，他的头颅被公开展示。可以在维舍鲁姆镇（Virserum）周围散步，那里有达克的纪念碑。

190 南海城堡与索伦特战役
英格兰朴茨茅斯

随着亨利八世在英格兰周围的防御体系的扩张，除了朴茨茅斯的南海城堡（Southsea Castle），许多地区几乎没有看到任何战斗。1545年，一支法国舰队从索伦特海峡入侵并袭击了这里的英国船只。亨利八世当时就在南海城堡，目睹了他最喜欢的船"玛丽玫瑰号"的沉没。走在城堡和玛丽露丝博物馆（Mary Rose Museum）之间，了解更多关于这一历史事件的信息。

191 平基战役
苏格兰洛锡安

苏格兰有史以来最大规模的战役平基战役，发生在"粗暴求爱"期间，这是英格兰和苏格兰之间关于谁应该娶苏格兰女王玛丽的争端。1547年，当苏格兰人渡过马瑟尔堡（Musselburgh）附近的埃斯克河（River Esk）攻击入侵的英格兰军队时，他们遭遇了来自弓箭手、炮兵和手炮手，甚至来自福斯湾（Firth of Forth）的英格兰船只的致命火力。苏格兰人溃败，六千多人在随后的追击中丧生。一条2.4公里长的步道可以将你从马瑟尔堡的中世纪桥带到大片开阔的田野，这片田野上曾经发生过很多战斗。

左上图：肯特郡花朵形状的迪尔城堡。

左图：从马瑟尔堡的中世纪大桥步行到平基战役的战场。

莫卧儿入侵印度
印度拉贾斯坦邦的奇陶加尔堡

奇陶加尔堡是印度最大的堡垒,拥有极好的风景,曾经三次被围攻。1303 年,它被德里苏丹国的统治者阿劳丁·卡吉(Alauddin Khalji)洗劫;1535 年,古吉拉特邦的苏丹巴哈杜尔·沙阿占领了该地;也许最著名的是莫卧儿皇帝阿克巴在 1568 年占领了这座城堡,之后它的重要性有所下降,尽管它仍然是一个令人印象深刻的建筑。十三公里坚固的围墙保护着二百八十公顷的宫殿、寺庙、水库和其他建筑,探索堡垒(部分可以追溯至八世纪)需要一整天的步行。

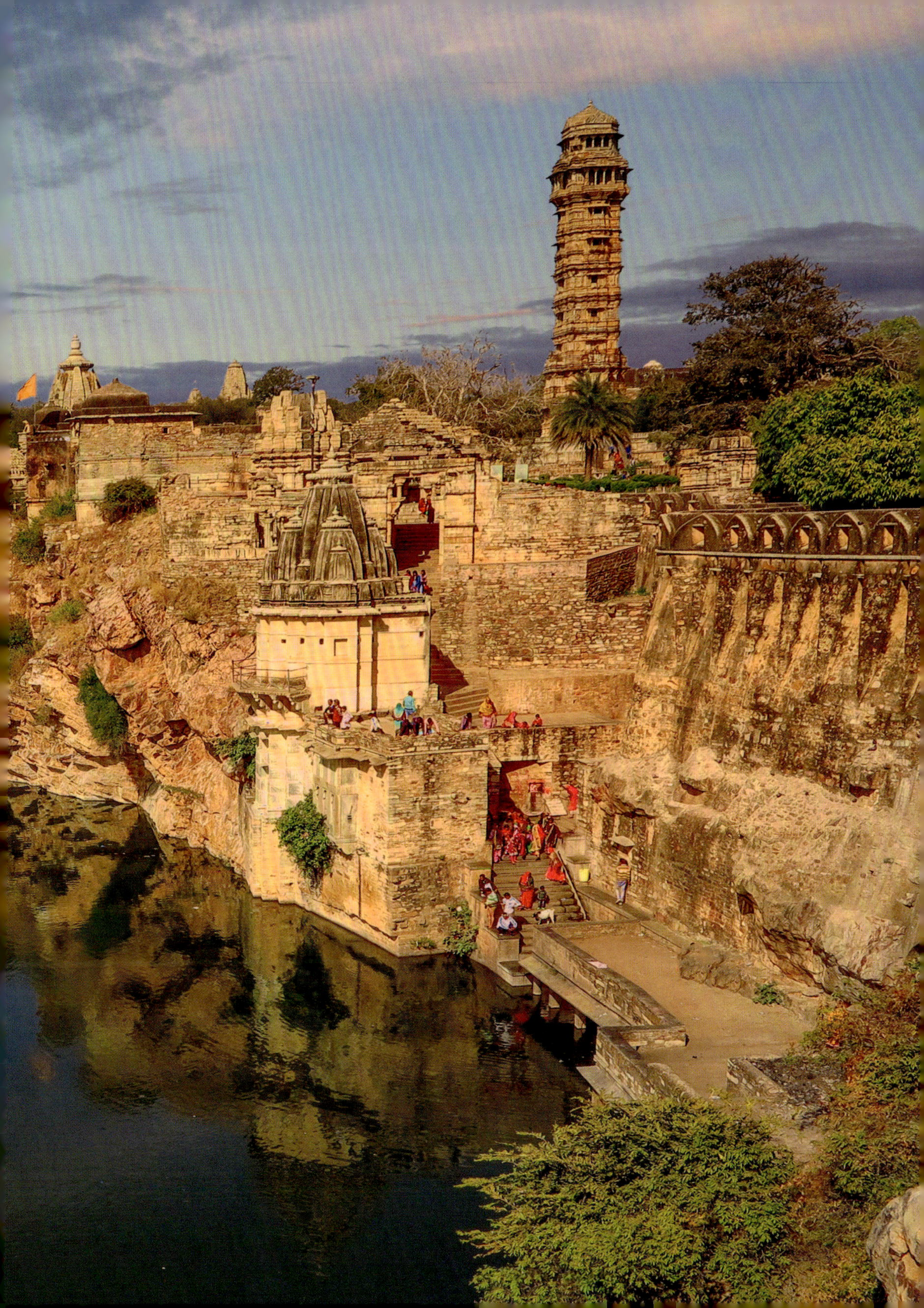

162　第四章　近代

193

马耳他战役
马耳他瓦莱塔

1565 年，当马耳他遭到奥斯曼帝国一百八十艘船和四万名士兵的猛烈攻击时，医院骑士团统治了马耳他仅三十五年。尽管骑士们能够加强圣埃尔默堡（Fort St. Elmo）的海防，但这座堡垒还是落入了奥斯曼人的手中，又被围困了三个月。然而，尽管困难重重，骑士们还是取得了胜利。可以在圣埃尔默堡（Fort St. Elmo）周围走走，这里现在有巨大的国家战争博物馆（National War Museum），你可以从引人入胜的细节中了解围城大战。

194

宗教战争
法国索韦泰尔德贝阿尔恩

位于法国、阿拉贡、纳瓦拉、巴斯克地区和贝阿尔恩地区边境附近的古老的要塞村庄索韦泰尔德贝阿尔恩（Sauveterre de Béarn）注定要过戏剧般的生活。其中一个戏剧性的时刻发生在 1569 年，在一场特别血腥的事件中，它被信奉天主教的巴斯克军队袭击并占领。当然，今天这里要安静得多，美丽的河岸可以走上半天的时间，沿途欣赏村庄的历史亮点。

195

勒班陀战役
希腊伯罗奔尼撒半岛佩特雷

1571 年的勒班陀战役是天主教国家联盟和奥斯曼帝国之间的一场海战。著名的《堂吉诃德》的作者塞万提斯就在西班牙的一艘船上作战。这是西方历史上规模最大的海战，也是基督教海军对土耳其舰队的第一次重大胜利。可以从这座城市的海滨灯塔向西眺望帕特雷湾（Gulf of Patras）。这场战斗发生在远处的海角和北边的奥克夏岛（Island of Oxia）之间。从这里往上走二百级台阶就到了佩特雷的城堡。

196

攻击萨格里什
葡萄牙阿尔加维的萨格里什

站在葡萄牙南部萨格里什的高高的悬崖上，当海浪冲击岩石表面时，很容易理解这个地方曾经如何激发人们好奇地平线之外是什么。在葡萄牙的探险时代，建在这些悬崖上的堡垒被用作训练中心，用来训练准备征服世界的航海者。但萨格里什并没有独善其身，1587 年，弗朗西斯·德雷克爵士（Sir Francis Drake）袭击并摧毁了萨格里什的大部分建筑。像德雷克这样的私掠船长在今天并不常见，但沿着这些悬崖散步仍能激发人们的好奇。

左上图：马耳他的圣埃尔默堡现在有一个令人印象深刻的军事博物馆。

左图：帕特雷的海滨灯塔。

1500—1699

天王山之战
日本京都

在这场战斗发生的茂密的树木和竹林中，漫步于神社和寺庙之间。

◆ **距离**
1.6公里

◆ **起点**
山崎加关公园

◆ **漫步类型**
标记清晰的小道，多山

◆ **何时出发**
4月至6月或9月至11月

右上图：爬上纪念这场战役的神社和纪念碑。

右图：天王山徒步路线上的鸟居门，象征着步入天界的门户。

15世纪中期，由于富有的贵族和统治者征募私人军队来扩张领土，日本陷入了内战的泥潭。

天王山之战（1582年）发生在一次背叛之后。织田信长的臣子明智光秀迫使织田信长自杀，并夺取了权力，在现在的京都地区集结了一支军队。在试图通过与第三支军队结盟来击败另一个敌人的时候，明智光秀失算，让仍然忠于织田信长的部队获取了消息。

一支由近四万名士兵组成的军队向明智光秀进军，并在天王山地区会合。地形对明智光秀有利，但由丰臣秀吉率领的军队取得了对这座山的控制权。他还在前一天晚上派忍者进入敌营。双方均伤亡惨重，丰臣秀吉最终获胜。

今天，一条小路通向一座大寺庙、一座石碑和一幅彩绘壁画，它们在那里纪念着这场重要的战役，壁画的描述大多用日语。郁郁葱葱的树木、竹林和神社的大门，都是散步的好地方。

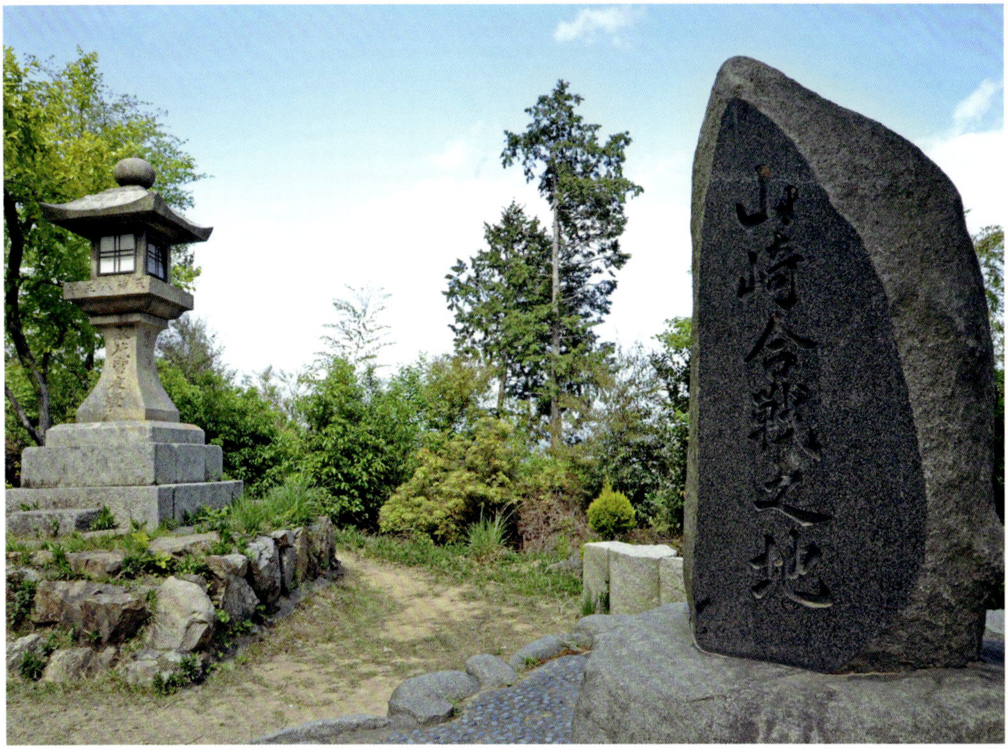
山崎合戰之地

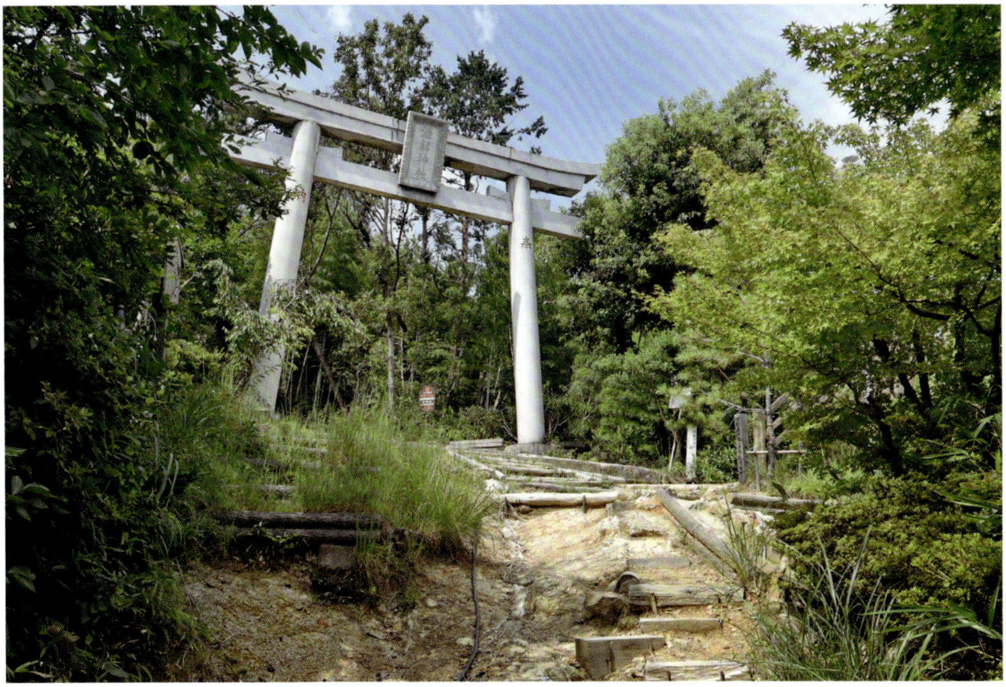

蒂尔伯里堡
英格兰埃塞克斯郡的蒂尔伯里

在西班牙无敌舰队试图入侵后,女王伊丽莎白一世发表了振奋人心的演讲。

◆ **距离**
3.2 公里

◆ **起点**
蒂尔伯里镇火车站

◆ **漫步类型**
轻松

◆ **何时出发**
全年

1588 年 8 月,西班牙无敌舰队的一百三十艘船驶往法兰德斯(Flanders),意图入侵英格兰。为了防御,英格兰人从普利茅斯派出船只,在格拉弗林(Gravelines)港(今属法国)附近开战。

事实证明,英格兰船只更轻、更灵活的设计在与笨重的西班牙大帆船竞争时具有很大的优势。英格兰人取得了胜利,西班牙损失惨重,随着无敌舰队试图返航,情况变得更加糟糕。

战斗结束后,伊丽莎白女王一世乘船到蒂尔伯里堡检阅军队。她骑着一匹灰色的骟马,身穿仪式用的盔甲,发表了一篇激情洋溢、被广泛引用的演讲:"我知道我只是个弱女子,但我具有一个英格兰君主应有的心胸和气魄……如果(有人)胆敢侵犯我的领土,我本人将拿起武器。"

要到达该堡垒,从蒂尔伯里镇火车站沿着标记清楚的路径,经过码头、海关和泰晤士河沿岸的邮轮码头即可。该堡垒由英格兰遗产管理局管理,是英格兰炮兵堡垒的一个绝佳范例。

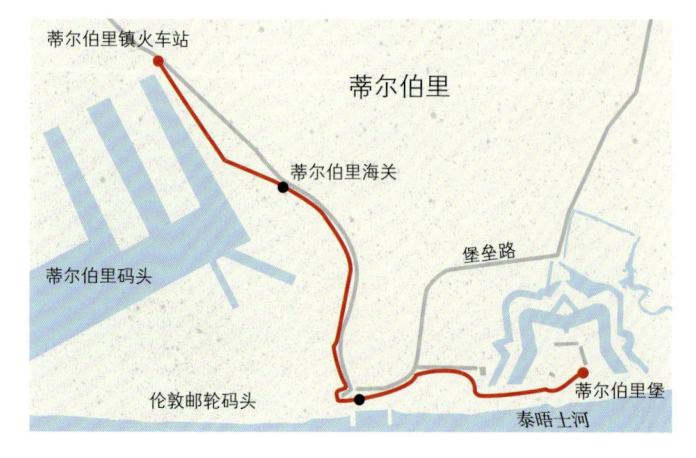

199

加的斯之战

西班牙的安达卢西亚加的斯

1587 年,弗朗西斯·德雷克(Francis Drake)对西班牙人发动了一系列成功的进攻。伊丽莎白一世处决了她信奉天主教的表亲兼继承人,苏格兰女王玛丽,并担心遭到报复。沿着加的斯湾(Bay of Cádiz)的海岸步行,然后向南到达圣费尔南多(San Fernando)的无敌舰队英雄纪念碑。

200

西班牙无敌舰队在爱尔兰

爱尔兰斯莱戈郡的格兰奇

1588 年西班牙无敌舰队战败后,一百三十艘船只被英格兰船只逼向北方,绕过爱尔兰返回西班牙。超过三分之一的船只失事,数千人丧生。这条十公里长的德奎利亚尔小径(De Cuéllar Trail)追随着一位幸存的西班牙船长的足迹。该小径的起点是格兰奇的无敌舰队游客中心。

上图:蒂尔伯里堡的旧大炮。

左图:蒂尔伯里堡的防御形态覆盖了来自各个角度的攻击。

1500—1699　**167**

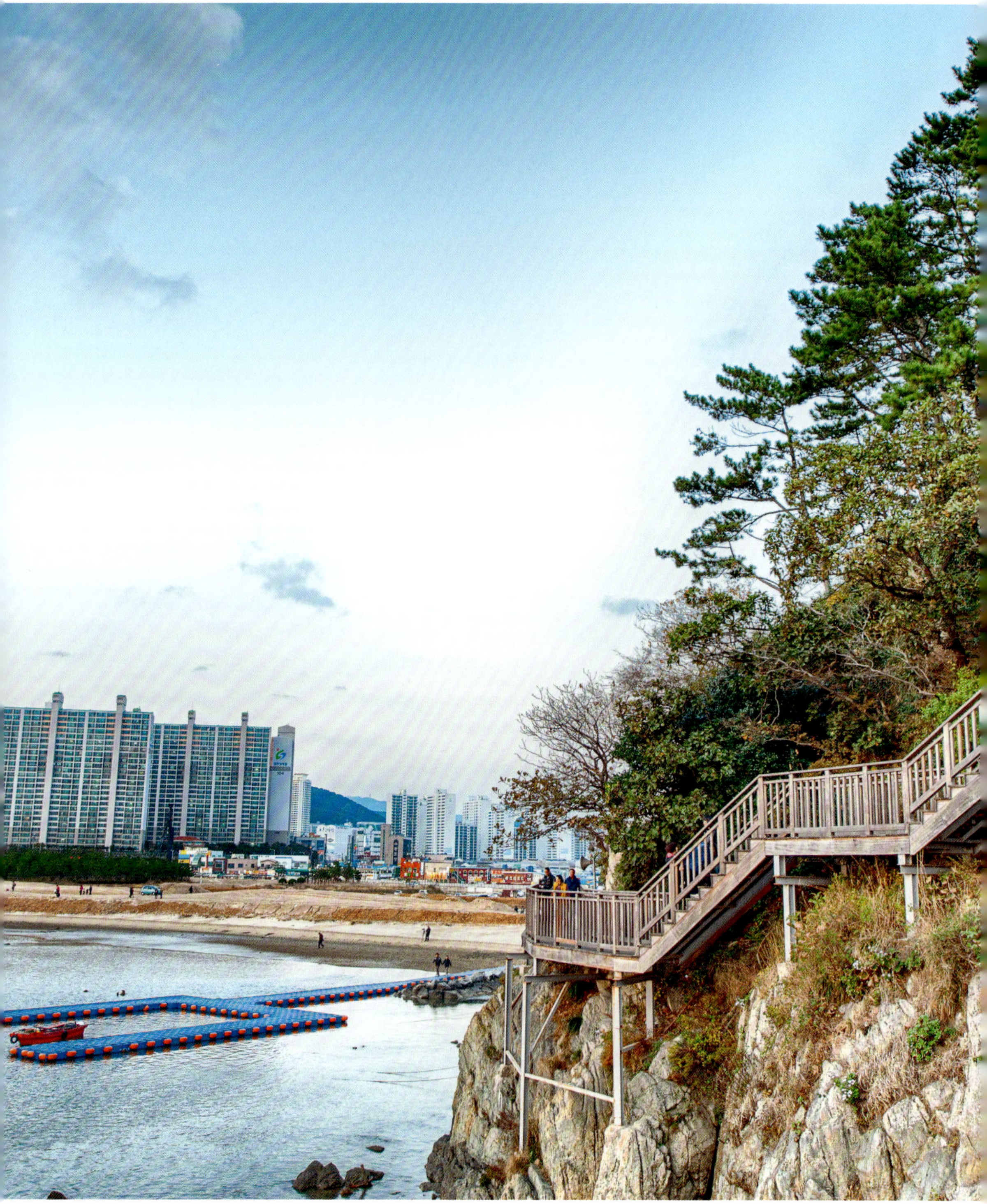

围攻釜山

朝鲜釜山

在日本军队入侵朝鲜的地方，冒险从海滩进入森林。

◆ **距离**
3.2 公里

◆ **起点**
多大浦海滩

◆ **漫步类型**
森林覆盖的上坡和平坦的海滩

◆ **何时出发**
全年

左图：在令人眩晕的人行道上绕着岬角走一圈。

下图：多大浦海滩和后面美丽的山脉。

1592 年 5 月 24 日，日本军队在釜山突袭朝鲜。起初，朝鲜官员不相信这一警告，误以为日本军队是渔船队。朝鲜海军在拥有一百五十艘舰艇的情况下，没有采取任何行动，只是等待着上级的指示，而这些指示从来没有出现过。

当近两万名日本武士登陆时，釜山的指挥官们已经无力展开大规模的防御。日本人向朝鲜军队发出了投降的请求，但这一请求被无视，因此日本人发动了全面进攻。尽管最初进攻釜山城堡的努力没有成功，但日本人的火绳枪火力比朝鲜人的长矛和箭强得多。日本人突围后，洗劫了釜山，然后向北进军汉京（今首尔）。

釜山是一个可爱的城市。你可以从多大浦海滩（Dadaepo Beach）地区开始步行，然后从那里穿过森林到达有趣的信号塔昂邦邦苏大（Eung Bong Bong Su Dae），如果有紧急情况，他们会在那里在晚上点火或在白天使用烟雾来警告威胁。这个信号系统可以将警报一路发送到三百二十公里外的首尔。

202

葡萄牙对康提战役
斯里兰卡康提

没有人会责怪葡萄牙人被斯里兰卡这个天堂般的岛屿所吸引，但与大多数来这里享受阳光假期然后就回家的游客不同，葡萄牙人选择使用武力留下，到十六世纪晚期，他们已经征服了该岛的大部分地区。但有一个地方坚持了下来。1594 年，强大的高地王国康提（Kandy）遭到葡萄牙军队的袭击，但侵略者被消灭。可以绕着作为城市中心的大湖散步，然后参观著名的佛牙庙（Temple of the Tooth）。

203

反抗西格斯蒙德战争
瑞典卡马尔到林雪平

1592 年，波兰国王西格斯蒙德三世·瓦萨在国王约翰三世去世后继承了瑞典王位。查尔斯公爵，后来的国王查尔斯九世是瑞典前国王古斯塔夫·瓦萨唯一在世的儿子，他多次试图就自己的地位进行谈判，当这些努力失败后，他开始了一场起义。西格斯蒙德召集了一支外国军队来对抗公爵，但不幸的是，作为一个外国国王，瑞典人拒绝帮助他。公爵和他的支持者击败了西格斯蒙德，他于 1599 年被废黜。可以沿着海岸，从卡尔马徒步一百一十公里到林雪平，跟随西格斯蒙德走向失败。

204

林雪平大屠杀
瑞典林雪平

1599 年，西格斯蒙德被查尔斯公爵击败，他被迫达成了有条件的停战协议。他签署了一项放弃王位的条约，并将与他结盟的瑞典贵族移交给了他。在加冕为国王之前，查尔斯和他的宫廷对剩下的囚犯进行了审判，这些瑞典贵族是西格斯蒙德的参议员和顾问。八名贵族被判刑，但后来有三人被赦免。其余五人于 1600 年 3 月在林雪平镇广场被公开斩首。不妨游览城市的历史景点，并参观一下城堡博物馆。

205

金赛尔战役
爱尔兰科克郡金塞尔

1601 年，西班牙国王菲利普二世为了报复 1588 年无敌舰队之败，派出四千八百人支持爱尔兰将英格兰人赶出爱尔兰。不幸的是，由于登陆地点选择不当，他的舰队立即在金塞尔港被英格兰军队包围。当爱尔兰人到达时，他们的军队不是英格兰人的对手。战斗持续了一个小时，爱尔兰人损失惨重。可以跟随盖尔王子奥沙利文·贝尔（O 'Sullivan bearare）沿着比拉布雷芬之路（Beara Breifne Way）步道撤退。

右图：西班牙人在金塞尔港登陆是一个错误的选择。

1500—1699

206

关原之战
日本关原

1598年，当丰臣秀吉去世时，留下一个五岁的继承人，家族陷入了内战。两年后，在关原发生了一场决定性的战役，胜利者德川家康的幕府统治了日本长达两个半世纪。可在关原的敌对军队的战斗营地之间行走，以纪念这场战役。

岛原之乱
日本九州岛原市

漫步在岛原城的废墟中，在那里农民没有赢得起义，但他们的统治者仍然以失败告终。

◆ **距离**
1.6公里

◆ **起点**
岛原城

◆ **漫步类型**
悠闲的散步

◆ **何时出发**
全年

左上图：原城废墟上的叛乱领袖天草四郎的雕像。

左图：从原城的地面上欣赏海景。

江户时代德川幕府的封建领主松仓胜家，曾暴力镇压基督教。1637年，为了建造岛原城，他大幅提高了税收，这进一步激怒了无法满足财政需求的农民。

结果，信奉天主教的农民在天草四郎（Amakusa Shirō）的领导下，开始了反抗松仓胜家的叛乱。他们用从松仓胜家氏族的仓库里掠夺来的武器，暗杀了当地的税务官员，并包围了该地区各贵族氏族的城堡，最终驻扎在先前废弃的岛原城。

反抗军在初期取得了成功，成功地保卫了岛原城，抵御了松仓胜家的军队。然而，随着攻击的继续，他们的补给开始告罄。幕府派出了超过十二万五千人的军队，加上荷兰人的额外支持，这是叛军所无法抵御的；在对岛原城的长期围攻之后，叛乱被镇压了。超过三万七千名叛军和支持者被斩首，幕府将军调查了松仓胜家，他最终被指控并处决，罪名是对其领地管理不当。

在岛原城遗址周围漫步，可以欣赏美丽的海景，然后可以前往阿里马基督教遗产博物馆（Arima Christian Heritage Museum）了解更多信息。

208

围攻拉罗谢尔
法国夏朗德滨海省拉罗谢尔

1627年，拉罗谢尔（La Rochelle）是法国第三大城市，但在胡格诺派（Huguenots），即法国新教徒的控制下。1627年8月，路易十三急于在法国恢复天主教，他派遣了一支七千名士兵和六百匹马的军队包围拉罗谢尔，用战壕和海堤完全隔离了这座城市。拉罗谢尔在无条件投降前坚守了十四个月之久，胡格诺派因而失去了在法国的一切权利。在这座城市的步行街上，可以看到那个时期的防御塔和城墙。

209

神秘大屠杀
康涅狄格州新伦敦县米斯蒂克

1637年，康涅狄格殖民者同他们的纳拉甘西特人、莫西干人盟友发起了这次袭击，以回应早先佩科特人对殖民地村庄韦瑟斯菲尔德的袭击，那次袭击造成九名非战斗人员死亡。在约翰·梅森上尉的率领下，入侵者袭击并烧毁了戒备森严的佩科特村庄，杀死了四百至七百名印第安人。从神秘河出发，向西走到佩科特大道和克利夫特街的拐角处，那里有一个长满草的圆圈，标志着佩科特堡的遗址。之前这里有一座梅森的雕像，但在佩科特部落成员的抗议下，在1995年被拆除。

下图：美丽的法国海滨小镇拉罗谢尔被围十四个月。

英西战争
哥伦比亚普罗维登西亚圣卡塔利娜

1629年，加勒比小岛普罗维登西亚（Providencia）首先被荷兰海盗入侵，随后英国清教徒在此定居。该殖民地曾私掠袭击西班牙帝国，西班牙帝国发动报复。普罗维登西亚是英国殖民地最早爆发人民起义的地方。1641年，西班牙人占领了该岛，随后被多国海盗驱逐。要了解战斗发生的地方，可以穿过浮桥从圣伊莎贝尔镇到圣卡塔琳娜岛，在那里，沃里克堡（Fort Warwick）的摇摇欲坠的墙壁和生锈的大炮坐落在岬角上。

斯特拉顿战役
英格兰康沃尔郡

回顾英格兰内战中为国王保卫康沃尔而发起的大胆进攻。

◆ **距离**
4.8公里

◆ **起点**
斯特拉顿村

◆ **漫步类型**
穿过乡村小道和人行道

◆ **何时出发**
全年

1643年的斯特拉顿战役是英格兰内战中最著名的战役。尽管寡不敌众，弹药严重短缺，拉尔夫·霍普顿爵士的康沃尔保皇党在沿海城镇布德（Bude）附近取得了非凡的胜利。

当斯坦福伯爵的议会派军队进入康沃尔并占领了以他的名字命名的陡峭的小山时，霍普顿命令其部队利用上山的狭窄小道，从西、南、北三个方向攻击他们。在枪兵的带领下，保皇党一路奋战到山顶，击退了一次反击，击溃了斯坦福的军队。

要了解这一成就的意义，最好的方法就是跟随霍普顿的脚步，沿着一条陡峭的小路爬上山顶。这些用石头和泥土筑成的康沃尔篱笆为保皇党提供了绝佳的掩护。停下来喘口气，欣赏山顶上令人惊叹的美景后，沿着小路走到古怪的战斗纪念碑，这是一座拱门，顶部是个回收利用的教堂尖顶。从山的东侧返回斯特拉顿时，你可以猜想尽管陡峭的山坡可以保护国会议员们不受攻击，但当事态恶化时，他们也不可能有秩序地撤退。

下图：斯特拉顿战役的战场。

212

阿德沃尔顿荒原战役
英格兰西约克郡

纽卡斯尔伯爵的保皇党在1643年面临失败,直到一次绝望的冲锋让他们战胜了国会议员,并暂时控制了约克郡。走在这里崎岖的沼地上,你会对当时的地形有个大致的了解。

213

回旋道战役
英格兰威尔特郡

1643年,国会议员威廉·沃勒正在围攻德维兹(Devizes),这时保皇党救援部队抵达。沃勒在附近的回旋道重新部署,但他的骑兵被击溃,步兵投降。走到斜坡的尽头,可以看到陡峭的斜坡,许多逃离的国会议员在那里摔死。

左图:这座纪念斯特拉顿战役的古怪纪念碑由一座回收利用的教堂塔楼组成。

1500—1699　　**177**

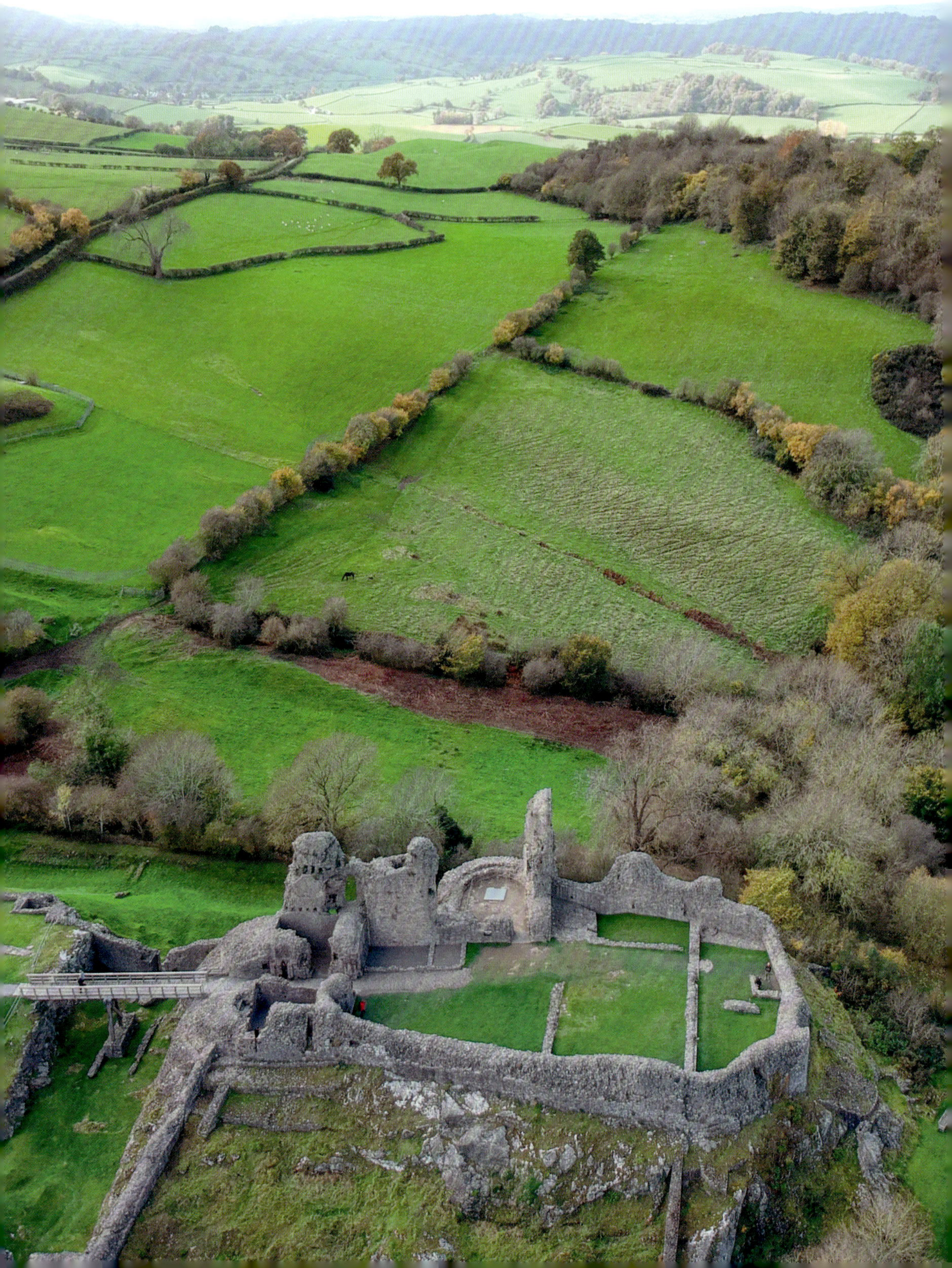

214

第一次纽伯里战役
英国伯克郡

1643 年，在解除格洛斯特城的围攻后，埃塞克斯伯爵（Earl of Essex）的国会议员们发现他们返回伦敦的道路在纽伯里被保皇党封锁。在一天的激战结束后，双方军队基本回到了开始的位置，但由于弹药不足，保皇党撤退了。国会议员们安全返回伦敦，查理一世失去了赢得战争的最好机会。圆山（Round Hill）是一个高地，这里曾发生过激烈的战斗，非常值得探索。沿着埃塞克斯街走近一公里，就能到达壮观的福克兰子爵（Viscount Falkland）的雄伟纪念碑，他是一位倒下的保皇党成员。

215

马斯顿荒原战役
英国北约克郡

1644 年，在英格兰内战中最大规模的战役中，列文伯爵（Earl of Leven）率领的议会和苏格兰联合军队决定性地击败了鲁伯特王子（Prince Rupert）的保皇党，赢得了英格兰北部的议会席位。关键行动发生在议会党的左翼，克伦威尔（Cromwell）和莱斯利（Leslie）的盎格鲁–苏格兰骑兵驱散了他们的保皇党对手，然后转向右翼取得了胜利。从长马斯顿（Long Marston）到托克威斯（Tockwith）的路穿过战场中心，保皇党在北，议会党在南。从托克威斯向肯德尔巷（Kendall Lane）即是议会进攻方向。

216

蒙哥马利战役
威尔士波伊斯

1644 年，保皇党在围攻蒙哥马利城堡时，国会派的额外部队抵达北部的田野。当其中一些新部队骑马去觅食时，保皇党察觉到了机会，并发动了进攻。他们最初取得了成功，但最终被国会步兵击败。这次胜利使议员们在北威尔士获得了主动权。从附近的奥法堤（Offa's Dyke）出发的一条步道通往活动中心。从废墟上看风景非常好。

左图：从奥法堤步行到蒙哥马利城堡的废墟，那里有绝佳的风景。

切里顿战役
英国汉普郡

迷人的汉普郡乡村是议会在英格兰内战中第一次取得重大胜利的地方。

◆ **距离**
8 公里

◆ **起点**
切里顿战役纪念碑

◆ **漫步类型**
温婉的乡村

◆ **何时出发**
全年

1644 年初，威廉·沃勒爵士的国会派军队在汉普郡与福斯勋爵和拉尔夫·霍普顿爵士的保皇党军队交战。两军最终在切里顿村附近的一个宽阔山谷发生了冲突。

沿着步道走出切里顿，你会走上一条安静的环形小路，它们从战场的国会派一边开始。

保皇党占领了北部的高地。东边是切里顿森林，完全控制着战场。沃勒意识到了这片森林的重要性，派火枪手进入了森林，但保皇党很快将他们赶了出去。树林边有条小路通向山谷中保皇党一方。

尽管福斯和霍普顿处于有利地位，但他们决定采取守势，让沃勒采取下一步行动。然而，他们的计划落空了，因为他们的一名指挥官带领他的部队向前走得太远，他的团遭到议会骑兵的袭击并被歼灭。保皇党骑兵加入了战斗，但发现在浓密的树篱和狭窄的小巷中很难取得任何进展。由于他们的骑兵已经疲惫不堪，且数量上处于劣势的步兵节节败退，霍普顿和福斯被迫下令全面撤退。

218

纳西比战役
英格兰北安普敦郡

1645 年，保皇党军队在纳西比的溃败确保了国会议会赢得英格兰内战。从纳西比出发，沿着西伯托夫特路（Sibbertoft Road）走到克伦威尔纪念碑（Cromwell Monument），该纪念碑建在国会议员进行部署的山上。保皇党占领了山谷对面的小山。有一块信息板解释了战斗是如何展开的。

219

兰波特战役
英格兰萨默塞特郡

沿着兰波特郊外平静的瓦格雷恩水道（Wagg Rhyne Watercourse）散步。1645 年，乔治·戈林（George Goring）派遣火枪手在此掩护保皇党军队撤退，但托马斯·费尔法克斯（Thomas Fairfax）的议会军的步兵和炮兵将他们击退，使费尔法克斯的骑兵得以渡海，击溃了保皇党主力。

左图：小路环绕着切里顿战役的战场。

220

山海关大战
中国山海关

"你敌人的敌人就是你的朋友"这句话在 1644 年被验证。明朝已经与满族亲王多尔衮战斗了数月,后来又遭到了李自成大顺王朝的攻击。明朝大将吴三桂与多尔衮协商,组成联军对抗李自成。满族人冲过山海关的景象让李自成大吃一惊,他们被彻底击溃。这场胜利导致了清兵入关。不妨跟随群雄的脚步,穿过长城东端的山海关。

221

菲利浦豪战役
苏格兰边区塞尔柯克附近

保皇党蒙特罗斯侯爵的苏格兰-爱尔兰军队曾多次击败苏格兰盟约派(反对查理一世的长老会教徒),但他的连胜在 1645 年的菲利浦豪结束了。由于在人数上落后于盟约派骑士,蒙特罗斯这支衣衫褴褛的军队几乎没有胜算,在短暂的抵抗后被击溃。一百名爱尔兰囚犯被枪决,许多保皇党阵营的追随者被杀害。穿过塞尔柯克的埃特里克河(Ettrick Water),并步行穿过附近的河边田地,那里曾发生过很多次战斗。

右图:在山海关能欣赏到长城内外令人惊叹的风景。

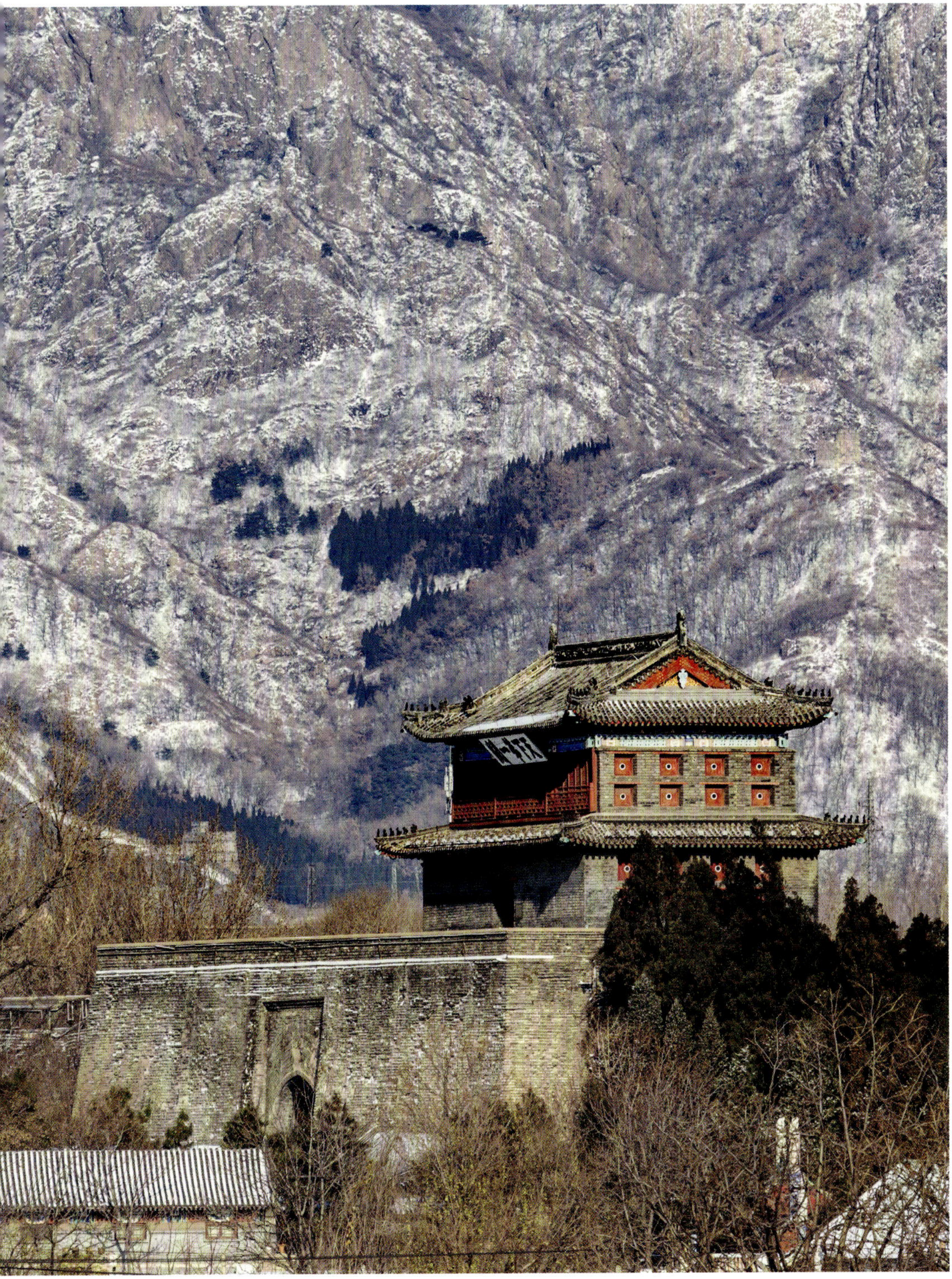

222

托林顿战役
英国德文郡

托林顿在霍普顿勋爵的保皇党控制下，但在 1646 年 2 月的一个寒冷的夜晚，他们被托马斯·费尔法克斯的国会党彻底击败。托林顿教堂的一块牌匾解释说，保皇党存放的火药在战斗结束时爆炸，这座教堂是重建的。两百名被关在该教堂中的保皇党囚犯在爆炸中丧生。一条步行小道将带你游览其他关键地点，包括保皇党主要路障的遗址，以及保皇党的一个团顽强坚守的城堡土墩。

223

温威克战役
英国兰开夏郡

1648 年，奥利弗·克伦威尔在普雷斯顿（Preston）击败了一支入侵的苏格兰保皇党军队。尽管他们进行了顽强的抵抗，但最终还是被克伦威尔的军队包抄，损失惨重。幸存者很快就投降了。沿着公共道路向北穿过苏格兰人撤退的田野，直到他们最初部署的埃尔米塔奇格林路（Hermitage Green Lane）。沿着这条小路的高砂岩河岸使这里成了一个特别难以攻击的地方。

224

邓巴战役
苏格兰东洛锡安

1650年，英格兰军队被支持年轻的查理二世的苏格兰人围困在邓巴（Dunbar），克伦威尔的处境十分危险。但当苏格兰人不明智地离开杜恩山（Doon Hill）的指挥位置准备进攻时，克伦威尔率先出击。他的士兵越过布罗克·伯恩（Brock Burn）河，击溃了苏格兰右翼，然后击败了其余军队。尽管有一个大型水泥工程的干扰，邓巴仍然是一个值得参观的地方。可以爬到杜恩山的山顶，欣赏战场和海岸的壮丽景色。

225

伍斯特战役
英国伍斯特郡

1651年，年轻的国王查理二世率领苏格兰军队入侵英格兰，却在伍斯特被克伦威尔的国会议员击败。查理在大教堂的塔顶上目睹了事态的发展，塔顶至今仍可攀登。穿过附近的运河桥（那里的长矛标记着查理骑兵发起最后一次冲锋的大门），你就会到达司令部，这是一座富丽堂皇的中世纪建筑，保皇党曾将其作为总部。再往前就是皇家堡公园，这里曾是保皇党的炮台，后来被国会议员攻占。

左图：爬上伍斯特的大教堂塔楼，三百多年前，查理二世国王在这里观看了战役。

特雷斯科战役

英格兰锡利群岛

当你探索十七世纪的两栖攻击遗址时，可以欣赏到令人惊叹的景色。

◆ **距离**
8 公里

◆ **起点**
老格里姆斯比

◆ **漫步类型**
海滨漫步

◆ **何时出发**
从春天到秋天

尽管保皇党在英格兰本土战败，但部分保皇党仍在距陆地尽头 48 公里的锡利群岛上顽强抵抗。因此，1651 年，英格兰议会派布莱克上将率领一支小舰队和一千名士兵去抓捕他们。

由于主岛圣玛丽岛的防御工事过于坚固，无法直接进攻，布莱克决定先攻占特雷斯科。从岛东侧的老格里姆斯比开始。布莱克派了一队小船在这里登陆，但有些船被潮水冲离了航道，有些船则登上了错误的岛屿，其余的船只一遭到炮火就迅速撤退。国会议员没有被吓退，并再次尝试，在涉水上岸后，他们的军队击败了保皇党守卫者。布莱克的人得以封锁圣玛丽岛，保皇党守卫者很快就投降了。

在都铎碉堡里，可以俯瞰主要战斗发生地的海滩。从那里绕着岛走一圈。在卡恩（Carn）附近的南面是"奥利弗炮台"（Oliver's Battery），这是一块露出地面的岩石，国会议员们在这里安置了大炮，准备轰击圣玛丽岛的港口。再往北走，一条崎岖不平的海岸小路通向战后不久建成的克伦威尔城堡（Cromwell's Castle）。可以参观一下保皇党驻守的查理国王城堡废墟。这里非常陡峭，但为了欣赏全景，非常值得。

227

塞奇莫尔战役
英格兰萨默塞特郡

1685 年的塞奇莫尔战役是英格兰土地上的最后一次重大战役，反抗军蒙茅斯公爵突袭詹姆斯二世的军队以失败告终。塞奇莫尔是一个充满氛围的地方，道路、轨道和沟渠纵横交错，很容易看出蒙茅斯的军队为什么会在黑暗中迷路。

228

基利克兰基
苏格兰珀斯 - 金罗斯

1689 年，忠于被废国王詹姆斯七世的军队在壮丽的基利克兰基峡谷附近击败了苏格兰政府军。从游客中心走一小段路就到了士兵之跃（Soldier's Leap），据说在那里，一名逃跑的政府军士兵不可思议地从五米多高的地方，跳过湍急的加里河（River Garry）并成功逃脱。

上图：克伦威尔城堡是在特雷斯科战役后不久建成的。

左图：登上克伦威尔城堡的屋顶，欣赏海岸线的美景。

1500—1699　**187**

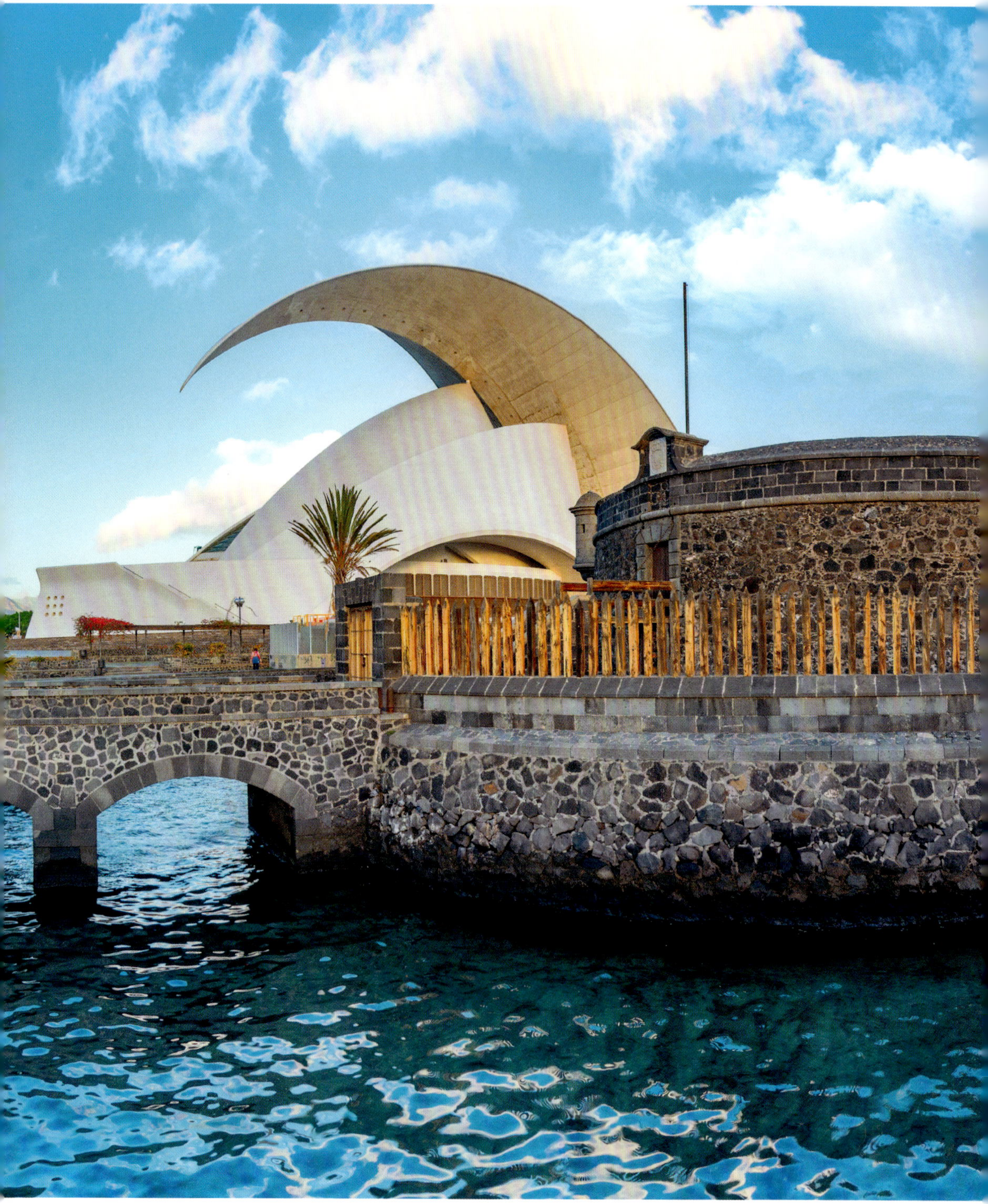

229

华沙战役
波兰华沙

在第二次北方战争期间，波兰－立陶宛联邦被瑞典和俄罗斯占领了部分领土，许多城镇被占领或摧毁。波兰国王约翰二世卡西米尔率领一支由步兵、飞翼铁骑和鞑靼人组成的联合部队，对抗华沙的瑞典占领者。他们的努力被挫败了，三天后，卡西米尔承认失败，并放弃了华沙。可以在撒克逊花园（Saxon Gardens）散步，参观无名士兵墓（Tomb of the Unknown Soldier），这是1656年这场战役士兵的献身之地。

230

圣克鲁斯－德特内里费战役
西班牙加那利群岛的圣克鲁斯－德特内里费

1657年，英格兰海军上将罗伯特·布莱克袭击了加那利群岛上戒备森严的圣克鲁斯－德特内里费港，企图窃取西班牙宝藏。尽管布莱克的进攻粉碎了西班牙的防御和船只，但他没有获得任何财宝，因为财宝已经卸下来，并被安置在陆地上的安全地带。布莱克声称对西班牙人的进攻是成功的，但西班牙人也声称他们捍卫了宝藏。沿着城市的海岸线走，部分防御墙至今仍然存在。

左图：圣克鲁斯－德特内里费的一些原始港口墙壁仍然保留着。

231

菲利普国王的战争：哈德利的天使

马萨诸塞州哈德利

探索哈德利公地，了解留着长白胡子的神秘制服男子的真实身份。

◆ **距离**
4.8 公里

◆ **起点**
哈德利公地

◆ **漫步类型**
轻松

◆ **何时出发**
全年

从 1620 年普利茅斯殖民地建立起，直到 1661 年马萨索伊特酋长（Chief Massasoit）去世，它与当地万帕诺亚格人的关系一直很友好。但是当酋长萨坎姆的小儿子梅塔科姆（清教徒给他取了一个英文名字叫菲利普）成为酋长时，土地纠纷爆发，并演变成暴力冲突。后来的菲利普国王战争在新英格兰地区持续了近三年。

1675 年，马萨诸塞西部城镇哈德利遭到万帕诺亚格人的攻击。在战斗最激烈的时候，一位留着飘逸的白胡子、戴着古董胸甲的老人从镇上的教区长住宅里走了出来，带领当地居民走向胜利。这位"哈德利天使"现在被认为是威廉·戈夫（William Goffe）将军，他是在 1649 年签署国王查理一世死刑执行令的五十九位弑君法官之一。1660 年君主复辟后，戈夫逃到新英格兰，在哈德利的约翰·罗素牧师家中避难十多年。

可以沿着哈德利公地走一走，那里是教区长住宅所在的地方，也是攻击的中心。有一个历史标记可以识别戈夫。然后，从这里走到康涅狄格河，穿过卡尔文柯立芝桥（Calvin Coolidge Bridge），不妨参观一下位于东南方向三英里处的北安普顿的福布斯图书馆，那里有一幅描绘这位传奇人物的十九世纪画作。

232

大沼泽战斗
罗德岛西金斯顿

1675 年，在菲利普国王战争期间，来自新英格兰三个不同殖民地的民兵袭击了罗德岛南部中立的纳拉甘西特部落的主要定居点，杀死了九十七名战士和多达一千名非战斗人员。大沼泽战斗纪念碑距离西金斯敦（West Kingston）的停车场有两公里半的徒步距离。

233

普韦布洛叛乱
新墨西哥州的圣达菲

1680 年，普韦布洛部落在一位富有魅力的领袖波普（Popé）的领导下，成功地发动了起义，并在长达十二年的时间里实现了该地区的独立。今天，可以在曾被围困的总督府的外面走一走，这里现在是历史悠久的圣达菲（Santa Fe）。

左图：从北安普顿望向哈德利俯瞰康涅狄格河。

1500—1699　　**191**

234 利沃夫战役

乌克兰利沃夫

早在 1675 年，奥斯曼帝国在欧洲的统治地位就开始衰落，当时波兰国王约翰三世索比斯基的军队在一千七百名轻骑兵的增援下，在乌克兰的利沃夫（Lviv）击溃了一支规模大得多的土耳其步兵部队。从中心广场爬上城堡山，就能看到十四世纪的高堡遗址。

维也纳之战
奥地利卡伦伯格

从山上冲进维也纳，索比斯基从奥斯曼人手中解放这座城市也是如此。

◆ **距离**
3.2 公里

◆ **起点**
卡伦伯格观景台

◆ **漫步类型**
轻松徒步旅行

◆ **何时出发**
3 月至 10 月，避免湿滑天气

左上图：山上的卡伦伯格全景观景台，索比斯基的军队就聚集在这里。

左图：从山上走到河边是一段惬意的旅程。

1683 年，奥斯曼帝国围攻维也纳。这座城市进行了两个月的抵抗，但由于补给线被切断，该城处于投降的边缘。

随后，在 9 月的一个早晨，在该城上方的卡伦伯格山上，由国王约翰三世率领的波兰和哈布斯堡联军与洛林公爵查理五世的帝国军队汇合。随后的战役标志着三百年奥斯曼－哈布斯堡战争的转折点。

看到山上的威胁越来越大，奥斯曼人决定集中力量强行进入该城。这让索比斯基（Sobieski）的部队有机会占领周围村庄中的基地，"波兰飞翼铁骑"可以从那里发起强大的骑兵冲锋。在其他骑兵部队的配合下，这次冲锋被认为是历史上最大规模的骑兵冲锋，它使奥斯曼军营精疲力竭，士气低落。不到三个小时，维也纳就从投降的边缘解放了出来。

索比斯基纪念碑从卡伦伯格全景观景台上俯瞰整座城市。从这里，你可以悠闲地走到维也纳河畔。

194　第四章　近代

236

博因河战役
爱尔兰劳斯郡德罗赫达

被废黜的詹姆斯二世和奥兰治的威廉（威廉三世）都继承了英格兰王位。威廉反对詹姆斯对天主教爱尔兰的同情，并反对他罢免许多新教高级官员在爱尔兰的权力。这种反对导致了一场对抗，1690 年，他们在德罗赫达（Drogheda）附近的博因河（River Boyne）渡口相遇。随后，威廉赢得了战争的胜利，詹姆斯因此逃到了法国，再也没有回来。沿着博因河的环线漫步，可以看到这个著名的战场，而在附近的博因河战役游客中心可以有更多发现。

237

奥赫里姆战役
爱尔兰戈尔韦郡的奥瑞姆和巴利纳斯洛

詹姆斯在博因河战败后，他的追随者，也就是雅各比派党人，在查理·查尔莫特·德·圣鲁埃领导的法军协助下继续战斗。1691 年 7 月，他们在奥赫里姆与威廉的军队相遇。当雅各比派党人正在走向胜利时，圣鲁埃在战场上被炮弹炸死。由于缺乏指挥，雅各比派党人的士气迅速瓦解。这是詹姆斯在爱尔兰事业的最终结局。奥赫里姆战场小径是一条围绕战斗地点的十公里长的路线，它将带你离开城镇，穿过树林和乡村，穿过奥赫里姆堡的废墟。

238

围攻蒙巴萨
肯尼亚蒙巴萨

在十六世纪，葡萄牙人是世界上颇具统治力的强国，总的来说，他们占领了自己喜欢的任何一块土地。蒙巴萨，肯尼亚海岸的天然深水港，被葡萄牙军队占领，他们建立了强大的耶稣堡（Fort Jesus），至今仍在。但从 1696 年到 1698 年，阿曼苏丹多次围攻蒙巴萨，直到几乎没有任何守军。在蒙巴萨老城和耶稣堡漫步，你会发现多种文化对这座古老的贸易城市的影响。

239

桑达战役
塞尔维亚伏伊伏丁那省的森塔

1683 年，土耳其占领维也纳的企图遭到挫败后，奥斯曼帝国的军队一落千丈。布达在被土耳其人围困了七十七天之后，于 1686 年从土耳其人手中解放出来。十一年后，萨沃伊的尤金率领的一支帝国军队在桑达（现塞尔维亚的森塔）战役中歼灭了最后一支土耳其军队。可以沿着森塔以东的蒂斯扎河（Tisza River）的河岸行走，前往市政厅，那里是大部分战役的发生地。在塔顶是一个战斗的比例模型，墙上有详细的地图和绝妙的景色。

左上图：耶稣堡坚不可摧的城墙。

左图：阿曼对耶稣堡的影响。

240

伊察玛雅的最后一站
危地马拉贝登省

探索这座几十年来击退入侵者的岛屿城市的力量和美丽。

◆ **距离**
  4.8公里

◆ **起点**
  马雷贡

◆ **漫步类型**
  环绕村庄的平坦步道

◆ **何时出发**
  全年

右上图：弗洛雷斯岛位于佩滕湖中心的位置使它几乎坚不可摧。

右图：征服者西班牙人用他们的殖民建筑在弗洛雷斯留下了印记。

　　随着玛雅帝国在不断进步的西班牙人手中崩溃，强大的伊察玛雅人撤退到危地马拉贝登湖（Lake Petén）中央的一个岛屿堡垒。在那里一个叫作诺伊佩滕（Nojpetén）的城池里，他们击退入侵者长达数十年。他们通常会采用一种狡猾的策略，即把外国人引诱到湖边的浅滩或岛的中心，假装友好。然后，他们会转而攻击入侵者，用藏在湖中茂密芦苇中的小船发射长矛或箭射杀他们。

　　诺伊佩滕于1697年3月13日被西班牙人征服。与以前使用独木舟或小船进行攻击的入侵者不同，马丁·德乌尔苏亚·阿里兹曼迪指示他的部队建造了一艘大帆船。它太大太有力，小型的本地独木舟根本不是对手。他迅速突破了岛上的防御，玛雅人一方伤亡惨重。这座城池几乎立即沦陷。

　　今天，弗洛雷斯（Flores）是一个宁静的旅游小镇，有一条美丽的堤岸步行街环绕着岛屿。你可以在咖啡馆购物、吃饭，还可以在这个曾经是抵御入侵者的完美堡垒的风景如画的地方欣赏风景。

1500—1699

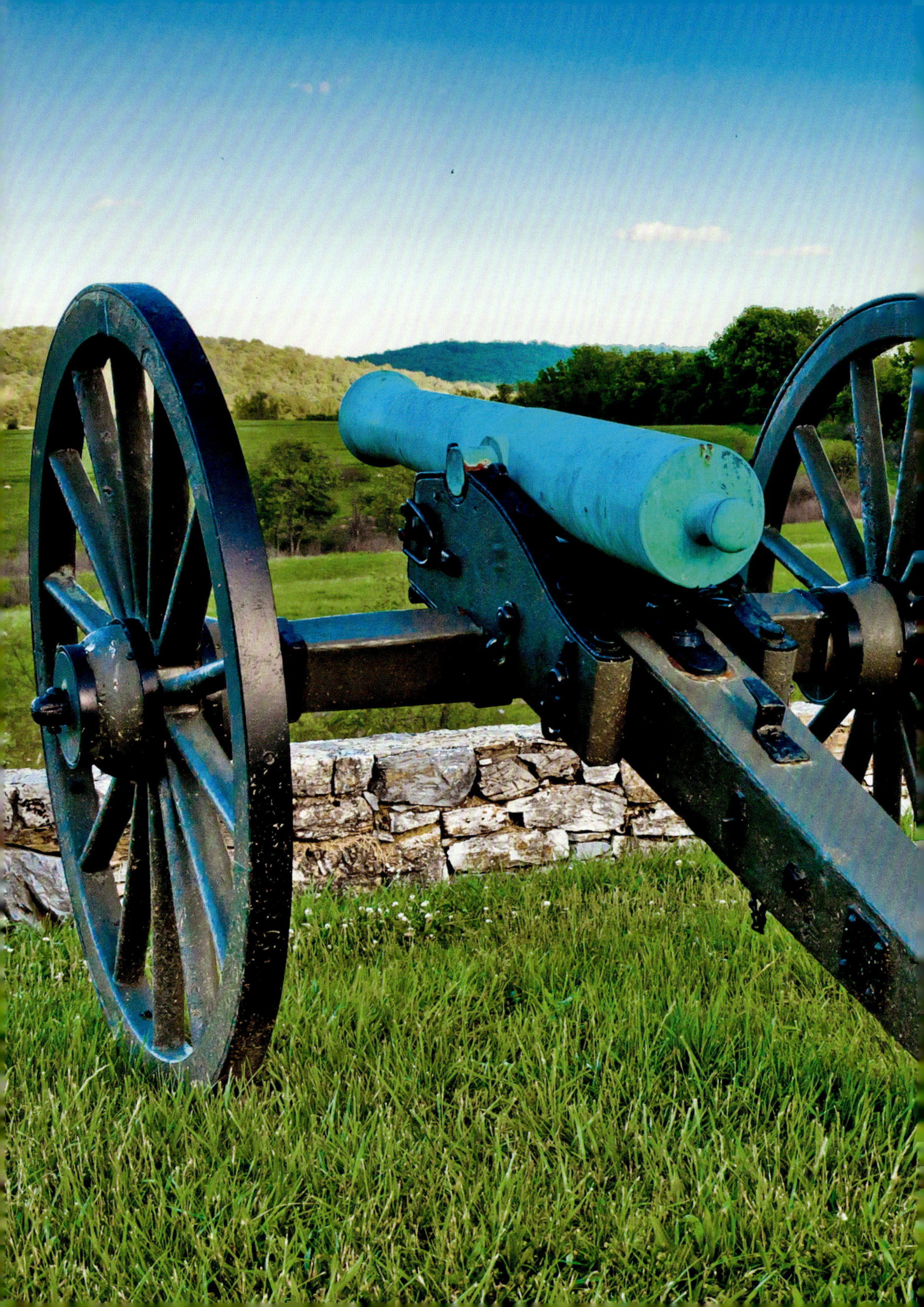

第五章

现　代

1700—1913

在这两个世纪中，启蒙、发明、发展与殖民扩张、独立斗争、血腥内战一样闻名。

241

奴隶路线
贝宁维达

当你在迷人的、色彩柔和的小镇维达（Ouidah）漫步半天的时间，沿着一条满是艺术品、雕塑和信息板的标记清晰的小路，走到小路尽头的热带海滩时，你很难想象这里曾经弥漫在空气中的那种恐怖感。但是，早在十八世纪，成千上万的黑奴也走过这条路，他们被带着上船，远离非洲，在美洲过着奴隶的生活。

242

突袭迪尔菲尔德
马萨诸塞州迪尔菲尔德

1704年对马萨诸塞湾西部殖民地的袭击发生在所谓的安妮女王战争（Queen Anne's War）期间，这是一场法国、西班牙和英格兰殖民者为争夺北美控制权而发生的冲突。法国军队及其印第安盟友袭击了迪尔菲尔德，烧毁了该镇的部分地区，杀死了五十六名定居者，并俘虏了一百一十二人。迪尔菲尔德原来的村庄现在被按原样保存，有十几个殖民时期的房屋博物馆开放。1704年的袭击在整个村庄都有明显的痕迹；其中一件文物是一扇门，门上有袭击留下的战斧痕迹。

下图：厅酒馆是迪尔菲尔德的游客中心。

围攻科洛尼亚德尔萨克拉门托
乌拉圭科洛尼亚德尔萨克拉门托

1704年，在西班牙王位继承战争期间，西班牙控制的布宜诺斯艾利斯总督唐·阿隆索·胡安·德·瓦尔德斯·因克兰（Don Alonso Juan de Valdés e Inclán）决定率领四千名土著战士和六百五十名西班牙士兵围攻葡萄牙殖民地萨克拉门托殖民地。战败的葡萄牙人疏散了所有的居民，抛弃了这个城镇。西班牙人在此定居了十年，直到《乌得勒支条约》将该镇归还葡萄牙。在成为独立的乌拉圭的一部分之前，它又几经易手。可以漫步于受葡萄牙和西班牙影响的市中心。

下图：西班牙和葡萄牙的殖民势力为了争夺乌拉圭小镇科洛尼亚德尔萨克拉门托而来回交战。

244

尼斯围城
法国尼斯

尼斯围城发生在 1705 年 3 月至 1706 年 1 月之间，是西班牙王位继承战争的一部分，在这场战争中，获胜的路易十四（Louis XIV）的围城部队与萨伏伊（Savoy）的维克多·阿玛迪斯二世（Victor Amadeus II）展开了对抗。今天的尼斯是法国蔚蓝海岸（French Riviera）最迷人的城镇之一。从港口走到城堡山上，那里是堡垒曾经矗立的地方，可以俯瞰迷人的海岸风光。

245

波尔塔瓦战场
乌克兰波尔塔瓦

在征服了大部分敌人之后，野心勃勃的瑞典国王查理十二世（Charles XII）选择在 1707 年秋天入侵俄国。严酷的冬季迫使他绕道前往今天的乌克兰，途中损失了一半的军队。在经历了 1708 年至 1709 年的大霜冻之后，他决定在 1709 年围攻波尔塔瓦要塞。由于指挥之间的沟通不畅，作战计划执行不力，以及在数量上不及沙皇彼得大帝的优势部队，导致了瑞典军队的失败。在波尔塔瓦周围走一小段路，就可以参观各种纪念双方战争的纪念碑。

下图：从尼斯城堡山顶俯瞰老城的海岸线和屋顶。

右上图：苏格兰的格伦希尔本应成为坚不可摧的战场，但事实并非如此。

第五章　现代

246

格伦希尔战役
苏格兰高地

这是在西班牙支持下为恢复斯图亚特王朝的英国王位而进行的唯一一场失败的战役。1719年，西班牙正规军和高地起义军试图阻止政府军的前进，他们封锁了穿过格伦希尔的道路，并在其上方的高耸悬崖上驻军。这似乎是一个坚不可摧的阵地，但当政府部队进攻时，包括传奇人物罗伯·罗伊·麦格雷戈（Rob Roy MacGregor）在内的高地人溃散了，使西班牙人最终投降。格伦希尔（Glen Shiel）的陡坡让这里成了一个值得探索的令人兴奋的战场，但需要良好的天气和充沛的体能。

247

卡塔赫纳战役
哥伦比亚卡塔赫纳的圣费利佩城堡

在卡塔赫纳德印第亚斯战役（1740—1741）中，英国皇家海军多次未能占领这个富裕的西班牙殖民港口城市，它位于哥伦比亚的加勒比海岸。在商业和帝国竞争的驱使下，爱德华·弗农海军上将（Admiral Edward Vernon）的军队被布拉斯·德莱佐海军上将（Admiral Blas de Lezo）的军队（后者驻扎在坚不可摧的圣费利佩城堡）和黄热病流行病击败。该城堡现在是联合国教科文组织世界遗产的一部分，其迷宫般的掩体、炮台和胸墙使它成为一个令人回味无穷的探索之地。

1700—1913 **203**

248

尼泊尔王国的建立
尼泊尔廓尔喀

爬上树木繁茂的山坡，来到廓尔喀杜巴，这里有巴里斯维·那拉扬·沙阿（Prithvi Narayan Shah）的据点。

◆ **距离**
2.4 公里

◆ **起点**
廓尔喀的集市

◆ **漫步类型**
中等至陡峭，但易于跟随

◆ **何时出发**
9 月中旬到 4 月中旬；一年中剩下的时间是季风气候

右图：处于战略位置的廓尔喀杜巴在尼泊尔的统一中发挥了重要作用。

1743 年，巴里斯维·那拉扬·沙阿在他父亲去世后登上廓尔喀王国的王位，当时在现在的尼泊尔领土上有几十个不同的邦。在接下来的几十年里，他利用自己位于山顶的廓尔喀杜巴（Gorkha Durbar，一个戒备森严的宫殿寺庙建筑群）对这些独立的派系发动了一系列的攻击，一个接一个地击败了他们。

最终，在 1768 年，沙阿在加德满都谷地战胜了他的马拉王朝对手，将整个国家统一在他的统治之下，为现代尼泊尔国家的建立奠定了基础。他的王朝时断时续，直到 2008 年尼泊尔废除了君主制。

这条路始于廓尔喀熙熙攘攘的集市，靠近塔洛杜巴（Tallo Durbar），这里曾经是一座宫殿，现在已被改造成一座献给沙阿家族的博物馆，展出了一系列十八世纪的武器，包括入口处的一门大炮。然后，可以爬上一条树木繁茂的小径，来到保存完好的廓尔喀杜巴，它位于山脊顶端的战略位置，被令人印象深刻的石墙所环绕。在这座砖木结构的宫殿里，有巴里斯维·那拉扬·沙阿的王座遗迹。

地图标注：
- 廓尔喀杜巴
- 廓尔喀
- 廓尔喀集市
- 廓尔喀博物馆（塔洛杜巴）

249

努瓦科特的山顶堡垒

尼泊尔努瓦科特

巴里斯维·那拉扬·沙阿于1744年占领了山顶堡垒努瓦科特（Nuwakot），并用它作为他在加德满都山谷城邦取得军事胜利的基地，为统一尼泊尔而努力。穿过一个寂静的村庄（曾经是一个重要的贸易站），你会发现堡垒现存的塔楼和城墙。

250

普雷斯顿潘战役
苏格兰东洛锡安

1745 年，查理·爱德华·斯图亚特（Charles Edward Stuart）试图让他的父亲重掌英国王位，但在普雷斯顿潘战役中，他率领的苏格兰高地人挥舞着大刀，在不到半小时的时间里就将柯普将军（General Cope）的政府军击溃，这一努力得到了初步的推进。柯普的人逃走了，战场上到处是尸体、断肢和丢弃的装备。一个以前的煤矿废渣堆已经被美化为一个观景平台。另外，还有一个博物馆，一条可选择的步道，三个纪念碑，以及一个由鸽房改造而成的视听展示厅。普雷斯顿潘是一个令人着迷的战场。

251

苏格兰的雅各比派
苏格兰外赫布里底群岛

邦妮王子查理（Bonnie Prince Charlie），国王詹姆斯二世（James II）的孙子，带领詹姆斯二世的军队为英国王位而战。1745 年 7 月 23 日，他首次登陆苏格兰，地点是埃里斯凯岛的王子海滩（Coilleag a'Phrionnsa）。最初，他在南下伦敦的战斗中取得了胜利，直到卡洛登战役的失败把他带回了外赫布里底群岛。在弗洛拉·麦克唐纳（Flora MacDonald）的帮助下，查理扮成了她的女仆，躲过了英格兰人的追捕，并逃到了法国。沿着邦妮王子查理小径行走，这条小径从雅各比党人的困境中穿过重要的赫布里底地区。

252

福尔柯克缪尔战役
苏格兰福尔柯克

当汉诺威人霍利中将（Lieutenant General Hawley）第一次收到雅各比党人袭击卡伦德庄园（Callendar House）的警告时，他拒绝相信。第二次收到攻击警报后，他意识到形势的严重性，策马归队。在匆忙混乱中，霍利的部队在沼泽地区损失了一些火炮，军队惊慌失措。战斗以雅各比派党人取得胜利告终，这是雅各比派的最后一次重大胜利。可以从卡伦德庄园步行至福尔柯克缪尔 1746 纪念碑。

253

卡洛登战役
苏格兰因弗内斯

这场发生在 1746 年的短暂而血腥的战斗，标志着邦妮王子查理夺回王位的企图最终失败。他们穿过荒凉的卡洛登沼泽，未能击溃坎伯兰公爵（Duke of Cumberland）的政府军，查理的军队寡不敌众，试图逃离坎伯兰的残酷追击。从屡获殊荣的游客中心，您可以游览这个历史战场的遗址。旗帜标志着两军的位置，你可以很好地感受到不平的沼泽地面是如何影响战斗的。

右图：在卡洛登战场周围散步，你可以清楚地想象战斗是如何展开的。

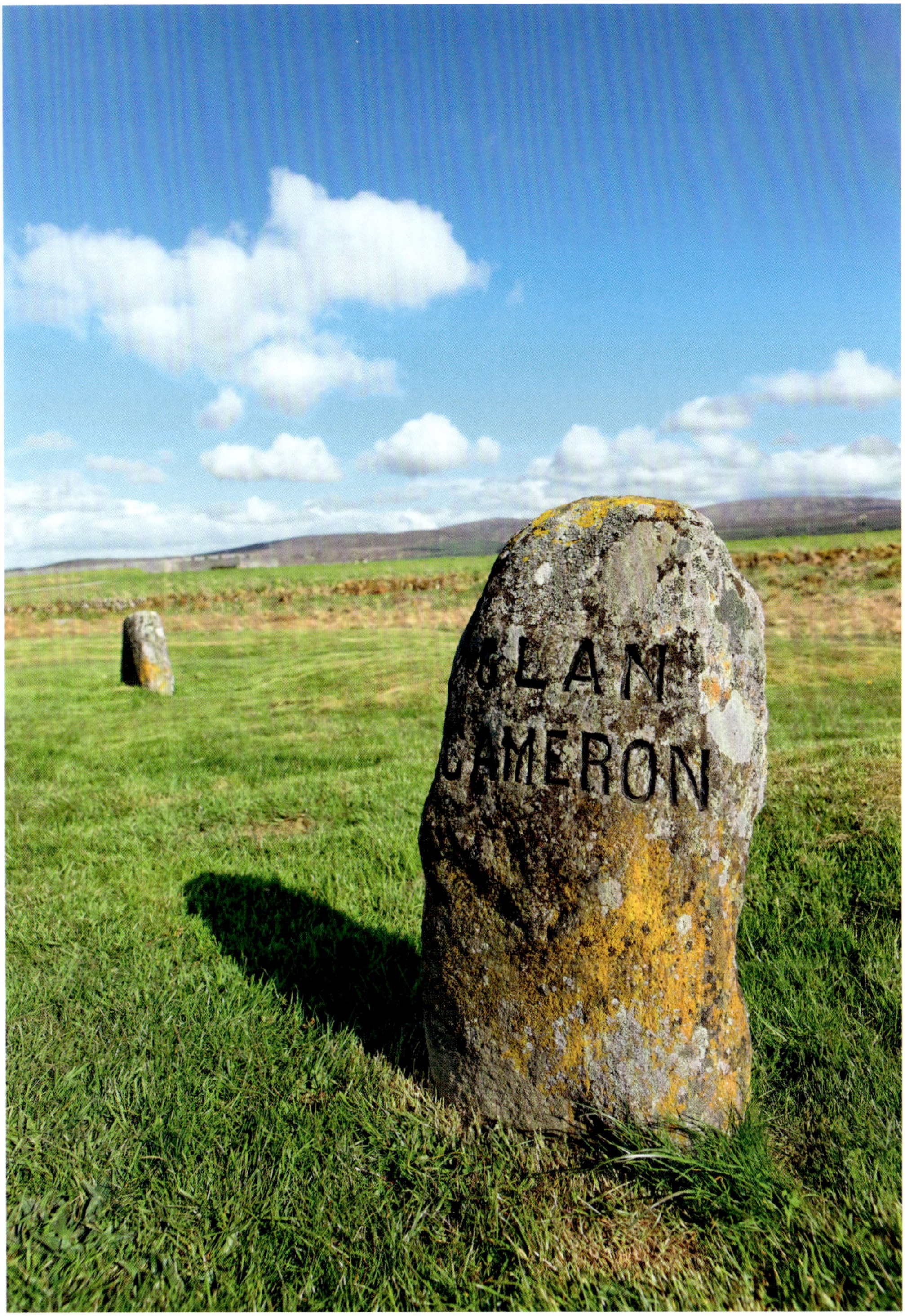
CLAN
CAMERON

254

亚伯拉罕平原战争（魁北克战争）
加拿大魁北克省魁北克市

探索战场公园，那里决定了加拿大的未来。

◆ **距离**
4.8 公里

◆ **起点**
战场公园

◆ **漫步类型**
轻松；人行道

◆ **何时出发**
全年

右上图：战场公园里有许多英法战争的遗迹。

右图：从圣劳伦斯河俯瞰，可以看出魁北克市的战略重要性。

十七、十八世纪，当英国人在北美的殖民地迅速扩张时，加拿大的法国人人口仍然稀少。英国一直盯着魁北克，因为它的木材资源和毛皮很有价值，发起过几次攻占首都的失败战役。

1759 年，在控制了加拿大大西洋沿岸省份之后，詹姆斯·沃尔夫（James Wolfe）将军和他的军队开始了为期三个月的围攻，并在亚伯拉罕平原战役中取得了胜利，这场战役是在魁北克城外一个名叫亚伯拉罕·马丁（Abraham Martin）的农民拥有的高原上进行的。参战人数不到一万人，这场战役只持续了一个小时，但却是英法两国就新法兰西（New France）的命运发生冲突的决定性时刻，并导致了加拿大的建立。沃尔夫和法国将军路易斯–约瑟夫·德蒙特卡姆（Louis-Joseph de Montcalm）都在战斗中牺牲。

战斗地点（现在耸立在圣劳伦斯河之上的战场公园）是一个一年四季都值得游览的好地方，到处都是古老的大炮、纪念碑、信息板和马尔泰罗塔。想要了解完整的故事，可以从参观公园东北角的亚伯拉罕平原历史博物馆（Musée des Plaines d'abraham）开始，那里全方位展示了决定魁北克命运的关键战役。

1700—1913

255

普拉西战役
印度西孟加拉邦帕拉西

1757 年 6 月 23 日，罗伯特·克莱夫（Robert Clive，"印度的克莱夫"）领导的英国东印度公司在帕拉西村击败了孟加拉的纳瓦布军。这场胜利使该公司获得了孟加拉的控制权，并为英国在南亚大部分地区的殖民铺平了道路。战场的一部分已经被河流冲走，但果园旁边的一小块空地保留了下来。这里有几座纪念碑和神殿，包括一系列标记着纳瓦布士兵被杀地点的方尖碑。

256

大城府的沦陷
泰国大城府

半个世纪以来，岛屿城市大城府一直是暹罗（现在的泰国）的首都，人口超过百万，也是一个极其富裕的贸易港口。在十八世纪后期，缅甸寻求控制海岸和贸易，攻击了大城府；这座城市于 1767 年沦陷。建筑物被夷为平地，珍宝被洗劫或烧毁，成千上万的市民被奴役。暹罗在一年内恢复独立，首都迁至曼谷；大城府被遗弃数十年。值得花半天的时间在被联合国教科文组织列入名单的寺庙遗址中漫步。

257

蓬特诺吾战役
法国科西嘉岛

帕斯夸里·保利（Pasquale Paoli）将科西嘉岛从热那亚人手中解放出来，并于 1755 年建立了科西嘉共和国。然而，这种独立是短暂的。1769 年 5 月，法王路易十五（Louis XV）向该岛派遣了一支远征军。沃克斯伯爵（Comte de Vaux）指挥的部队与保利的副手卡洛·萨利塞蒂（Carlo Salicetti）领导的当地科西嘉部队作战，并在蓬特诺吾（Ponte Novu）击败了他们。保利逃到英国，科西嘉岛被并入法国。每年 5 月，你可以在蓬特诺吾散步，参加纪念这场战役的年度仪式。

258

切什梅战役
土耳其伊兹密尔省切什梅

切什梅战役于 1770 年在土耳其城市切什梅的海岸边打响，是长达六年的俄土战争的决定性战役。为了把奥斯曼人的注意力从他们的黑海舰队上转移开，俄罗斯从波罗的海派遣了几个中队前往爱琴海。这个计划成功了，土耳其人将六十艘船开进切什梅湾，俄国人开火，歼灭了奥斯曼舰队。可以从市中心步行到切什梅城堡，这是一座宏伟的热那亚人建造的堡垒，在袭击中遭到了炮击。

右上图和右图：在雄伟的切什梅城堡可以俯瞰爱琴海。

1700—1913

列克星敦和康科德战役
马萨诸塞州的列克星敦和康科德

从列克星敦走到康科德，美国独立战争就是在这里开始的。

◆ **距离**
9.7 公里

◆ **起点**
列克星敦和康科德游客中心

◆ **漫步类型**
轻松；公园路

◆ **何时出发**
全年

右上图：北桥，位于一分钟人国家历史公园。

右图：战斗路上的英国士兵纪念碑。

十八世纪七十年代，当英国增加税收和对最叛逆的殖民地的控制时，马萨诸塞湾殖民地爆发了不满情绪。

1775 年 4 月 19 日，这种不满爆发为战争。在波士顿西部的一段乡间公路上，一千五百名英国士兵和四千名被称为"一分钟人"的殖民地民兵参加了美国独立战争的第一次战斗。

黎明刚过，英军首先在列克星敦草坪开火，杀死了八名殖民者。在附近康科德镇的北桥，在英国士兵开枪打死两人后，一分钟人民兵进行了还击，这被称为"全世界都能听到的枪声"。下午早些时候，英军开始向波士顿撤退，在几次小规模战斗后，英军于傍晚早些时候抵达波士顿。英军统计有七十三人死亡，二百二十七人受伤或失踪。殖民地的伤亡人数为九十三人。

必看景点包括列克星敦的战斗草坪（Battle Green），这是一片宁静的三角形草地，有著名的一分钟人民兵雕像；还有康科德的北桥，那里是美国殖民地第一次进行反击的地方。连接两者的是八公里长的战斗路小道，它穿过一分钟人国家历史公园。英国士兵用它的一部分从波士顿行军到康科德，这里到处都是与战争有关的纪念碑、遗址和建筑。

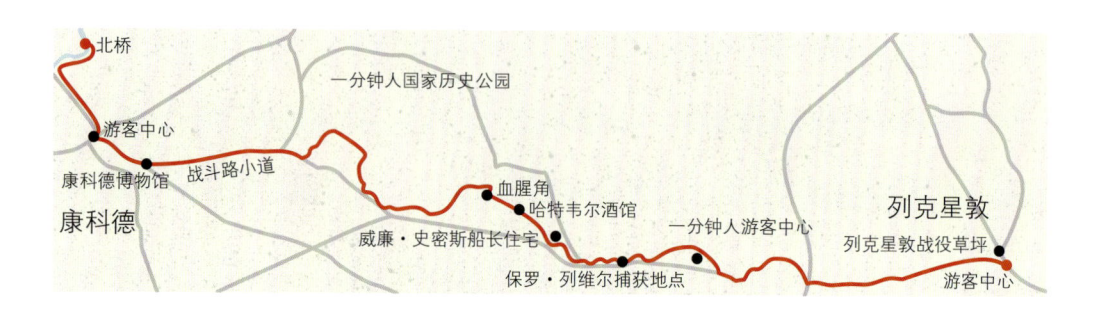

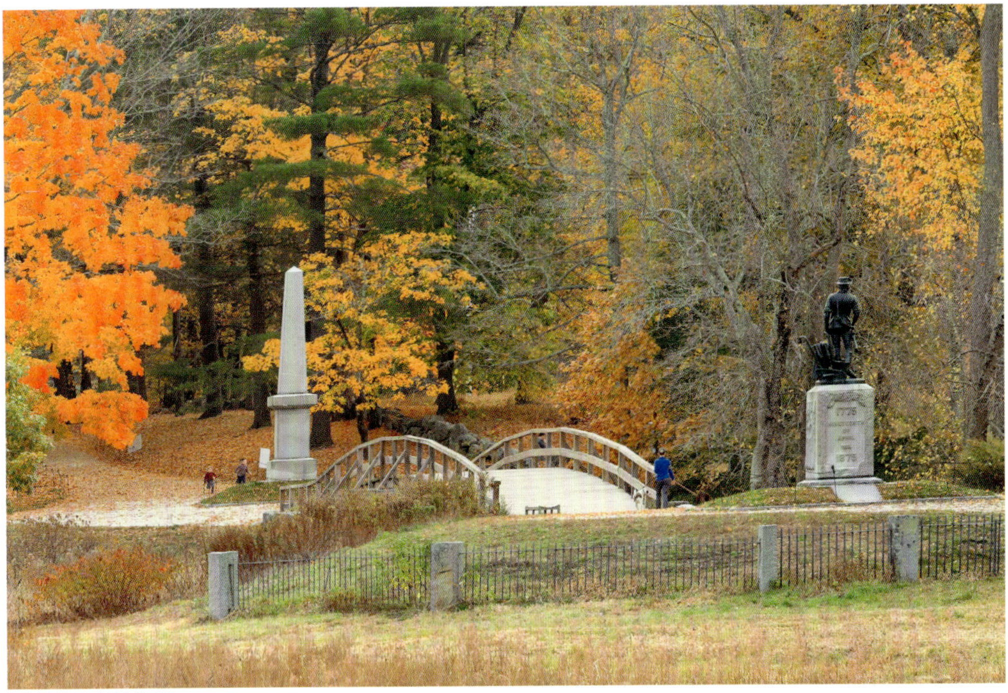

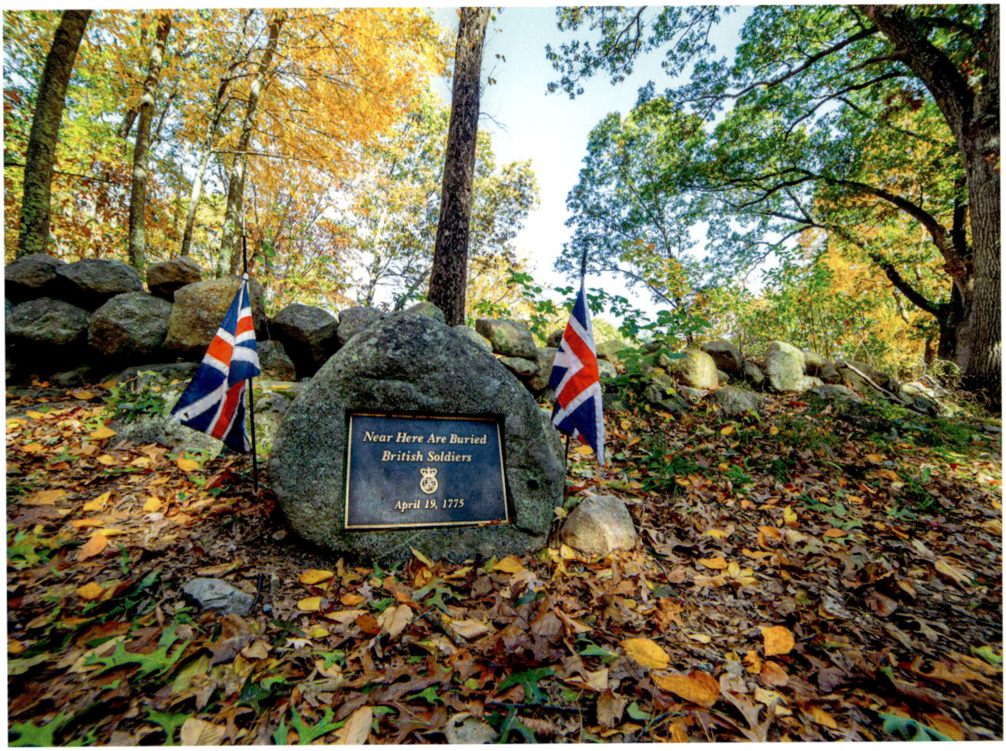
Near Here Are Buried
British Soldiers
April 19, 1775

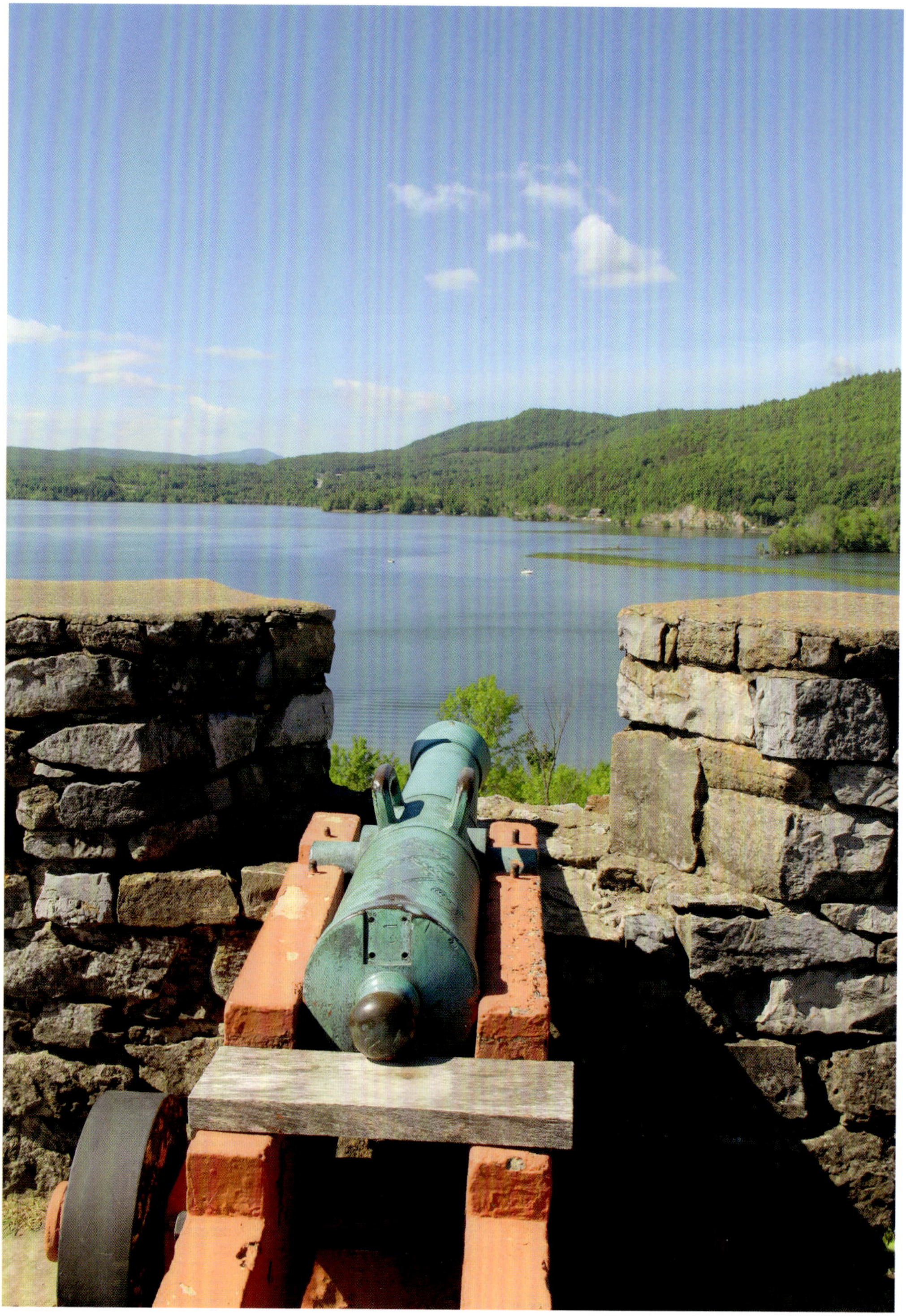

260

邦克山战役
马萨诸塞州波士顿

邦克山战役发生在美国独立战争围攻波士顿期间的 1775 年 6 月 17 日。殖民者被打败了，而英军也损失惨重，他们部署的部队中有三分之一阵亡。这场战役证明，殖民地居民能够坚持自己的立场，对抗强大的英军，两者之间的任何和解都不再可能。爬二百九十四级台阶，就能到达邦克山纪念碑（Bunker Hill Monument）的顶部，这是一座六十七米高的花岗岩方尖碑。对面是邦克山博物馆（Bunker Hill Museum），那里有一幅壁画描绘了这场战役。

261

特伦顿战役
新泽西州特伦顿

到 1776 年底，在经历了一连串的失败之后，大陆军的士气跌到了最低点。为了鼓舞部下的士气，乔治·华盛顿（George Washington）率领他们渡过冰冷的特拉华河（Delaware River），来到新泽西州的特伦顿。在那里，他们突袭了一千五百名黑森雇佣兵的守军，俘虏了其中的三分之二。特伦顿战役纪念碑是一个四十六米高的花岗岩柱，顶部是乔治·华盛顿的雕像。从这里向西北方向走十六公里到华盛顿十字街州立公园（Washington Crossing State Park），那里有穿过树林的美丽小径。

262

围攻提康德罗加堡
纽约州提康德罗加

1775 年，一支由伊森·艾伦（Ethan Allen）和本尼迪克特·阿诺德（Benedict Arnold）上校领导的小型革命部队在这个要塞俘获了一小支英国守军。阿诺德上校后来在美国独立战争结束时变成了叛徒。两年后，英国人扭转了局面，一支八千人的军队占领了堡垒上方的高地，而大陆军的三千人没有经过激战就撤退了。可以参观提康德罗加堡及其花园，然后沿着三公里长的钟琴战地徒步小径（Carillon Battlefield Hiking Trail）进入附近的森林。

263

萨拉托加战役
纽约州斯蒂尔沃特

这场战役包括两次交战：一次是 1777 年 9 月在弗里曼农场（Freeman's Farm），以约翰·伯戈因（John Burgoyne）将军率领的英军取得胜利而告终；另一次是十八天后在贝米斯高地（Bemis Heights），以本尼迪克特·阿诺德（Benedict Arnold）率领的美军取得决定性胜利而告终。萨拉托加是英国在美国独立战争中的第一次重大失败，并鼓励了法国加入这场冲突。萨拉托加国家历史公园有四条徒步路线，包括六公里长的威尔金森步道（Wilkinson Trail），它途经了许多与战争有关的遗址。

左图：从提康德罗加堡看到的景色和十八世纪时一样。

264

日耳曼敦战役
宾夕法尼亚州费城

在福吉谷国家历史公园了解乔治·华盛顿的作战策略。

◆ **距离**
14 公里

◆ **起点**
公园游客中心

◆ **漫步类型**
轻松至中等难度

◆ **何时出发**
全年

右上图：福吉谷国家历史公园的国家纪念拱门。

右图：华盛顿在福吉谷过冬并重新训练其军队的房子。

在英军总司令威廉·豪（William Howe）占领当时的美国首都费城后，他将九千人的大部分部队转移到了西部的一个村庄日耳曼敦（Germantown）。

大陆军司令乔治·华盛顿察觉到了一个机会。1777 年 10 月 4 日，他将一万一千人的军队分成两部分，在黎明时分从多个方向进攻英军，就像他前年在特伦顿所做的那样。但大雾耽搁了前进，使他失去了突袭的机会。英军利用了这种混乱，很快占据了上风。美军在夜幕的掩护下撤退，损失了七百人。英军也有五百人伤亡。

尽管战败了华盛顿，许多欧洲人（尤其是法国人）对华盛顿的军队的决心印象深刻，并增加了他们的支持。华盛顿及其军队完好无损地撤退到西面三十多公里处的福吉谷，在那里过冬并重新训练他的部队。

福吉谷国家历史公园（Valley Forge National Historical Park）是华盛顿耐心和领导能力的象征。它有超过 56 公里的指定徒步路线。十四公里的约瑟夫·普拉姆·马丁铺装步道（Joseph Plumb Martin Trail）连接了公园中许多重要的历史和解释性景点，包括历史建筑、重建的营地结构、纪念碑和博物馆。

265

金斯山之战
南卡罗来纳州布莱克斯堡（Blacksburg）

美国独立战争的大部分是在北方进行的。1780 年，英国人转向南方，希望与效忠的民兵相遇。他们在金斯·海德（Kings Head）这样做了，但在一个小时内就被爱国者击败了。金斯山军事公园（Kings Mountain National Military Park）有一条三公里长的小径环绕着战场。

266

约克镇围城战役
弗吉尼亚州约克镇

1781 年大陆军在约克镇的胜利是美国独立战争的最后一场主要战役。约克镇英军将军查尔斯·康沃利斯（Charles Cornwallis）的投降促使英国提出和平要求。在约克镇战场纪念地，有长达二十六公里的自驾游路线，其中一些路段可以步行探索。

入侵梅诺卡岛
西班牙巴利阿里群岛马洪镇

在十八世纪，地中海的梅诺卡岛被英国统治，西班牙王室无疑对此感到不满。1781年，西班牙与法国联手，对该岛发动了入侵，并将英国人赶了出去。可以沿着海岸线，从港口城市马奥（Maó）走到圣菲利普要塞（Fortress of St. Philip），这条三英里的步行路线追溯了法国和西班牙对梅诺卡岛的入侵，除了历史，它还提供了一些美丽的海滨景色。

福卡尼战役
罗马尼亚弗朗西亚县的福卡尼

1789年，俄罗斯帝国和哈布斯堡王朝的联合力量在摩尔达维亚完成了几乎一个世纪前欧根亲王（Eugene of Savoy）在赞塔（当时在匈牙利）所做的事情：驱逐土耳其人。福卡尼战役只持续了七个小时；盟军率领大军猛攻奥斯曼人的固守营地，将他们赶了出去，杀死了一千五百人。战斗的确切地点尚不清楚。在福卡尼老城的遗迹周围走走，然后前往联合博物馆，那里有关于战斗细节的展品。

下图：科西嘉的卡尔维镇，该镇被围困了好几个星期。

圣克莱尔的失败
俄亥俄州里卡弗里堡

1791年，西北地区的总督阿瑟·圣克莱尔（Arthur St. Clair）遭遇了一场失败，这可能是美国军队在历史上输给印第安人的最惨重的一次失败。上午，迈阿密、肖尼和特拉华联军突然袭击圣克莱尔，圣克莱尔在猛烈的弓箭攻击下撤退，丢下了伤员，并留下武器和其他装备。只有二十四人全身而退。两年后，同样的位置变成了美国的胜利。这里有一个复制的栅栏和一座博物馆，你可以穿过堡垒公园走到河边，那里是最初战役开始的地方。

卡尔维围城
法国科西嘉岛

流亡的帕斯夸里·保利利用法国大革命重燃了他独立科西嘉岛的野心，他呼吁英国人提供帮助。1794年，一支由霍雷肖·纳尔逊（Horatio Nelson）上尉率领的英格兰－科西嘉联合部队抵达科西嘉岛，在圣佛罗朗登陆，并占领了这座偏远的港口城市。随后，他们成功地包围并占领了巴斯蒂亚，然后攻占了法军的最后一个据点，即重兵把守的卡尔维镇。该镇被围困了好几个星期，双方炮火不断。正是在这场战斗中，纳尔逊瞎了一只眼睛，在接受治疗后，他重返战场。可以在城镇保存完好的防御工事和海滩周围散步。

271

阿克洛战役
爱尔兰威克洛郡阿克洛

在爱尔兰叛乱遭遇强大抵抗的海滨小镇漫步。

◆ **距离**
12公里

◆ **起点**
海景大道

◆ **漫步类型**
半天步行

◆ **何时出发**
全年

右上图：在阿克洛的南海滩后面有一条微风轻拂的步行道。

右图：探索南海滩保护港口入口的码头。

1798年，一个名为联合爱尔兰人协会的世俗地下组织发动了一场叛乱，目的是切断爱尔兰与大不列颠的联系，建立爱尔兰共和国。

在全国大部分地区，起义都没有成功，但在韦克斯福德（Wexford），联合爱尔兰人协会控制了这个城镇。随后，他们向北方的阿克洛发起了进攻，派遣了一万名士兵攻击这个英军控制的小镇，而守军只有一千七百人左右。叛军的计划是从四面八方逼近。然而，政府部队的火力远远优于叛军的长枪，他们屠杀了数百人，其中包括叛军领袖迈克尔·墨菲神父（Father Michael Murphy）。

由于缺乏弹药和领导，以及大量伤亡打击了士气，剩余的叛军在夜幕的掩护下撤退到亚弗卡河（Avoca River）。政府部队随后夺回了对韦克斯福德的控制，并有效地镇压了爱尔兰叛乱。

绕着小镇走一圈，到达南海滩地区，并沿着叛军走过的道路，经过英国士兵受伤治疗的地方，以及国王山的战斗地点。

220 第五章 现代

272

维尼格山战役

爱尔兰韦克斯福德郡恩尼斯科西

1798年6月21日的维尼格山战役有效地瓦解了爱尔兰联合军。英国士兵用新式炮击技术轰炸爱尔兰营地，迫使部队四散奔逃。那些无法逃脱的人都被杀死了。在参观城里的博物馆之前，可以先上山走一圈。

273

科卢尼战役

爱尔兰斯莱戈郡科卢尼

在1798年的叛乱中，一支法国-爱尔兰联合军队向斯莱戈进军，在科卢尼（Collooney）北部遭遇英军。巴塞洛缪·提林中尉（Lieutenant Bartholomew Teeling）单枪匹马用手枪射击了一名射手，使英军炮兵瘫痪，从而迫使英军撤退。从市中心出发，穿过河流，一直走到献给提林的纪念碑。

1700—1913　**221**

围攻斯林加帕坦
印度卡纳塔克邦斯里伦格伯德纳岛

走过提普苏丹的堡垒废墟,"迈索尔之虎"就是在这里被杀的,
他是东印度公司无情商业主义的受害者。

◆ **距离**
0.6 公里

◆ **起点**
提普苏丹的城堡

◆ **漫步类型**
悠闲的散步,主要是沿着小路

◆ **何时出发**
干燥、稍凉的 1 月至 3 月

右上图:提普苏丹的堡垒废墟是一个令人回忆的地方,迈索尔统治者被杀的地方有一个纪念碑。

右图:这座方尖碑矗立在斯里伦格伯德纳岛,以纪念与提普苏丹作战的英国士兵。

斯林加帕坦(Seringapatam 或 Srirangapatna)位于卡纳塔克邦南部卡韦里河(Kaveri River)的一个岛上,是英国东印度公司和提普苏丹领导的迈索尔王国之间第四次也是最后一场盎格鲁 – 迈索尔战争发生地。

这些冲突可以追溯到十七世纪六十年代末,冲突是由该公司无情的商业和殖民扩张所驱动的。斯林加帕坦是迈索尔统治者提普苏丹的首都,他是一位著名的政治和军事领袖,被称为"迈索尔之虎"。但在被围困一个月后,这座岛上的据点最终失守。1799 年 5 月 4 日,据报道,东印度公司的士兵在迈索尔营地的一个叛徒的帮助下,攻破了城墙。提普苏丹被杀,斯林加帕坦被占领和洗劫。

今天,通过探索提普苏丹的堡垒和宫殿的废墟,特别是城墙、炮台和水门(一个通往建筑群的秘密入口),很容易将围城的场景还原出来。迈索尔统治者被杀的地方现在有一座纪念碑。你还可以参观东印度公司军队的河边基地。

1700—1913 **223**

金字塔战役
埃及吉萨的因巴巴

1798 年的金字塔战役发生在金字塔西南 16 公里处的一个村庄，那里可以看到古代的金字塔。在那里，拿破仑·波拿巴（Napoleon Bonaparte）领导下的法国军队几乎消灭了以开罗城堡为基地的全部奥斯曼军队。沿着城市东部边缘的石灰岩斜坡爬上城堡，从那里你可以看到与战士们所看到的差不多的金字塔景色。拿破仑说："前进！记住，在远处的那些金字塔上，有四十个世纪在俯视着你们。"

第二次英国 – 马拉特战争
印度马哈拉施特拉邦奇卡尔达拉

英国人不顾马拉特帝国邦联领导人的反对，签署了一项条约，支持并恢复巴吉·拉奥二世（前一个帝国逃亡者的儿子）为佩什瓦（总理）。东印度公司对印度的干涉致使第二次英国 – 马拉特战争于 1803 年爆发。阿瑟·韦尔斯利爵士（后来的惠灵顿公爵）在阿瑟耶战役中击败了马拉特联合军队，然后继续占领了奇卡尔达拉（Chikhaldara）附近的高尔格胡尔堡垒（Gawilghur Fort），以前那里曾被认为坚不可摧。可以步行至该堡垒，欣赏山川和山谷的美景。

下图：金字塔附近。

277

特拉法加战役
英国伦敦

特拉法加战役是 1805 年发生在西班牙西南部的法国和西班牙海军，以及纳尔逊（Nelson）海军上将领导下的英国舰队之间的一场海上交战。当纳尔逊意识到自己的舰队寡不敌众时，他猛攻对手，宣称："英国希望每个人都能尽到自己的职责。"两个小时后，他受了致命伤。在伦敦，参观被纳尔逊纪念柱占据的特拉法加广场（Trafalgar Square）；在纪念柱的顶部，海军上将俯瞰着林荫道，观察着他的"舰队"——灯柱顶端是几艘小船。可以从这里向东走到圣保罗大教堂（St. Paul's Cathedral）；他的坟墓在地下室里。

278

圣多明各战役
多米尼加共和国圣多明各

拿破仑战争爆发的第三年，法国和英国的战舰中队在法国占领的圣多明各海岸附近发生了近距离冲突。结果是决定性的：法国损失了所有的船只和一千五百人，而英国没有损失任何船只，只有不到一百名水手死亡。在圣多明各，步行到被联合国教科文组织列入名录的奥萨马城堡，它建成于 1508 年，是新大陆最古老的欧洲军事建筑。穿过入口就是令人印象深刻的致敬塔（Torre del Homenaje）；镇上的人会在屋顶观望 1806 年的战争。

下图：镇上的人在致敬塔上观看了圣多明各海战。

1700—1913

279

英国人入侵布宜诺斯艾利斯
阿根廷布宜诺斯艾利斯

1806年和1807年，在拿破仑战争期间，英国军队两次入侵当时处于西班牙殖民统治下的布宜诺斯艾利斯，但两次都被当地民兵击退。在第二次入侵期间，在市中心的蒙塞拉特、圣特尔莫和巴尔瓦涅拉的街道上发生了激烈的战斗。穿过它们，你会来到米萨雷广场（Plaza Miserere），这是一个绿树成荫的广场，这是英国军队在"梅尔卡多广场战役"（Battle of Plaza del Mercado）中被最终击败的地方。

280

科伦纳之战
西班牙加利西亚拉科鲁尼亚

在帮助西班牙人抵抗拿破仑的法国军队入侵的尝试失败后，约翰·摩尔（John Moore）将军指挥的英军被迫迅速撤退。但1809年1月，当英国人在科伦纳等待撤离船只时，他们的营地遭到了法国人的攻击。在接下来的战斗的最后时刻，摩尔受了致命伤并死亡。沿着英国船只最终抵达的港口，走到老城的圣卡洛斯花园（San Carlos Gardens），你会发现摩尔的坟墓和海上瞭望台，上面刻着查尔斯·沃尔夫（Charles Wolfe）关于摩尔的死亡和埋葬的诗歌。

下图：布宜诺斯艾利斯这条熙熙攘攘的市场街道曾经是激烈战斗的战场。

瓦格拉姆战役
奥地利德意志瓦格拉姆

1809 年，拿破仑战争期间，法国在瓦格拉姆战役（Battle of Wagram）中对奥地利取得了决定性的胜利，但代价高昂。由于双方几乎有四分之一的士兵伤亡，这场战斗尤其血腥。但它确实成功地瓦解了以奥地利和英国为首的反法联盟。这场战役是在马希费尔德（Marchfeld）进行的，这是维也纳对面多瑙河北岸的一片肥沃的大平原，也是今天奥地利的菜地。几乎没有战斗的证据留存下来，但从阿德克拉（Aderklaa）村到德意志瓦格拉姆村走一段路，就会穿过战斗发生地。在这里，现在有一个博物馆坐落在曾经是奥地利总部的大楼里。

大港战役
毛里求斯马埃堡

1810 年的大港战役是法国和英国在今天的毛里求斯（当时被称为法兰西岛）东南海岸的一场海战。这是拿破仑战争中法国海军唯一一次战胜英国皇家海军。可以在老港（Vieux Grand Port）南部的小镇马埃堡（Mahébourg）的海滨漫步；这里的水域到处都是战争中的沉船残骸，附近还有一个大港战役纪念碑。然后走到海军历史博物馆（Historical Naval Museum），它坐落在两军受伤指挥官被收容的大楼里。

下图：英国皇家海军在毛里求斯大港战役中惨败。

布萨科战役
葡萄牙布萨科国家森林

参观这场战斗发生的山区，重温威灵顿战胜法国人的胜利。

◆ **距离**
16公里

◆ **起点**
布萨科皇宫酒店

◆ **漫步类型**
全天徒步旅行

◆ **何时出发**
4月至10月

下图：威灵顿在战后住过的修道院的石头被用来建造皇宫酒店。

半岛战争已经持续了三年，英国人对葡萄牙和西班牙的介入越来越多。1810年，拿破仑命令安德烈·马塞纳（André Masséna）元帅把英国人赶出葡萄牙，这样他就可以在西班牙进一步推进。

法军与威灵顿勋爵的英葡军队在塞拉多布萨科（Serra do Buçaco）山脉相遇。马塞纳原本认为他可以轻易击败威灵顿的军队，因此下令直接攻击，而不是试图绕过主力部队。

然而，威灵顿的军队已经占领了高地，军官和士兵驻扎在侧翼，这使威灵顿对马塞纳的士兵占据了优势。经过一天的激战，法军损失惨重，被迫撤退。

在布萨科国家森林的陡峭山坡上漫步，你会对这场战役的地形有一个大致的了解，你可以清楚地看到为什么威灵顿会在山脊上占据优势。可以从由修道院（威灵顿在战后曾在那里过夜）的石头建造的旅馆开始和结束旅行。

284

巴巴德尔普埃尔科小规模战斗

西班牙萨拉曼卡的塞古罗港

巴巴德尔普埃尔科（现在的塞古罗港）位于阿古达河（Agueda River）的一个渡口上，在半岛战争期间成了许多战斗的地方。1810年的一次小规模战斗中，英国人击退了法国人的夜间进攻。可以沿着阿格达河峡谷漫步，体验这一戏剧性事件。

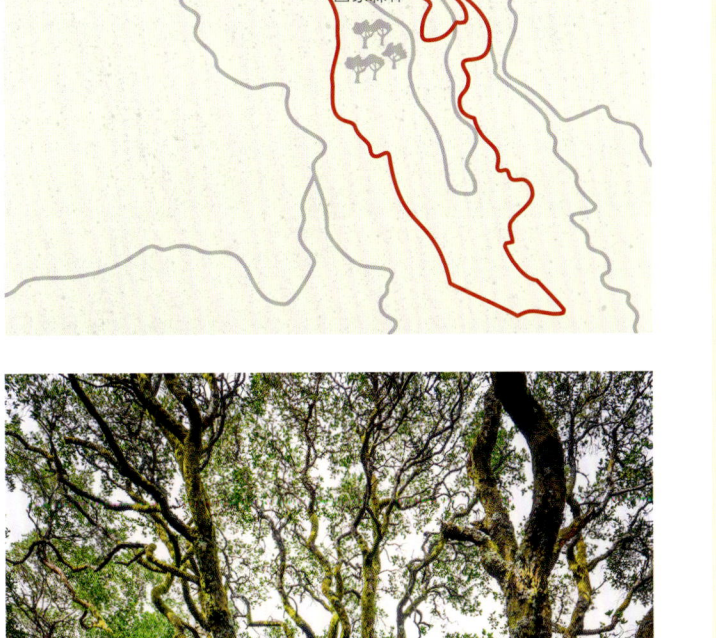

285

阿尔布埃拉战役

西班牙埃斯特雷马杜拉拉阿尔布埃拉

这场战争发生在1811年的半岛战争期间，英国、西班牙和葡萄牙为了争夺伊比利亚半岛的统治权而与法国展开了斗争。结果不确定。战斗在巴达荷兹（Badajoz）和拉阿尔布埃拉（La Albuera）之间的开阔平原上进行。可以步行到那里，2001年在那里建造了一座纪念碑。

左图：布萨科国家森林公园在十九世纪的战争遗址周围有美丽的步道。

1700—1913　**229**

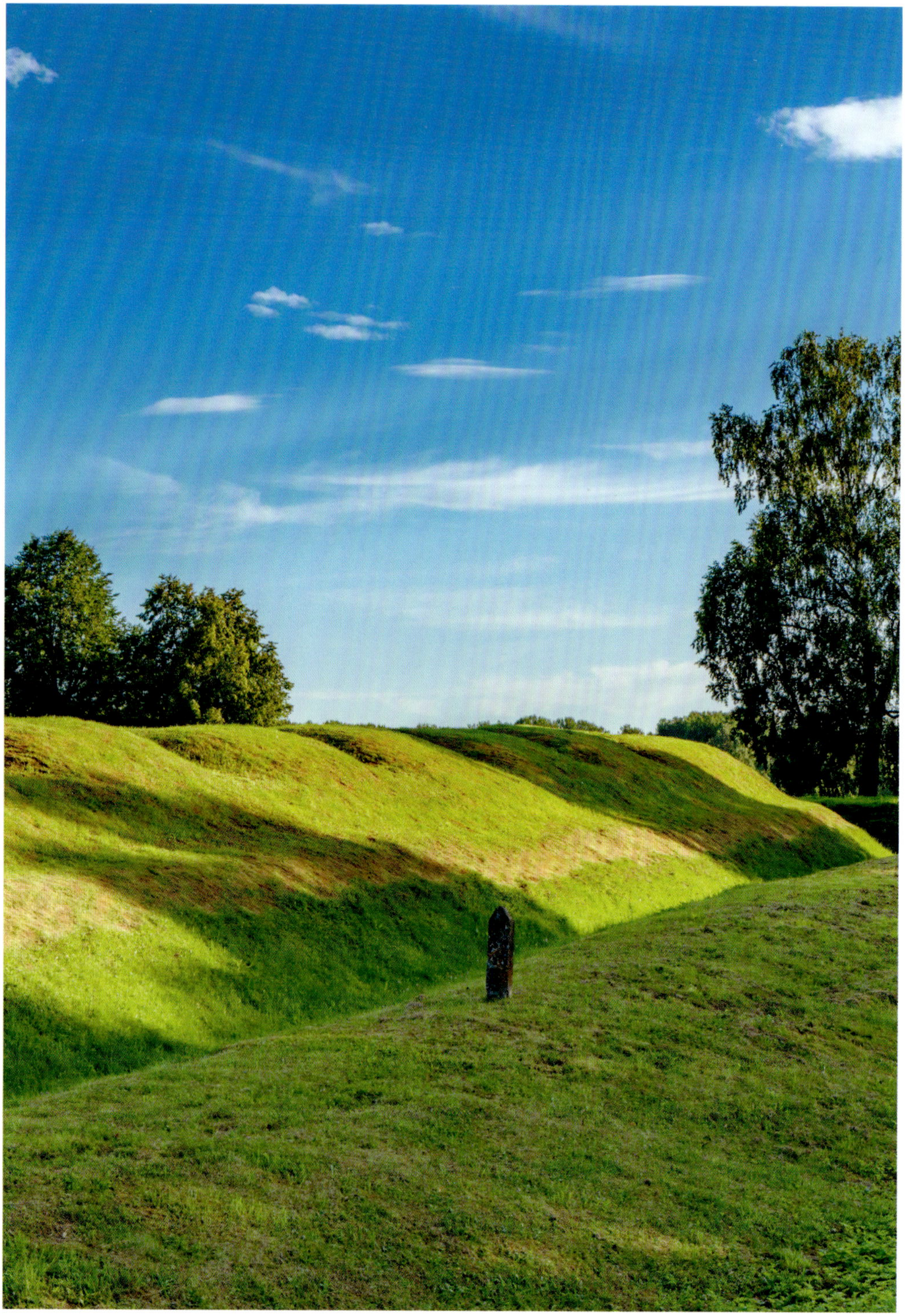

286

蒂珀卡诺之战
印第安纳州巴特尔格朗德

1811 年，印第安纳州州长威廉·亨利·哈里森（后来的第九任美国总统）和他的手下袭击了与肖尼人领袖特库姆塞（Tecumseh）有联系的印第安人联盟的总部，爆发了蒂珀卡诺之战。尽管特库姆塞在边境军事行动中继续发挥关键作用，直到两年后去世，但这是美国的胜利。蒂珀卡诺战场和博物馆是位于一个四十公顷的公园的国家历史地标。徒步小径连接着与战斗有关的地点，包括一个标记战斗地点的二十五米高的方尖碑。

287

萨拉曼卡战役
西班牙萨拉曼卡阿拉皮莱斯

1812 年，已经将法国元帅奥古斯特·德·马尔蒙特（Auguste de Marmont）的军队赶出葡萄牙的阿瑟·韦尔斯利（Arthur Wellesley）中将（即当时的威灵顿伯爵）在萨拉曼卡与他们对抗，萨拉曼卡是法国军队重要的补给中心。经过几个星期的猫鼠战术，双方在城南的阿拉皮莱斯会合，威灵顿成功地利用了山谷和山脊为自己提供了优势，等着看马尔蒙特的战术，然后再派遣他的士兵。威灵顿赢得了这场战役，并得以继续前进解放马德里。在战斗的发生地阿拉皮莱斯附近的平原上有许多步道。

288

博罗迪诺战役
俄罗斯莫斯科州博罗迪诺

为了将俄罗斯逼回封锁大陆的境地，拿破仑于 1812 年下令率领多国部队大军入侵俄罗斯。在博罗迪诺（Borodino）激战之后，俄国将军库图佐夫（Kutuzov）看到他的部队每况愈下，决定从战场上撤退。这给了多国部队大军获得了占领莫斯科所需的胜利。在博罗迪诺的森林里漫步，一路上可以看到许多军事纪念碑，这个小村庄经历了许多战役。

289

泰晤士河战役
加拿大安大略省博斯韦尔

1812 年，美英战争在英国很少被人记得，但在美国却被认为是"第二次独立战争"。1813 年，英国占领了底特律；伊利湖上的美国海军切断了他们的联系，他们和特库姆塞领导下的印第安盟友一起顺着泰晤士河逃到了安大略省。威廉·亨利·哈里森（William Henry Harrison）将军追击并袭击了他们，杀死了特库姆塞。泰晤士河国家历史遗址上的费尔菲尔德（Fairfield）标志着被美军摧毁的村庄。沿着该地区三公里长的步道，可以找到与这场战役有关的纪念碑。

左图：博罗迪诺周围的乡村遍布着各个时代的战争纪念碑。

1700—1913

比利牛斯战役
西班牙吉普斯夸省圣塞巴斯蒂安

1813年的比利牛斯战役是为了解救被围困在潘普洛纳（Pamplona）和圣塞巴斯蒂安（San Sebastián）的法国驻军，但未能成功。在西比利牛斯山脉和明亮的绿色巴斯克地区有许多不同的战斗地点。由于活动的重点是美丽的海滨城市和圣塞巴斯蒂安的美食奇观，从那里的苏里奥拉（Zurriola）海滩开始，登上悬崖，沿着海岸小路经过一个或两个秘密海湾，然后下到帕萨亚（Pasaia）的自然港口，这是非常有趣的半天体验。

291

莱比锡战役
德国萨克森州莱比锡

1813年拿破仑战争期间，这场战争涉及五十六万名士兵和二千二百门大炮，由于涉及的国家联盟庞大，因此也被称为"国际战争"，这是第一次世界大战前欧洲规模最大的战争。在一些最血腥的战斗中，拿破仑下令军队撤退的地方，矗立着壮观的民族大会战纪念碑，该纪念碑于1913年竣工，以纪念这场战役一百周年。绕着九十一米高的纪念碑底部走一圈，登上五百级台阶，来到一个平台，就能看到山顶令人叹为观止的美景。

292

巴约纳战役
法国巴斯克地区巴约纳

半岛战争的最后一次主要战役是1814年的巴约纳战役，法国军队与围城的英国、葡萄牙和西班牙军队展开了激烈的战斗。与许多战斗一样，这场战斗没有太多理由。几天前，拿破仑已经退位，法国人对围攻部队发动进攻，几乎没有什么收获，伤亡惨重。法军退守巴约纳。这条路可以看到环绕着美丽的老城巴约纳的坚固城墙。不妨给自己半天的时间，来真正欣赏一下这座小城市。

下图：位于德国莱比锡的令人敬畏的民族战争纪念碑。

1700—1913

马蹄湾战役

阿拉巴马州达维斯顿市达德维尔附近

沿着塔拉普萨河马蹄形的弯曲处走一走，这条河对"红棍军"来说是致命的。

◆ **距离**
4 公里

◆ **起点**
马蹄湾游客中心

◆ **漫步类型**
主要是人行道上的平坦行走

◆ **何时出发**
全年

右图：杰克逊堡，安德鲁·杰克逊和他的人就是从那里计划进攻的。

安德鲁·杰克逊（Andrew Jackson）将成为美国第七任总统，但他的勇气受到了克里克战争的考验，这是克里克部落两个敌对派别之间的战斗。

"红棍军"与下溪民族作战，后者与杰克逊结盟，以帮助击败敌人。然而，当杰克逊的联盟取得胜利后，他迫使克里克两派签署了一份合同，放弃对今天阿拉巴马州大部分地区和佐治亚州部分地区的控制权。

决定性的战役是 1814 年的马蹄湾战役，杰克逊在包括下溪部落在内的多管齐下的进攻中击败了"红棍军"。"红棍军"驻扎在塔拉普萨河（Tallapoosa River）的一个弯曲处，杰克逊让一个旅渡过河，而其他旅则用大炮和刺刀攻击。大约 80% 的"红棍军"士兵被屠杀，而杰克逊只损失了大约 50 人。

今天，这里是一个国家公园。从游客中心出发，走四公里就能穿过一片田野，绕过渡河的旅所穿过的那条河，并穿过一片森林，然后可以重新回到田野。

游客中心

塔拉普萨河

马蹄湾国家
军事公园

阿拉巴马州

294

巴尔的摩战役
马里兰州巴尔的摩

美国庆祝第二次独立战争中的 1814 年战役，不是因为它是美国对英国的胜利，而是因为这座城市的麦克亨利堡（Fort McHenry）的抵抗激励弗朗西斯·斯科特·基（Francis Scott Key）创作了最终成为美国国歌的歌词。这条引人注目的海堤小径环绕着国家公园管理局的麦克亨利国家纪念碑。

295

新奥尔良战役
路易斯安那州查尔梅特

这场 1815 年的战役流传至今，并不是因为它是第二次独立战争结束后美国对英国的胜利，而是因为 1959 年的《新奥尔良之战》(The battle of New Orleans) 这首歌仍在许多人的脑海中回响。新奥尔良南部的查尔梅特战场重建了一处城墙，并为自助游提供了户外展览。

1700—1913

296

滑铁卢战役
比利时布赖恩拉勒狮子村

爬上狮子山（Butte du Lion）鸟瞰滑铁卢战役中蒙蔽拿破仑的战场。

◆ **距离**
4 公里

◆ **起点**
1815 年纪念馆

◆ **漫步类型**
简单；多级台阶

◆ **何时出发**
全年

右上图：台阶通向狮子山纪念碑的顶部，那里可以俯瞰滑铁卢战场。

右图：狮子山纪念碑的完美对称。

    1815 年 6 月 18 日，拿破仑率领的法军被威灵顿公爵和陆军元帅格巴德·冯·布吕彻（Gebhard von Blücher）率领的以英军为主的联军击败。这场战斗的结果并不是预料之中的，威灵顿后来评价说："这是一场实力最为接近的较量。"战斗开始于上午十一点左右，双方大约七万名士兵都在拼命争夺领土。历史学家认为，如果没有布吕彻在最后一刻（准确地说是下午四点半）的到来，滑铁卢战役可能会走向另一个方向。但战争结束后，拿破仑征服欧洲的梦想破灭了。

    主战场被称为狮子村（Hameau du Lion），位于滑铁卢市中心以南四五公里处。它包含了许多景点和博物馆，特别是 1815 年纪念碑，为纪念二百周年而建的一个地下博物馆和游客中心在战场上。然而，欣赏这片土地的最佳方式是爬上二百二十五级台阶的狮子山（Butte du Lion），这是一个长满草的圆锥体，顶部有一只青铜狮子。从这里你可以观察到战场上看似轻微的起伏，这让拿破仑的步兵困惑不已。

297

彼得卢大屠杀
英国曼彻斯特圣彼得广场

1819 年 8 月，约五万人聚集在曼彻斯特的圣彼得广场，要求改革议会。骑兵手持军刀向他们猛冲，造成十八人死亡，四百人受伤。这一事件被称为彼得卢（Peterloo），以讽刺性地指滑铁卢战役。可以在圣彼得广场漫步，这里是大屠杀的发生地，杰里米·戴勒（Jeremy Deller）设计的引人注目的彼得卢纪念碑于 2019 年揭幕，以纪念该事件二百周年。

1700—1913

298

博亚卡战役
哥伦比亚图尼亚附近

1819 年 8 月 7 日，"解放者"西蒙·玻利瓦尔（Simón Bolívar）的军队对西班牙军队取得了决定性的胜利，开辟了通往波哥大（Bogotá）的道路，确保了新格拉纳达（今哥伦比亚和委内瑞拉）的独立。不妨沿着蒂蒂诺斯河（Teatinos River）行走，那里是战役的发生地，现在那里有许多纪念碑。它们包括重建的博亚卡（Boyacá）大桥、一座凯旋门、玻利瓦尔的雕塑、一座小教堂。

299

黑色战争
澳大利亚塔斯马尼亚州霍巴特

欧洲殖民者挑起了和澳大利亚土著人之间的战争。欧洲人到达并声称拥有澳大利亚。从二十年代中期到 1832 年，塔斯马尼亚岛（当时被称为范迪门斯岛）的土著人和殖民者之间爆发了战争。当时宣布了戒严令，几乎毁灭了土著居民。可以漫步于霍巴特海滨，然后沿着主要街道走到旧政府大厦，沿着 1832 年少数土著部族为结束黑色战争而谈判的路线走一走。

右图：塔斯马尼亚州的霍巴特海滨，土著部落在结束战争的路上经过了这里。

238 第五章 现代

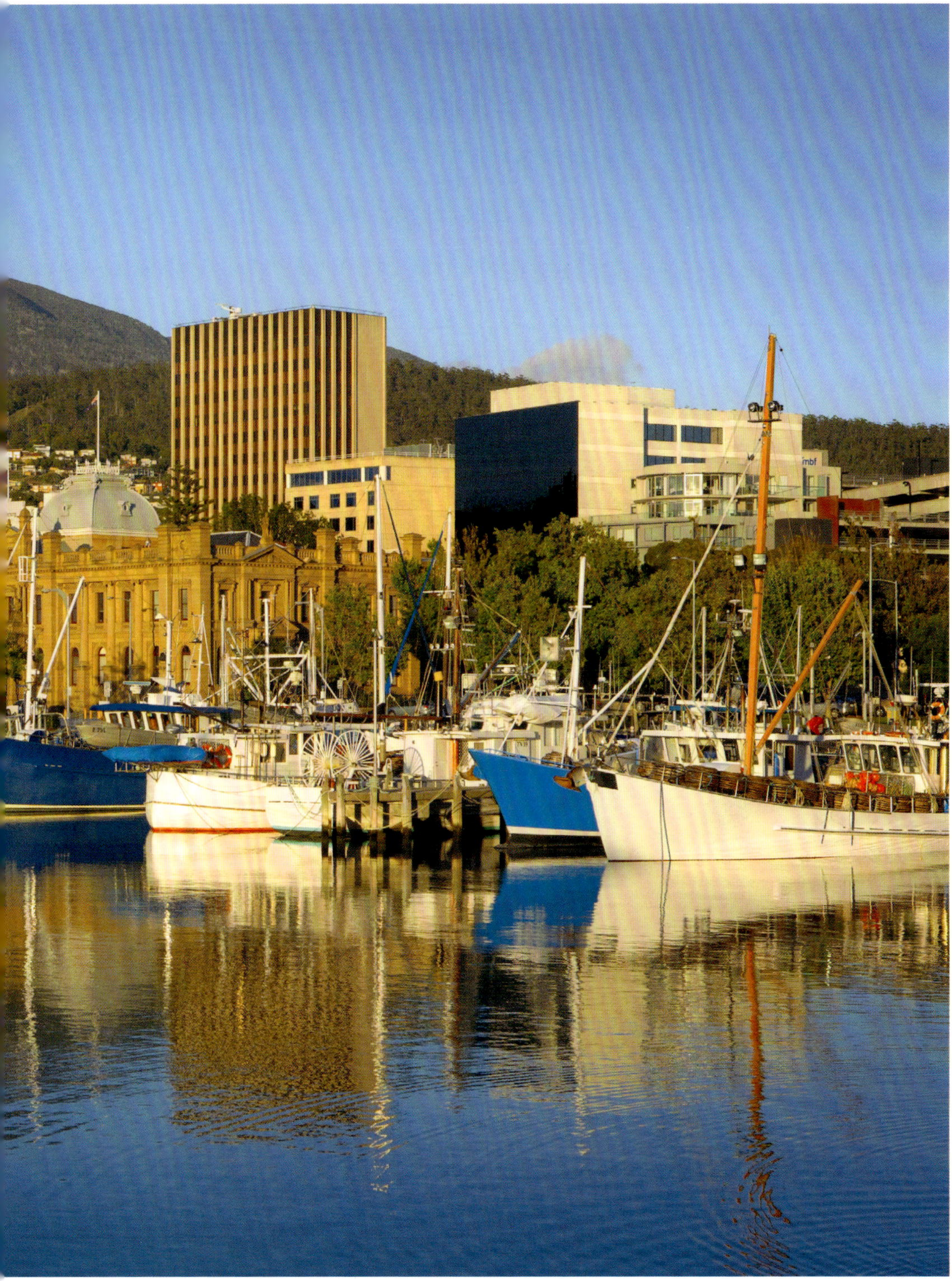

盎格鲁 – 阿散蒂战争
加纳普林斯顿

在加纳令人惊叹的海岸线上，天堂般的热带海滩与冷酷的奴隶堡垒形成了鲜明的对比。

◆ **距离**
4.8 公里

◆ **起点**
王子镇

◆ **漫步类型**
半天的海滩散步

◆ **何时出发**
10 月至 3 月

右上图：格罗特·弗雷德里克斯堡（Fort Groot Fredericksborg）雄伟的入口俯瞰着一个长满青草的庭院。

右图：普林斯顿海岸上有柔软的沙滩，适合散步。

西非国家加纳的海岸是一大片田园诗般的黄沙，背后是数以万计的棕榈树，它们在海风中弯曲着身姿，就像迷人的舞者。这应该是天堂的景象，但如果是的话，那也是伤痕累累的天堂，沿着这条海岸线就有一排壮观的堡垒，既用作防御阵地，也用来存放奴隶。

在这片海岸发生了几场重大战役，交战双方是一心想着殖民扩张的英国和当时该地区最强大的王国阿散提帝国。双方的战争被称为盎格鲁 – 阿散蒂战争。第一次是在 1824 年，几乎所有的英国军队都被消灭了，少数幸存者中的一人被囚禁在一个房间里，里面放着他的前军事指挥官被斩首的头颅。

尽管没有专门针对这些战斗地点的步行路线，但可以在一些堡垒周围步行。其中最好的景点之一是格罗特·弗雷德里克斯堡（Fort Groot Fredericksborg），它位于小镇普林斯顿外一片郁郁葱葱的岬角上。从普林斯顿以西的海滩潟湖出发，步行几分钟，然后赤脚穿过沙滩，来到堡垒所在的岬角，并从岬角往东下去。然后，你可以沿着几乎无人的海滩走到普林斯顿的东边，想走多远就走多远，普林斯顿的后面是一个潟湖。

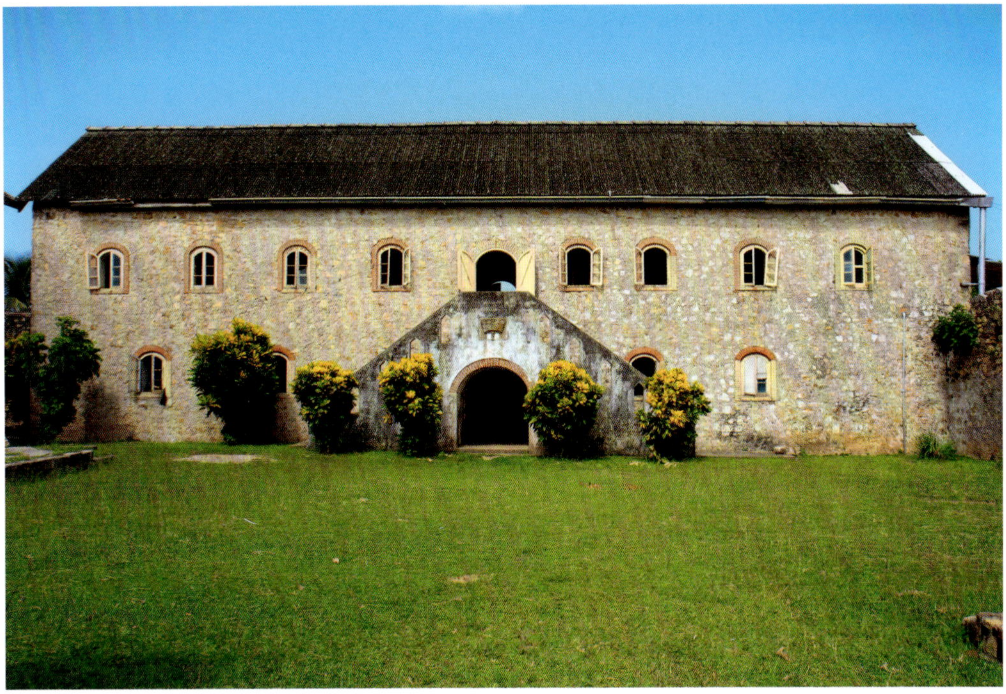

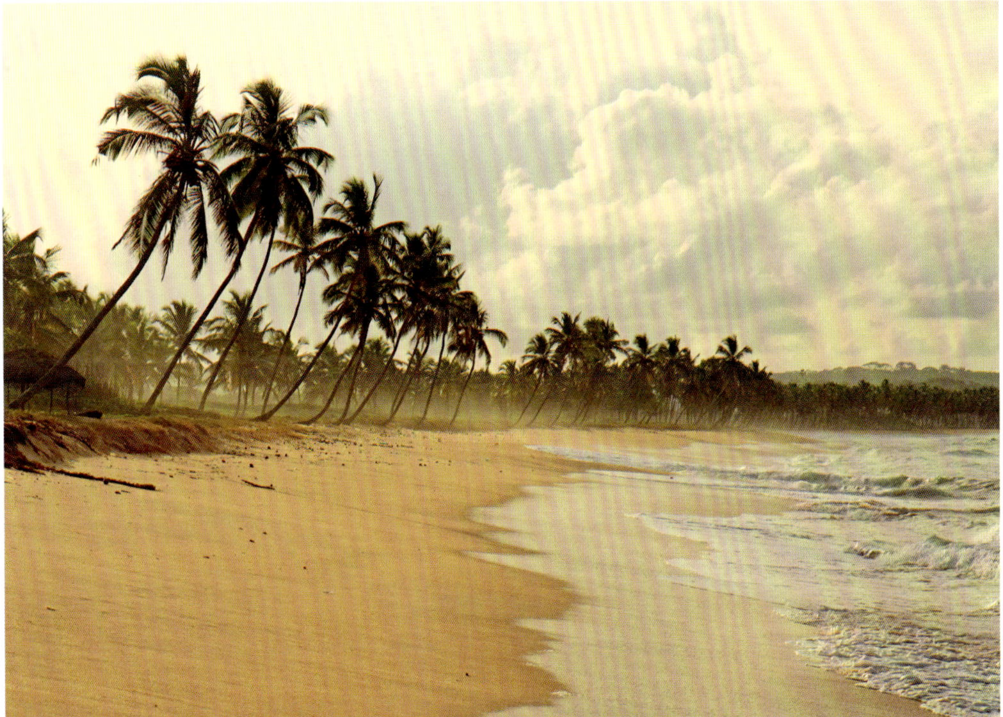

301

皮钦查战役
厄瓜多尔基多

这条小径见证了那场火山边上短暂而尖锐的对峙，
正是这座火山让厄瓜多尔摆脱了西班牙的殖民统治。

◆ **距离**
13 公里

◆ **起点**
大广场

◆ **漫步类型**
从中等强度到高强度，大部分是上坡和高海拔地区。在出发前确保你已适应

◆ **何时出发**
全年，尽管 6 月到 9 月是最干燥的时期

1822 年 5 月，皮钦查战役在这座火山的山坡上打响，将基多市和行政区域从西班牙的殖民统治中解放出来，为独立国家厄瓜多尔的建立铺平了道路。

安东尼奥·何塞·德·苏克雷（Antonio José de Sucre）将军的叛军从海岸出发，经过艰苦的行军，爬到了海拔三千五百米的高度，直到保皇党士兵发现他们，追上皮钦查火山，并向他们开火。激战持续了三个小时，双方损失惨重，直到苏克雷将军的部队迫使对手撤退。他们随后向基多郊区推进，基多很快投降。

今天，我们有可能追随苏克雷将军军队的脚步。从基多的大独立广场（Plaza de la Independencia）出发，这是一个巨大的广场，广场上有一根高耸的柱子，庆祝厄瓜多尔来之不易的独立。然后沿着皮钦查山坡的低坡向西北方向走，来到纪念战争遗址的自由之巅（Cima de la Libertad）。继续向上走到缆车站，这里提供了一个俯瞰下面战场的绝佳视角。

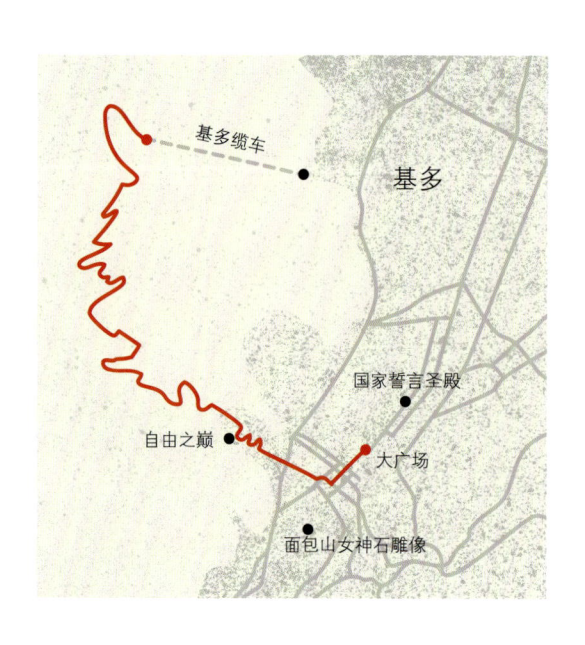

右上图：厄瓜多尔基多郊区的皮钦查火山峰顶。

右图：在海拔三千五百米的一场战斗之后，苏克雷的叛军赢得了厄瓜多尔的自由。

302

智利独立战争
智利安库德富尔特圣安东尼奥

这座十八世纪的堡垒位于奇洛埃群岛（Chiloe Archipelago），是西班牙殖民势力在智利的最后避难所，1826年1月19日他们最终被赶走。在寒风中沿着堡垒坚固的重建城墙漫步时，你会看到几门老式大炮。

303

法国征服阿尔及利亚
阿尔及利亚阿尔及尔

法国人对阿尔及利亚的征服花了七十多年的时间，牺牲了数十万人的生命。这场争端的起源可以追溯到1827年，当时阿尔及利亚的摄政王和法国领事馆发生了争执。前者用苍蝇袭击后者，导致长达三年的海上封锁，这对法国人的伤害比阿尔及利亚人更大。1830年，法国军队在经过三周的战役后入侵并占领了阿尔及尔。可以沿着西迪弗雷迪（当时的西迪费鲁奇）港的码头走，法国人在那里建立了滩头堡，并开始了入侵。

304

科尼亚战役
土耳其科尼亚省科尼亚

这场发生在1832年的战争使埃及和土耳其之间相互对抗，加速了奥斯曼帝国的衰落。埃及早在一年前就着手占领叙利亚，还扫荡了耶路撒冷、沿海的巴勒斯坦和黎巴嫩。最后一场战役在科尼亚打响，尽管埃及人人数处于一比二的劣势，但他们还是取得了胜利。战斗发生在科尼亚–君士坦丁堡公路旁，就在古城墙城镇的北部。战场是一个高原，西边是丘陵，东边是沼泽的湿地。这是一次轻松的步行，尽管没有什么能让人回忆起战争地点。

305

滑铁卢溪大屠杀
澳大利亚新南威尔士州的莫里

在边境战争期间，为了报复被纳莫人、韦拉莱人和卡米拉罗伊人杀死的五名牧民，一队骑警在1837年12月至1838年1月间追踪并杀死了多达五十名卡米拉罗伊人。由于缺乏可靠的目击者证词，对该事件的调查被中止。大屠杀的确切地点尚不清楚，但在莫里周围走走，参观一下迪亚安原住民中心（Dhiiyaan Aboriginal Centre），可以更多地了解当地文化。

306

多格拉战争
拉达克

这场从1841年持续到1842年的高海拔战争发生在锡克教军队和西藏军队之间，双方争夺的是跨喜马拉雅地区拉达克及其利润丰厚的贸易路线的控制权。尽管锡克教徒发起了战斗，但他们很快就被打败。然而，在锡克教徒派去援军后，形势发生了逆转。最终，双方签署了维持现状的条约。拉达克提供了许多世界级的徒步路线，包括高耸入云的喜马拉雅风光、波光粼粼的湖泊和古老的寺庙。

右图：走过科尼亚战役遗址的魔鬼桥。

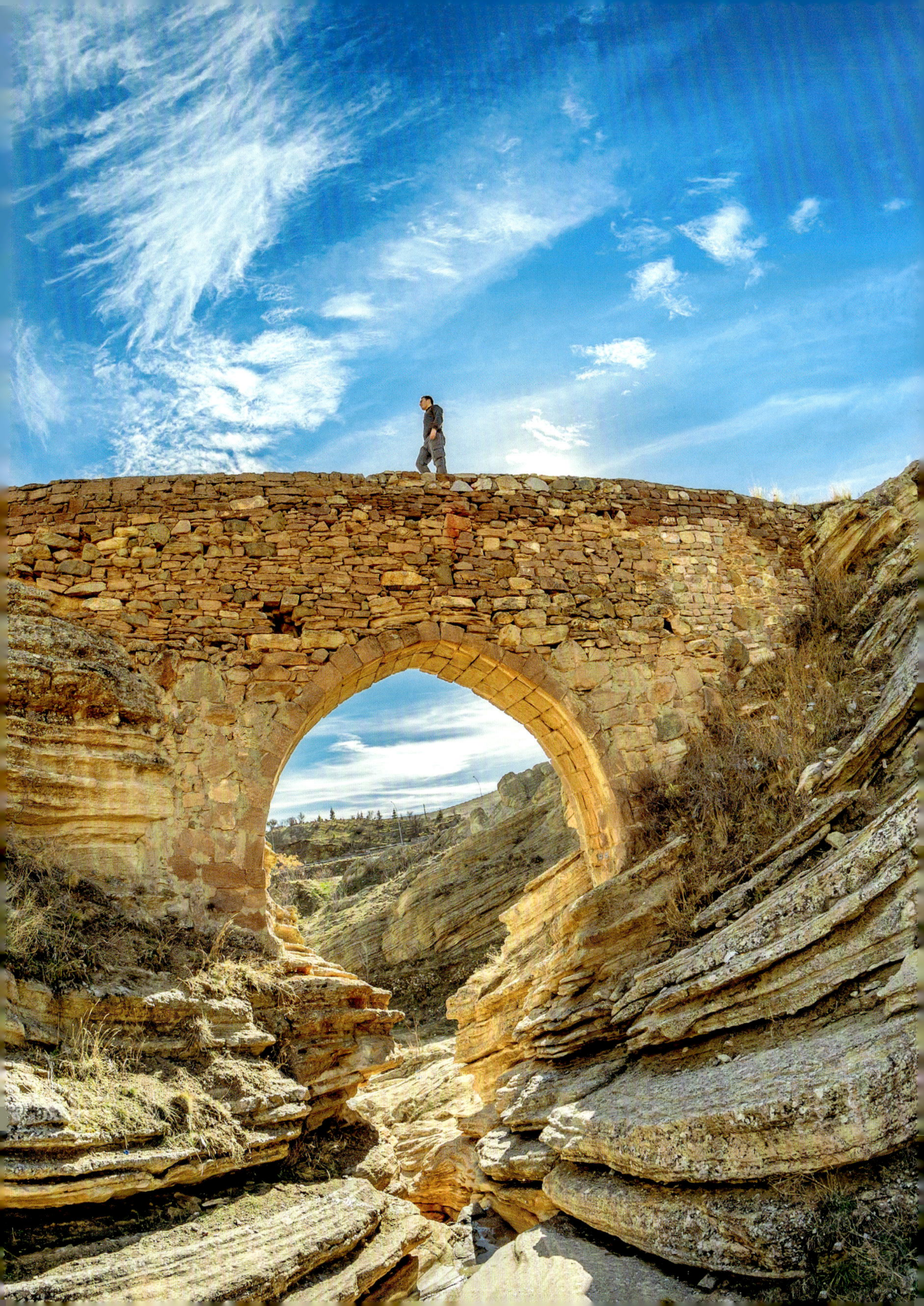

阿拉莫战役
得克萨斯州圣安东尼奥市

漫步在孤星之州（Lone Star State）几乎具有神话色彩的战斗地点。

◆ **距离**
2.4 公里

◆ **起点**
游客中心

◆ **漫步类型**
轻松；人行道

◆ **何时出发**
全年

右上图：阿拉莫教会的阿拉莫纪念碑。

右图：阿拉莫教堂建于 1755 年。

1836 年 2 月，由安东尼奥·洛佩斯·德·桑塔·安纳（Antonio López de Santa Anna）将军率领的一千八到六千名墨西哥军队在圣安东尼奥·德·贝萨尔（San Antonio de Béxar）袭击了阿拉莫传教站。经过十三天的袭击，阿拉莫传教站被占领，包括吉姆·鲍伊和戴维·克罗克特这样的传奇人物在内的一百八十九名守卫者都被残忍地杀害。

桑塔·安纳的残暴促使许多共和党的得克萨斯人和特加诺人加入了得克萨斯军队。仅仅一个月后，他们在圣哈辛托战役中击败了墨西哥军队。新成立的得克萨斯共和国持续了近十年，直到 1845 年加入联邦，成为美国第二十八个州。

建于 1755 年的建筑群仅包含阿拉莫教堂和长兵营，这两座建筑在 1836 年的战役中发挥了重要作用。人们正在努力恢复广场混凝土下的战场足迹。在这里漫步，你将经过历史建筑和展览厅。圣费尔南多大教堂（San Fernando Cathedral）位于圣安东尼奥河（San Antonio River）以西 0.8 公里处。据说里面的石棺里装着阿拉莫守军的骨灰。

308

奥基乔比战役

佛罗里达州奥基乔比湖

1837年，拒绝被迫迁移至俄克拉何马州保留地的塞米诺印第安人在俄克拉何比湖遭到由美国未来第十二任总统扎卡里·泰勒（Zachary Taylor）上校率领的民兵的袭击。双方都声称获胜。奥基乔比战地历史公园有几条沿着湖边的战场的小径。

布尔－祖鲁战争血河战役
南非夸祖鲁－纳塔尔省的恩卡姆－血河遗址

1838年12月16日，四百六十四名开拓者（布尔人）和他们的仆人在安德里斯·比勒陀里斯（Andries Pretorius）的指挥下，打败了丁甘国王（King Dingane）的由恩德莱拉·卡索皮西（Ndlela kaSompisi）率领的一万人的祖鲁军队。开拓者将牛车绑成一圈，形成了一个防御营地，在那里他们无情地向祖鲁人射击。在祖鲁人逃过鲜血染红的恩科姆河（Ncome River）时，又被杀死三千人。开拓者无人死亡，只有三人受伤。今天，游客们可以参观青铜马车的复制品，以及纪念在战斗中阵亡的祖鲁人的恩科姆纪念碑和博物馆。

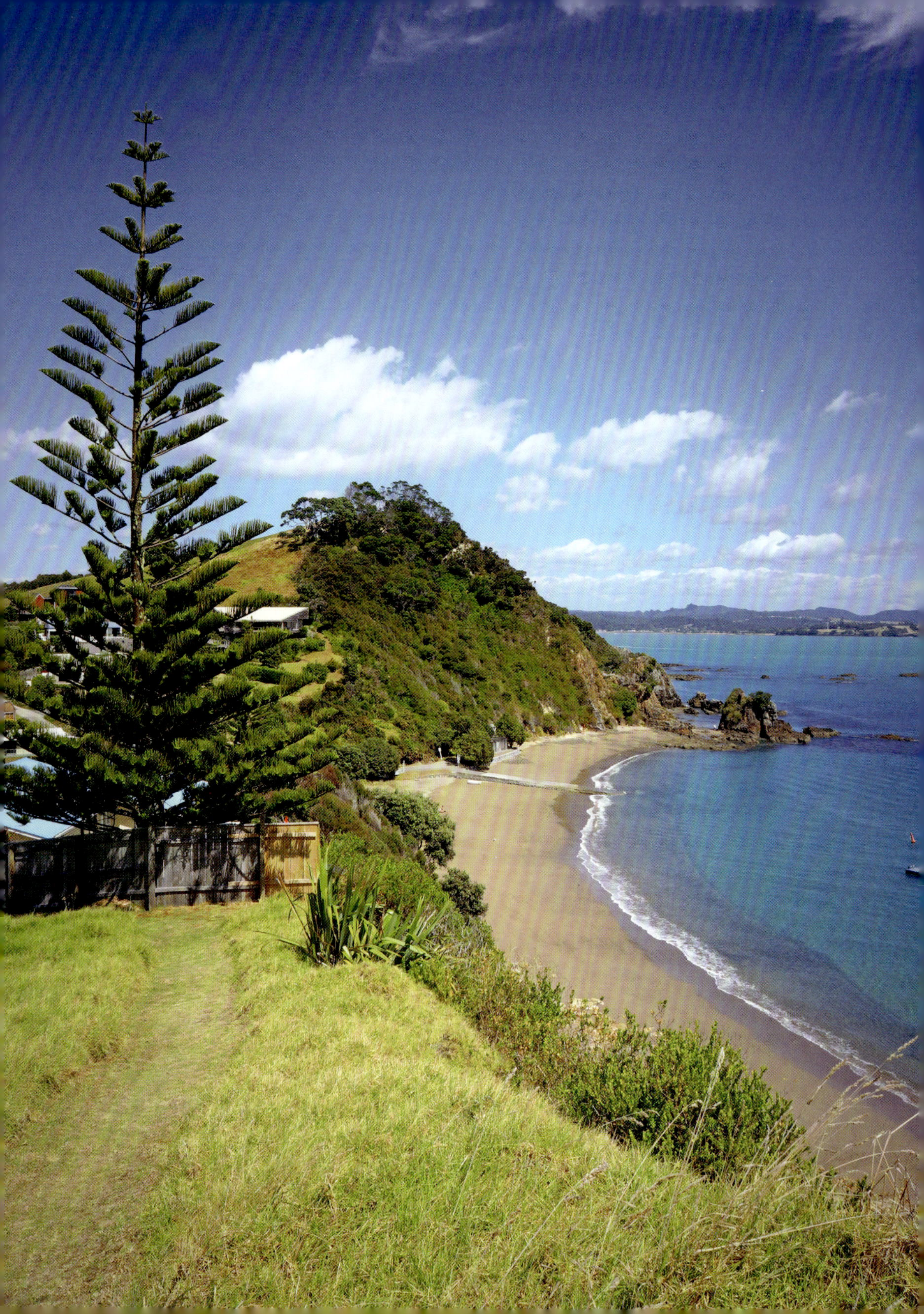

弗拉格斯塔夫战役
新西兰北部地区的拉塞尔

在美丽的风景中漫步，你会发现一根象征友谊的旗杆如何成为毛利人叛乱的象征。

◆ **距离**
6公里

◆ **起点**
拉塞尔博物馆

◆ **漫步类型**
半天步行

◆ **何时出发**
全年

左图：走上旗杆山可以欣赏到群岛湾的美景。

1840年的《怀唐伊条约》（*Treaty of Waitangi*）赋予了毛利人不受干扰地拥有自己的土地、森林、渔业和财富的权利，以作为成为英国臣民的回报。然而，该条约的毛利语版本被称为翻译上的误解，导致人们对条约的意图产生很大分歧，阻碍了条约签订前的土地销售。

从1845年到1846年，在部分受影响地区，政府军队和毛利人战士之间的冲突演变成了新西兰全境的一系列战斗和战争。

一位颇有影响力的酋长霍恩·赫克（Hōne Heke），曾多次砍倒科罗拉雷卡旗杆山上的旗杆。旗杆是酋长自己送给新西兰第一位英国居民、政府代表詹姆斯·巴斯比（James Busby）的友谊礼物。在第四次砍倒之后，霍恩·赫克率领战士进入城镇，攻击英国的防御，战争开始了。在许多地区爆发了各种各样的战斗，包括对霍恩·赫克的定居点的直接攻击。

从拉塞尔（原名科罗拉雷卡）镇出发，沿着弗拉格斯塔夫山周围的小径步行，然后沿着托皮卡角小路向北，可以欣赏到群岛湾的美景。

311

科尔莫万莱特堡
法国布列塔尼

科尔莫万莱特堡（l'Îlette de Kermorvan）位于布列塔尼西部，守卫着勒孔凯（Le Conquet）的入口，这是一个海滨小渔城，从史前时代起就有人居住，但堡垒的残骸仅可追溯到十九世纪。今天，一个美妙的，有标记的三小时步行可以看到风中的白色沙滩，以及与勒孔凯、小岛和堡垒相连的河流（尽管只有在退潮时才能到达）。

312

布埃纳维斯塔战役
墨西哥科阿韦拉州的萨尔蒂略

1847年的布埃纳维斯塔战役是为期两年的美墨战争中的一次无结果的小冲突。在这场战争中，由扎卡里·泰勒（Zachary Taylor）将军率领的四千五百名美军与由阿拉莫老兵安东尼奥·洛佩斯·德·桑塔·安纳将军率领的三倍规模的墨西哥军队展开了较量。战斗发生在布埃纳维斯塔村附近的拉安戈斯图拉（狭窄的隘口），但战斗地点无法进入。不如往北走八英里，去探索一下萨尔蒂略，那里的拉安戈斯图拉战役博物馆让人回想起墨西哥对美国的胜利。

313

塞罗戈多之战
墨西哥韦拉克鲁斯州哈拉帕

在布埃纳维斯塔陷入僵局两个月后，桑塔·安纳（Santa Anna）将军率领一万二千多名士兵在韦拉克鲁斯的塞罗戈多（Cerro Gordo）与同等规模的美军作战。墨西哥人被包抄，伤亡惨重；美国人继续占领了墨西哥城。战斗发生在哈拉帕以东四十八公里处一个叫做拉阿塔拉亚的人迹罕至的山口。可以步行穿过后者的老城；位于圣何塞教堂（Church of San José）和阿尔卡尔德－加西亚市场（Alcalde y García Market）之间的方尖碑，是为了纪念安布罗西奥·阿尔卡尔德（Ambrosio Alcalde）和安东尼奥·加西亚（Antonio García）而修建的，他们在战斗后在这里被处决。

314

梅斯特雷战役
意大利威尼托梅斯特雷

1848年，意大利志愿军袭击并洗劫了威尼斯本土梅斯特雷的马格拉堡（Fort of Marghera），该城堡自当年6月以来一直被奥地利军队占领。作为威尼斯潟湖和大陆之间的重要联系，该城堡后来成了城市广泛防御系统（Campo Trincerato di Mestre）不可或缺的一部分。这座城堡建在潟湖边缘的沼泽地上，呈六角星形状。你可以沿着它的外墙走，欣赏梅斯特和更远处的风景。

右图：墨西哥萨尔蒂约令人惊叹的大教堂，那里还有拉安戈斯图拉战役博物馆。

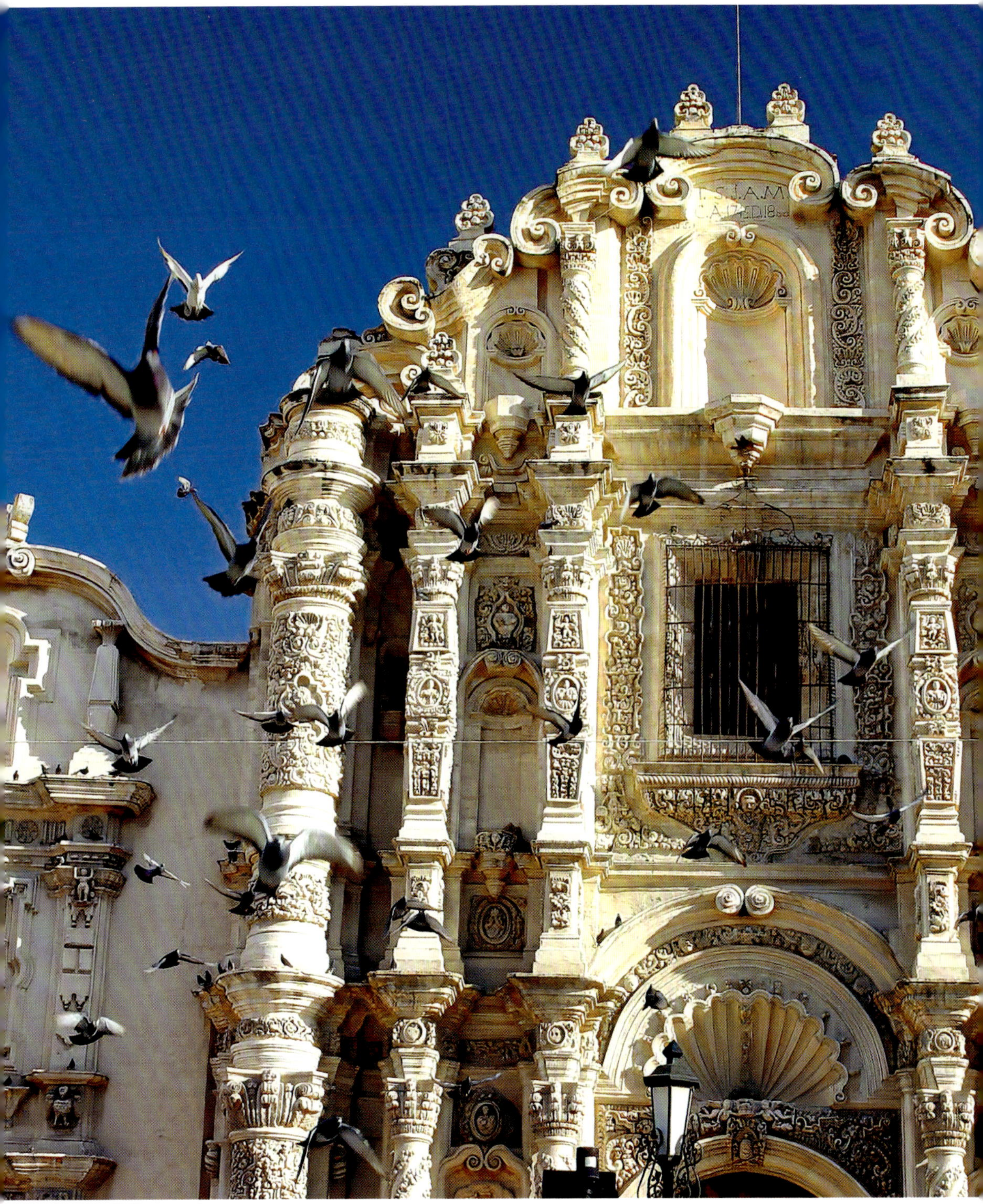

315

比科卡战役
意大利皮埃蒙特诺瓦拉

比科卡战役（也被称为诺瓦拉战役）是发生在 1849 年的第一次意大利独立战争期间，奥地利帝国和皮埃蒙特撒丁王国之间的战役，以皮埃蒙特人的失败告终。不妨从诺瓦拉的比科卡教堂（Chiesa della Bicocca）出发，那里你可以看到一颗炮弹嵌在外墙上，然后向南去参观埋葬着遇难者遗体的藏骨堂。另外，可以在蒙里普斯别墅（Villa Monrepos）停一下，它的大门被炮弹击毁，成了战斗的象征，然后继续向南走，参观那些墙上仍有子弹痕迹的农舍。

316

蒂米什瓦拉战役
罗马尼亚蒂米什县蒂米什瓦拉

1848 年至 1849 年，匈牙利试图摆脱哈布斯堡王朝的统治，这一尝试在第一年势头良好，甚至宣布了自己的自由。但哈布斯堡的新皇帝弗朗茨·约瑟夫（Franz Joseph）不耐烦了，他向沙皇尼古拉一世（Nicholas I）求助，后者派出了数万名士兵。1849 年 8 月，匈牙利人在蒂米什瓦拉（Temesvár）战役中战败，城堡周围发生了激烈的战斗。徒步探索蒂米什瓦拉堡垒的遗迹，包括现在是当地的一座博物馆的胡尼亚德城堡（Huniade Castle），包含酒吧和餐厅的特里西亚堡垒（Theresia Bastion），一个炮塔以及一小部分幕墙。

317

太平天国起义
中国江苏省南京市

洪秀全是一名农民革命家，自称是耶稣的兄弟。他的愿景是推翻清朝。在 1850 年到 1864 年之间，他的军队（被称为太平军）作战并占领了长江流域的大部分地区，1853 年定都南京，称天京。最终，洪秀全的军队被清政府击败，起义在洪秀全死后结束。这次起义削弱了清朝，清朝在四五十年后就灭亡了。在南京四处走走，短暂的太平天国曾定都于此。

锡诺普战役
土耳其锡诺普省的锡诺普

1853 年 11 月 30 日,一支俄国舰队袭击了停泊在黑海锡诺普港的一个奥斯曼舰队中队。这次伏击造成约三千名土耳其人死亡,三十多名俄罗斯人伤亡。这场战役引发了克里米亚战争,在这场战争中,奥斯曼人与英国和法国结盟,以阻止俄罗斯的扩张。可以绕着锡诺普要塞沉重的石墙走一圈,它的坚固程度不足以阻挡俄国人。几座高约八十二英尺的高塔仍矗立在那里;走到最东边的一个,然后爬到塔顶。从这里可以看到发生战斗的港口的美景。

巴拉克拉瓦战役
乌克兰克里米亚巴拉克拉瓦

穿过丁尼生的诗《轻骑兵的冲锋》中不朽的山谷,并爬上卡斯卡特山。

◆ **距离**
8公里

◆ **起点**
特拉夫尼亚广场

◆ **漫步类型**
轻松至中等难度

◆ **何时出发**
全年

右上图:巴拉克拉瓦战役中的俄国炮台。

右图:今天几乎没有任何迹象表明这里曾是历史上的战场。

1854年10月的巴拉克拉瓦战役是塞瓦斯托波尔围城战役的第二次主要战役。塞瓦斯托波尔围城战役是克里米亚战争期间,英、法、奥斯曼联军为夺取黑海港口塞瓦斯托波尔而进行的长达一年的战役。

在维多利亚时代,这场战役和塞瓦斯托波尔围城的其他战役被以歌曲、故事和诗歌的形式纪念,而在这些战役中救治盟军伤员的护士,最著名的是弗洛伦斯·南丁格尔(Florence Nightingale)和玛丽·西科尔(Mary Seacole),受到了广泛的颂扬。

走到卡斯卡特山(Cathcart's Hill)是一段令人心痛的路程,这是巴拉克拉瓦以北约五英里处的一座平缓高地,通往塞瓦斯托波尔(Sevastopol),这里是克里米亚战争中阵亡的英国士兵的第一个战场墓地。在靠近死亡阴影谷(Valley of the Shadow of Death)的山顶上,矗立着一座受损的纪念方尖碑,刻有埋葬在这里的两万三千名死者名字的牌匾不见了。沙皇亚历山大二世赠予了这块土地,早期的石版画显示,青翠的山坡上覆盖着不匹配的维多利亚风格的墓碑。不幸的是,它成了第二次世界大战和冷战期间紧张局势的牺牲品。

320

马拉科夫战役
乌克兰克里米亚的塞瓦斯托波尔

马拉科夫战役发生在 1855 年 9 月 8 日，法国军队在长达十一个月的围城中袭击了塞瓦斯托波尔港的一个堡垒。沿着滨海大道（Primorsky Boulevard）的海滨漫步，可以来到纪念俄国船只在港口入口处沉没的柱子前，这些船只曾让敌人的船只无法通过。

321

马真塔战役
意大利伦巴第的马真塔

探索马真塔镇和它的公园——两者都充满了这场战争的记忆。

◆ **距离**
6公里

◆ **起点**
解放广场

◆ **漫步类型**
小径漫步

◆ **何时出发**
全年

右上图：奥地利总部贾科贝之家的正面布满了子弹和炮弹的弹孔。

右图：位于意大利统一公园的方尖碑骨棺是四千二百名士兵的纪念碑和坟墓。

马真塔战役是1859年第二次意大利独立战争期间法国与奥地利之间的战争。在皮埃蒙特王国的支持下，法国皇帝拿破仑三世（Napoleon III）决心将奥地利人赶出意大利北部。超过十三万人通过火车被运送到奥地利占领的意大利北部，在马真塔（Magenta）与奥地利人对峙，这是第一次用火车大规模调动军队。

法军险胜，四天后，获胜的拿破仑三世和皮埃蒙特国王维克多·伊曼纽尔（Victor Emmanuel）进军米兰。他们的胜利将激起各城市奋起反抗奥地利压迫者，为意大利的统一铺平道路。

一条步行小径追溯了与这场战役有关的主要历史景点，并配有说明面板，向人们说明这些事件。徒步从解放广场（Piazza Liberazione）出发，这里是法国和奥地利最后一次冲突的地点，沿途可以看到奥地利军队的总部贾科贝之家（Casa Giacobbe），它的正面布满了子弹和炮弹的弹孔。沿着这条路，你会到达绿树成荫的意大利统一公园（Parco Unità d'Italia），那里有法国将军和政治家帕特里斯·麦克马洪（Patrice de MacMahon）的纪念碑，他因为在胜利中所起的作用而被封为马真塔公爵，还有方尖碑骨棺，一座金字塔式的建筑，容纳着四千二百名士兵的遗骸。每年6月都会进行战役重现。

322

沃尔特诺战役
意大利坎帕尼亚卡普亚和卡塞塔

1860 年，革命者朱塞佩·加里波第（Giuseppe Garibaldi）的三万名支持者与两万五千名波旁军在沃尔特诺河沿岸发生冲突。从卡普亚的罗马诺桥（Ponte Romano）开始，向南穿过河流到达美丽的圆形剧场，从那里继续前往卡塞塔；你将欣赏到卡塞塔王宫的壮丽景色，它是波旁－两西西里王朝（Bourbon-Two Sicilies）的旧居。

1700—1913　**259**

323

印度的第一次民族起义
印度北方邦密拉特

1857年5月，印度第一次民族起义在密拉特（Meerut）爆发。尽管最终没有成功，但对英国殖民主义却是致命的一击。这座城市是东印度公司第二大驻军的所在地，随着对英国统治的愤怒情绪的增长，这里的印度士兵奋起反抗。今天，你可以漫步在密拉特的萨达尔集市（Sadar Bazaar），这个热闹的集市是起义开始的地方。

324

圆明园被毁
中国北京

1860年，英法联军侵扰北京，迫使中国在鸦片战争期间屈服于西方的贸易和影响力。法国军队先抢劫了圆明园。当得知自己来晚了，英军司令愤而下令焚毁圆明园。

下图：北京圆明园的废墟。

普埃布拉战役
墨西哥普埃布拉州普埃布拉

1862 年 5 月 5 日的普埃布拉战役（Battle of Puebla）是墨西哥在长达六年的第二次法墨战争中罕见的军事胜利。在这场战争中，法国试图建立一个有利于自己利益的政权。这场胜利极大地鼓舞了墨西哥人的士气，墨西哥和美国每年都会庆祝五月五日节。战斗发生在洛雷托堡（Fort Loreto）和瓜达卢佩堡（Fort Guadalupe）两个要塞之间，它们位于城市东北部对面的山顶上。可以在两个要塞（都有纪念战争的博物馆）之间漫步一两公里，并穿过公园般的历史要塞区（Zona Histórica de los Fuertes）。

326

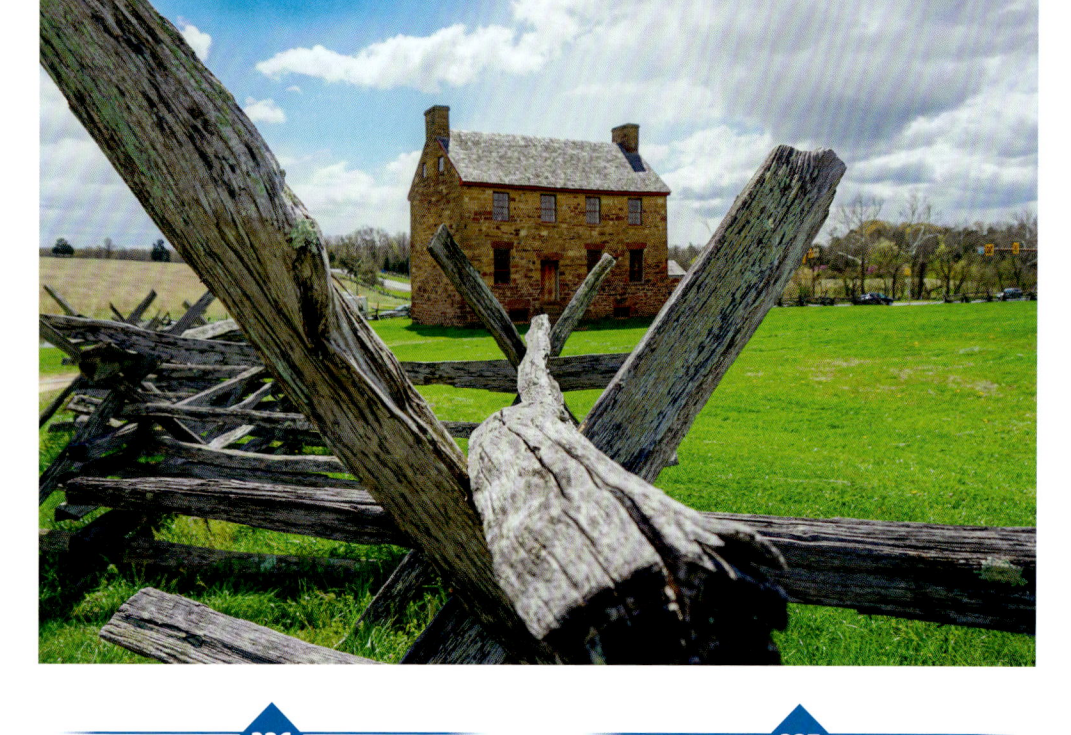

萨姆特要塞战役
南卡罗来纳州查尔斯顿

1860年12月,南卡罗来纳州脱离联邦。美军将其小型司令部从沙利文岛的莫尔特里堡(Fort Moultrie)转移到查尔斯顿港入口处的萨姆特要塞,这是一个更安全的岛屿要塞。1861年4月,南卡罗来纳民兵(当时还不存在北方军)开始轰炸萨姆特要塞。一天后,驻军投降,美国内战开始了。萨姆特要塞是国家公园管理局的一部分,可以乘坐渡轮前往。可以首先参观该要塞及其展品,然后探索整个港口的景观。

327

第一次奔牛河战役
弗吉尼亚的马纳萨斯

1861年4月,当南方军袭击萨姆特要塞时,美国内战正式开始。但直到三个月后,真正的战斗在华盛顿西南仅四十公里的弗吉尼亚州马纳萨斯打响,这次战役称为第一次奔牛河战役。尽管双方势均力敌,各有一万八千人左右的兵力,但南方军轻松获胜,北方军撤退。在马纳萨斯国家战场公园,有一条约九公里长的步道可以详细探索战场。

上图:美国内战的第一场战斗发生在现在的马纳萨斯国家战场公园。

328

唐纳尔逊堡大战
田纳西州多佛

对河流的控制是内战胜利的关键。1862年，北方军占领了这个位于田纳西州和肯塔基州边界附近的南方军要塞，开辟了坎伯兰河，这是进入南方的一条重要通道。这一胜利使尤利西斯·格兰特晋升为少将，他俘获了一万两千多名士兵，剥夺了南方军的重要资源。多纳尔逊堡国家战场提供了四条探索战斗地点的路线。它们的长度各不相同，有中等强度到高强度的路段，耗时在四十五分钟到九十分钟。

329

夏洛战役
田纳西州夏洛

这场战役在1862年4月持续了两天，当时密西西比州的南方军从位于密西西比州科林斯（Corinth）的基地袭击了尤利西斯·格兰特将军的军队。北方军的反击和第二天早晨的胜利，注定了南方军在该地区军事行动的失败。这场大屠杀是前所未有的，是到那时为止在美国领土上的战争中伤亡人数最多的一次，伤亡二万四千人，其中三千五百人死亡。南方军士气骤降。夏洛国家军事公园有许多小路，游客可以通过这些小路前往纪念碑、石碑和其他远离道路的地点。

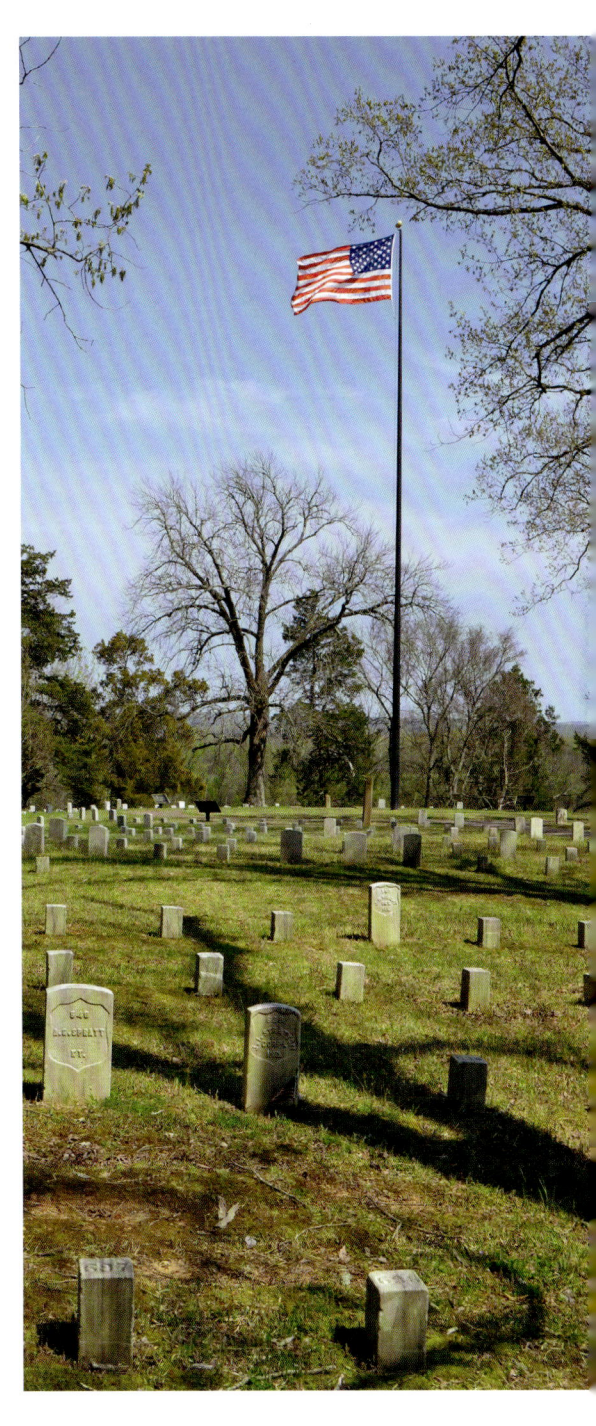

上图：夏洛国立公墓的墓碑。

330

安提塔姆会战
马里兰州夏普斯堡

穿过安提塔姆的战线和墓地，感受美国有史以来最血腥的一次战斗。

◆ **距离**
3.2公里

◆ **起点**
游客中心

◆ **漫步类型**
轻松

◆ **何时出发**
全年

右上图：一座被称为"老西蒙"的巨大士兵雕像，它守卫着安提塔姆公墓。

右图：安提塔姆的战场是美国一处保存完好的战场。

1862年9月17日星期三是美国历史上最血腥的一天。在马里兰州北部的安提塔姆战役中，经过十二个小时的野蛮战斗后，有二万三千名士兵被杀、受伤或失踪。

这场战役开始于北方军少将乔治·麦克莱伦追击南方军将军罗伯特·李至马里兰，然后在安提塔姆溪（Antietam Creek）后面向李的军队发起攻击。结果尚无定论，人们普遍认为，如果一向谨慎的麦克莱伦像李将军那样，把他所有的北方军部队都派过去，而不是只派四分之三的兵力，结果会更加明确。

两个月后，亚伯拉罕·林肯总统解除了麦克莱伦的指挥权。但是安提特姆战役证明了北方军能够正面抵抗南方军。同样重要的是，这给了林肯信心，让他在战争结束后的第四天，在一个充满信心而不是绝望的时刻发布初步的奴隶解放宣言。

可以参观和探索安提塔姆国家战场，这是美国一处保存完好的战争遗址。有十条穿过战场的小路（都在两英里以内）可供选择。小路很平缓，但路面可能有些不平坦，所以建议穿着好的步行鞋。不要错过安提塔姆国家公墓，那里埋葬着四千七百七十六名联邦军人。大约有一千八百三十六名（百分之三十八）是未知的。

331

钱斯勒斯维尔战役
弗吉尼亚州弗雷德里克斯堡

这实际上是在 1863 年 4 月和 5 月的一周内进行的四场战役。尽管面对的是两倍于自己规模的北方军，罗伯特·李将军还是为南方军赢得了胜利。弗雷德里克斯堡和斯波特西瓦尼亚国家军事公园的每个战场都提供一到十一公里长的步道。

332

维克斯堡战役
密西西比州维克斯堡

1863 年 7 月，南方军在被围四十七天后向尤利西斯·格兰特将军投降。使北方军完全控制了密西西比河，将南方一分为二。维克斯堡国家军事公园的观光道路为行人提供了长达十六英里的通道，可以穿过战场和相关地点。

1700—1913

葛底斯堡战役
宾夕法尼亚州葛底斯堡

每年参观美国内战中最血腥的战役有两百万人。

◆ **距离**
4公里

◆ **起点**
公墓岭

◆ **漫步类型**
轻松至中等难度

◆ **何时出发**
全年

右图：木栅栏标志着战线的位置。

下图：葛底斯堡国家公墓，亚伯拉罕·林肯在这里发表了振奋人心的葛底斯堡演说。

这场在1863年7月初持续了三天的战役，是北方军的胜利，它迫使罗伯特·李将军的南方军撤退。这场战役是整个战争中伤亡人数最多的一次，超过五万人。第二天北方军在维克斯堡又取得了胜利。这场战役通常被称为战争的转折点。

如今，该遗址由国家公园管理局管理，并被指定为国家军事公园。一至十六公里的小径可以引导游客们从小圆顶（缅因州第二十军传奇据点的所在地）到高水标（皮克特冲锋期间战斗达到高潮的地方）在战场上四处游玩。

从游客中心附近的公墓岭（Cemetery Ridge）开始，那里是北方军的战线所在地。南方军在战斗中多次向这条防线发起攻击，在皮克特冲锋这条进攻路线上，可以沿着木栅栏和割过草的小路走。向北一英里是葛底斯堡国家公墓，那里埋葬了三千五百名阵亡将士。四个月后，亚伯拉罕·林肯总统在这里发表了激动人心的葛底斯堡演说。

334

亚特兰大战役

佐治亚州肯尼索

作为亚特兰大战役的一部分，北方军在 1864 年 7 月的这场胜利发生在亚特兰大市沦陷前两个月。由于没有保存下来战场，你可以去东南方向二十五英里处的肯尼萨山国家战场公园（Kennesaw Mountain National Battlefield Park）看看，就在北方军这场胜利之前一个月，南方军还在这里取得了胜利。这里有超过三十五公里的小径可供探索。

335

阿波麦托克斯县府战役

弗吉尼亚州阿波麦托克斯

1865 年 4 月 9 日，在这里，南方军将军罗伯特·李向北方军将军尤利西斯·格兰特投降，结束了五年内战。阿波麦托克斯县府国家历史公园（Appomattox Court House National Historical Park）有近十三公里的历史步道。

336

科连特斯战役
阿根廷科连特斯省科连特斯

1865 年 4 月 13 日，巴拉圭海军袭击了位于巴拉那河（Paraná River）岸边的科连特斯市。这使得先前中立的阿根廷与巴西和乌拉圭结成三国同盟，与巴拉圭发生战争，至 1870 年始媾和。在领土争端和地区紧张局势的推动下，冲突以巴拉圭战败和遭到破坏而告终。沿着考斯塔内拉这条经常在日落时微风习习的河边小路漫步，你会看到在占领这座城市之前，巴拉圭海军在哪里向阿根廷海军开火。

337

马车箱之战
怀俄明州约翰逊县班纳

马车箱之战是 1867 年 8 月在怀俄明州北部菲尔科尔尼堡（Fort Phil Kearny）附近，八百多名拉科塔苏族（Lakota Sioux）战士伏击了一支由二十六名美国陆军士兵和六名平民组成的队伍。士兵们用最先进的杠杆式步枪，在从底盘上拆下的马车箱组成的防御墙后射击以保卫这群人。他们抵挡了袭击者几个小时，伤亡很少。之后，从堡垒来的一个分队赶到，把袭击者赶走了。在堡垒里有三条小路可以走，其中有一条通往马车箱的地点。

下图：沿着河边小路考斯塔内拉漫步，欣赏阿根廷巴拉那河的日落美景。

338

函馆战役
日本北海道函馆

天皇军和德川幕府军之间的戊辰战争在政府军占领幕府的首都江户后宣告结束。由于敌人的行动和恶劣的天气，幕府的舰队已经减少，他们拒绝放弃留下的船只。相反，他们将船驶往北海道。政府军在 1869 年 5 月赶上，在函馆湾（Hakodate Bay）附近爆发了一场为期六天的战斗，导致虾夷共和国向帝国政府投降。可以在函馆码头散步，参观一下战争纪念碑。

339

巴黎公社
法国巴黎

1871 年，当新成立的第三共和国国民议会同意普鲁士在《法兰克福条约》中提出的苛刻条款时，激进的巴黎人和国民政府之间爆发了内战。革命者建立了巴黎公社，并控制了这座城市。但凡尔赛政府军队在九周后攻陷巴黎，导致了大规模处决、流放和猖獗的破坏。可以探索拉雪兹神父公墓（Père Lachaise Cemetery），在那里你会发现移动的公社墙。在这里，最后一批起义军在墓碑间进行了一场毫无希望的通宵战斗。第二天早上，幸存者们在砖墙前被枪毙，然后埋在一个万人坑里。

下图：函馆码头有纪念十九世纪那场战役的纪念馆。

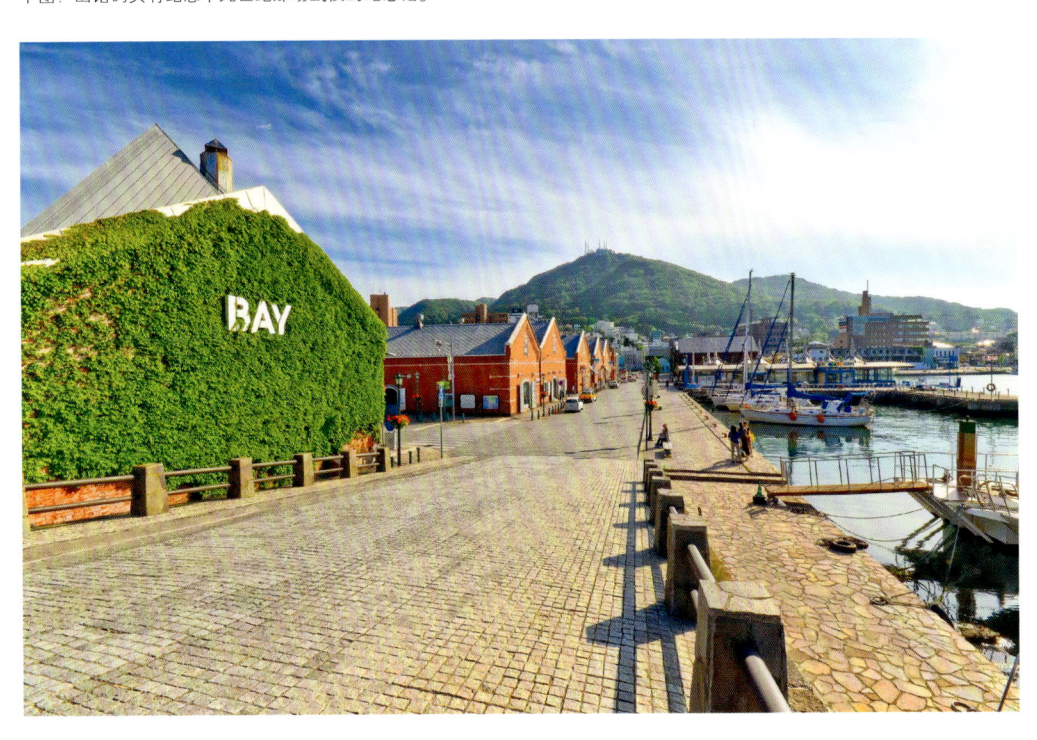

1700—1913 **269**

340

小巨角战役

蒙大拿州比格霍恩县

这条宁静的小径以卡斯特将军阵亡于此而闻名，它讲述着丰富的历史。

◆ **距离**
2.4 公里

◆ **起点**
游客中心

◆ **漫步类型**
标记清晰的小路

◆ **何时出发**
全年

右上图：小巨角战役中阵亡印第安战士的纪念物。

右图：有一条小路从墓地通向那场战斗的河边峭壁。

小巨角河在蒙大拿州广阔的草原上雕刻出一条深深的峡谷。小巨角战役，也被称为卡斯特的最后一战和油草之战，就是在这里打响的，这是 1876 年黑山战争的一部分，在这场战争中，美军试图聚集游牧部落，让他们生活在保留地。

美国政府军试图以出其不意的方式将拉科塔人、北夏安人和阿拉帕霍人聚集在河谷的地面上。然而，在"疯马酋长"的带领下，部落的战士得到了进攻的风声，迫使美国第七骑兵团撤退。他们追至河谷的陡峭峡谷，把逃跑的士兵从马上拖下来，直到最后，乔治·阿姆斯特朗·卡斯特（George Armstrong Custer）中将和他的大约五十名士兵被赶回卡尔霍恩山（Calhoun Hill）的山顶，并被杀死。

从埋葬阵亡将士的国家公墓走到卡尔霍恩山，沿着尘土飞扬的小路回到河边的悬崖，那里的石冢就是战士们的阵亡之地。这是一个发人深省的地点。

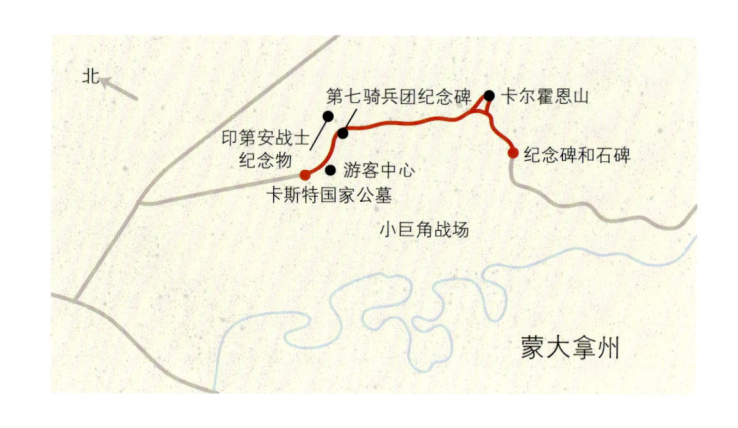

341

科奇斯要塞

亚利桑那州科奇斯

亚利桑那州南部偏远的龙骑兵山脉（Dragoon Mountains）是科奇斯酋长和他的一千名奇里卡瓦阿帕奇人从 1861 年到 1872 年的家。尽管他多次被俘并逃脱，但从未被击败。以他的名字命名的主要科奇斯印第安小径，是从东科奇斯要塞营地开始的一条具有挑战性的八公里步行线路。

1700—1913

342

城山决战
日本九州鹿儿岛

沿着一条蜿蜒的小路，你会看到伟大武士西乡隆盛的雕像，在这里可以俯瞰金海湾。

◆ **距离**
1.6 公里

◆ **起点**
鹤丸城堡

◆ **漫步类型**
平坦路面混合阶梯式斜坡

◆ **何时出发**
全年

右上图：西乡隆盛的雕像。

右图：海湾对面樱岛火山的景色。

西乡隆盛是日本历史上最有影响力的武士，被认为是促成现代日本开始的功臣。然而，尽管他有英雄的地位，但他在他的时代是一名叛徒，并在西南战争中与日本天皇军的战斗中牺牲。在向邻近的熊本（Kumamoto）推进后，他被迫撤回家乡鹿儿岛（Kagoshima），在鹿儿岛市的山下避难。在决心不让他逃跑的帝国军队的包围下，他最终接受了失败，于1877年9月24日结束了自己的生命。不久之后，他忠实的随从们从山上冲下来自杀身亡。

尽管他的结局很可悲，但西乡隆盛不仅在故乡鹿儿岛，而且在整个日本都享有盛名。东京的上野公园甚至有一座他的雕像。

这条路在鹿儿岛。它从鹤丸城堡的城墙遗迹（上面有弹孔）开始。从那里，可以走过一座纪念高森的雕像。然后，在附近的照国神社后面，有一条长满青苔、有时很滑的小路通往城山展望台（Shiroyama Observatory），从这里可以俯瞰整座城市，穿过金海湾后，就会到达另一边的樱岛火山。这里景色宜人。

1700—1913 **273**

343

伊散德尔瓦纳
南非夸祖鲁纳塔尔省

1879 年 1 月 22 日，在盎格鲁 – 祖鲁战争的第一次交战中，切姆斯福德勋爵的英国第二十四团在这里被塞奇瓦约国王的两万名祖鲁步兵击败。在山谷中静观之后，祖鲁战士冲过伊散德尔瓦纳山，以传统的"野牛角胸"阵型包围了英军营地。在随后的战斗中，一千七百名英军中有一千三百二十九人阵亡。如今，步行小径通往标志着英国人坟墓的白色石堆，另外还有祖鲁人的纪念碑：一个巨大的伊士库（英勇项链）的青铜复制品。

344

罗克渡口
南非夸祖鲁纳塔尔省

在盎格鲁 – 祖鲁战争中，英国人征用了这个瑞典的渡口传教站作为医院和补给站。1879 年 1 月 23 日，伊散德尔瓦纳的两名幸存者抵达，警告即将发动攻击，九十分钟后，四千名祖鲁战士发动了攻击。一百一十名英军士兵拒绝投降，躲在粮袋和饼干盒组成的掩体后面进行防御。祖鲁战士撤退了，损失约五百人，而英军有十七名军官阵亡。现在的传教站是一个博物馆，有许多英军和祖鲁人的坟墓和纪念碑，可以在战场上漫步。

右图：在南非的伊散德尔瓦纳，白色的石堆标志着英国士兵的坟墓。

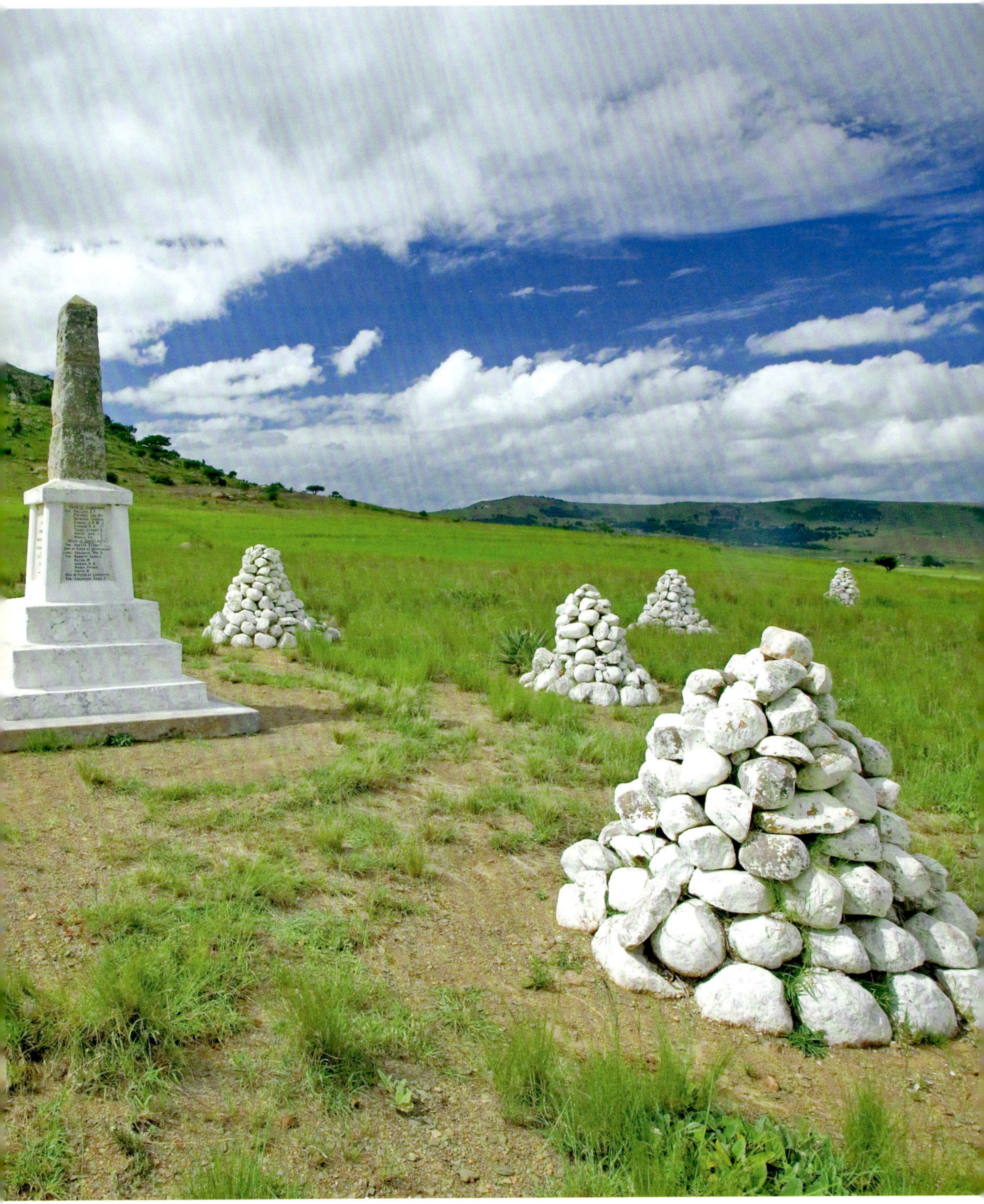

345

塔克纳战役
秘鲁塔克纳省塔克纳

1880年5月26日，智利在因蒂奥尔科高原（位于阿塔卡马沙漠的塔克纳市北部）与玻利维亚-秘鲁联盟的太平洋战争中取得了关键性的胜利。步行穿过高原，参观为纪念这场战役而建的博物馆和纪念碑（Alto de alianza），然后沿着盟军撤退到塔克纳（盟军在那里投降）的路线前进。结果，玻利维亚被迫退出了战争，整个海岸线（一个富含宝贵硝酸盐的地区）被智利占领，这一直是争论的焦点，也让玻利维亚成了一个内陆国家。

346

阿里卡战役
智利阿里卡省的阿里卡

除了玻利维亚的海岸线，太平洋战争还让智利占领了秘鲁南部的大片地区，包括阿里卡港。经过海上封锁和轰炸，智利士兵成功登陆，并于1880年6月7日占领了阿里卡海岬（Morro de Arica），这是一座俯瞰"永春之城"的陡峭山丘，也是秘鲁军队的最后据点。今天，你可以从海滨徒步上山，登上一百三十九米高的山顶，那里有历史博物馆，有象征两国和平的基督雕像，还有太平洋的壮丽景色等着你。

347

萨摩亚内战
萨摩亚乌波卢岛阿皮亚

在马里埃托阿·劳佩帕（Malietoa Laupepa）的流亡和死亡之后，竞争对手马塔阿法·约塞福（Mata'afa Iosefo）和劳佩帕的儿子马里埃托阿·塔努马菲利（Malietoa Tanumafili）的支持者之间爆发了冲突。德国、美国和英国都想保护各自在太平洋地区的利益，他们都倾向于在萨摩亚选出一个领导人。战争从1886年持续到1899年，跨越两场内战，最终导致群岛分裂为美属萨摩亚和德属萨摩亚。在首都阿皮亚，从一个纪念碑走到另一个纪念碑，就能看出在萨摩亚这里有多少外国利益。

348

伤膝河战役
南达科他州松树岭印第安人保留地

关于1890年12月发生的伤膝河大屠杀的更准确说法是，美国士兵试图在一年前建立的保留地解除拉科塔印第安人的武装，但未遂，随后发生了伤膝河大屠杀。当士兵开火时，拉科塔人尽其所能进行了反击，但很多人已经被解除了武装。多达三百名印第安人死亡，其中三分之二是妇女和儿童，二十五名士兵。你可以参观这个国家历史遗址及其纪念碑，然后走上山，去埋葬拉科塔受害者的普通坟墓看看。

上图：智利士兵占领了具有重要战略意义的阿里卡海岬山丘。

下图：象征和平的雕像俯视着阿里卡镇。

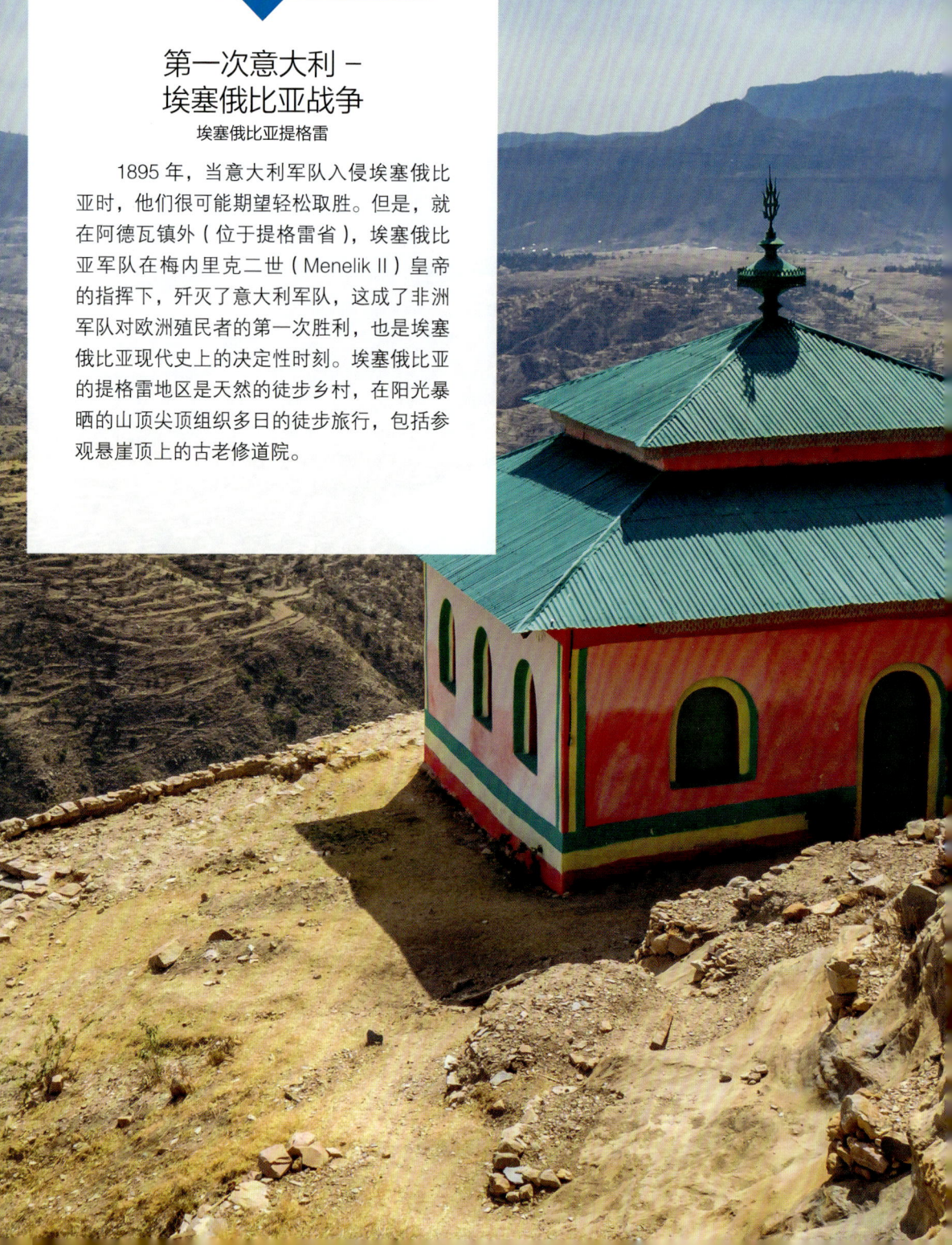

第一次意大利 – 埃塞俄比亚战争
埃塞俄比亚提格雷

1895 年,当意大利军队入侵埃塞俄比亚时,他们很可能期望轻松取胜。但是,就在阿德瓦镇外(位于提格雷省),埃塞俄比亚军队在梅内里克二世(Menelik II)皇帝的指挥下,歼灭了意大利军队,这成了非洲军队对欧洲殖民者的第一次胜利,也是埃塞俄比亚现代史上的决定性时刻。埃塞俄比亚的提格雷地区是天然的徒步乡村,在阳光暴晒的山顶尖顶组织多日的徒步旅行,包括参观悬崖顶上的古老修道院。

350

英桑战争
坦桑尼亚桑给巴尔石头城

1890年，桑给巴尔（现在是坦桑尼亚的一部分）受英国保护。1896年苏丹去世后，英国人担心新苏丹哈立德·本·巴加什（Khalid bin Barghash）不会那么亲民。面对离开宫殿（Beit al-Hukum）的最后通牒，巴加什把自己关在了里面，在1896年8月27日上午9点，也就是他上台仅仅两天之后，英国人从海军舰艇上轰炸了宫殿。由三千名守军驻守的宫殿很快倒塌，苏丹逃之夭夭，整个战争持续了三十八分钟。石头城历史悠久的狭窄巷子很适合漫步，然后可以去滨海的珍奇宫（宫殿博物馆）参观。巴加什的宫殿的邻近地点现在是一个花园。

351

塔拉纳山战役
南非夸祖鲁-纳塔尔省塔拉纳博物馆和遗产公园

1899年10月11日，英布战争爆发，在陆军少将威廉·佩恩·西蒙斯爵士（Sir William Penn Symons）的指挥下，四五千名英国士兵被派往邓迪（Dundee）保护煤田。1899年10月20日，向前推进的布尔人占领了塔拉纳山，并炮轰了英军。英军的成功反击迫使布尔人下了山，但付出了巨大的代价，二百五十五名英国人阵亡，其中包括西蒙斯少将。今天的历史徒步路线从博物馆穿过战场，并经过西蒙斯的石冢，最后到达山顶上的两个英军堡垒遗迹和布尔人炮台。

下图：桑给巴尔宫博物馆。

1700—1913

352

大沽炮台战役
中国天津附近的海河

1900年，旨在反对帝国主义的本土农民、城乡失业居民掀起了义和团运动。八国联军借机从海上发起进攻，攻占了海河上的大沽炮台。今天这里可以步行前往。

353

太鲁阁抗日战役
中国台湾省太鲁阁峡谷

穿过大理石隧道，经过蓝绿色的水域，太鲁阁人曾在这里与日本军队作战。

◆ **距离**
  来回3.2公里

◆ **起点**
  九曲隧道公共汽车站

◆ **漫步类型**
  悠闲的半日散步

◆ **何时出发**
  全年

左上图：九曲洞的小径上充满了自然奇观。

左图：太鲁阁峡谷是令人难以置信的战斗地形。

在侵占台湾期间，日本人于1910年至1915年向原住民地区发起武力征讨。台湾东部花莲和太鲁阁峡谷一带的太鲁阁人，抵抗日本统治对占领者进行游击战。为了获取自然资源而控制山区，日本人进行了多年的勘探准备，并于1914年5月，由司令官佐久间左马太（Sakuma Samata）调集两万士兵，突袭太鲁阁附近的原住民。

太鲁阁人抵抗了三个月，但不可避免地被击败了。日本人彻底控制了这里，没收了所有的武器，将太鲁阁人从他们的传统土地上驱逐出去，并实施了阻碍传统太鲁阁社会结构、文化和信仰实践的规定。

太鲁阁峡谷有很多步行和徒步的小径。想要很好地了解这里的地理和景观，可以走九曲隧道步道，那里有包括玻璃地板在内的多个视角，还可以体验这场战争的发生地的大理石峡谷和河流激流。

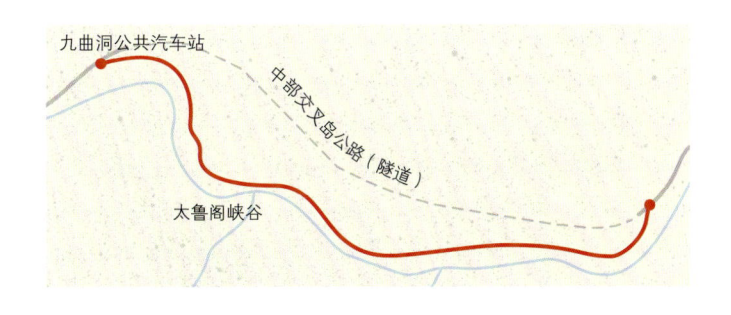

华雷斯城战役
墨西哥奇瓦瓦州华雷斯城

漫长的墨西哥革命从 1911 年持续到 1920 年，第一场主要战役是潘乔·比利亚（Pancho Villa）等领导的二千五百名叛军战胜七百名联邦军队的胜利。这一结果导致总统波菲里奥·迪亚斯（Porfirio Díaz）的辞职，并结束了革命的第一阶段。这场战斗是在得克萨斯州埃尔帕索（El Paso）边境线上的整个城市进行的白刃战，没有单一的战斗地点。可以从历史中心步行到边境革命博物馆（Museo de la Revolución en la Frontera），这里对墨西哥革命展示详尽，尤以华雷斯城为重点。

库奥特拉战役
墨西哥莫雷洛斯州的库奥特拉

埃米利亚诺·萨帕塔（Emiliano Zapata）领导的反政府武装战胜联邦军队的胜利发生在潘乔·比利亚在华雷斯城取胜的一天之后。这两场胜利都迫使波菲里奥·迪亚斯同意求和，并辞去总统职务。战斗的伤亡很大，被描述为"整个（墨西哥）革命中最可怕的六天战斗"。前往南方革命广场（Plaza Revolución del Sur），在那里你会发现萨帕塔的坟墓和革命领袖的纪念碑。在库奥特拉（Cuautla）西南四英里的阿内内切尔科（Anenecuilco），他出生时的土坯房现在已经变成了一座小博物馆。

上图：埃米利亚诺·萨帕塔在库奥特拉墓前的标志性雕像。

356

韦拉克鲁斯之战
墨西哥韦拉克鲁斯州的韦拉克鲁斯

这场战役发生在 1914 年旷日持久的墨西哥革命期间，当时美国大西洋舰队的连队在美国海军陆战队的支持下占领了韦拉克鲁斯海滨。这场战役包含了大量的巷战（这是双方都不习惯的），结果导致了对港口长达七个月的占领，以及德国对被废黜的独裁者维多利亚诺·韦尔塔（Victoriano Huerta）的武器运输受阻。沿着布满沙砾的海滨漫步，然后向内陆进发，来到市中心和历史海军博物馆（Museo Histórico Naval），这里提供了墨西哥海洋遗产的完整史料，包括美国军队的袭击。

357

哥伦布战役
新墨西哥州哥伦布市

1916 年 3 月，潘乔·比利亚和他的部队越过边境，突袭美国新墨西哥州哥伦布（Columbus）镇，以获取补给。尽管比利亚在不到两个小时的时间内就被击败，但美国随后派遣了一万名士兵进入墨西哥进行报复。这是美国第一次使用飞机进行侦察。从位于废弃火车站的哥伦布历史博物馆出发，向南走近一公里就到了潘乔比利亚州立公园（其中包括库特山）。在这里，比利亚目睹了突袭和神枪手向小镇开火的情景。

下图：美国新墨西哥州的哥伦布镇。

1700—1913

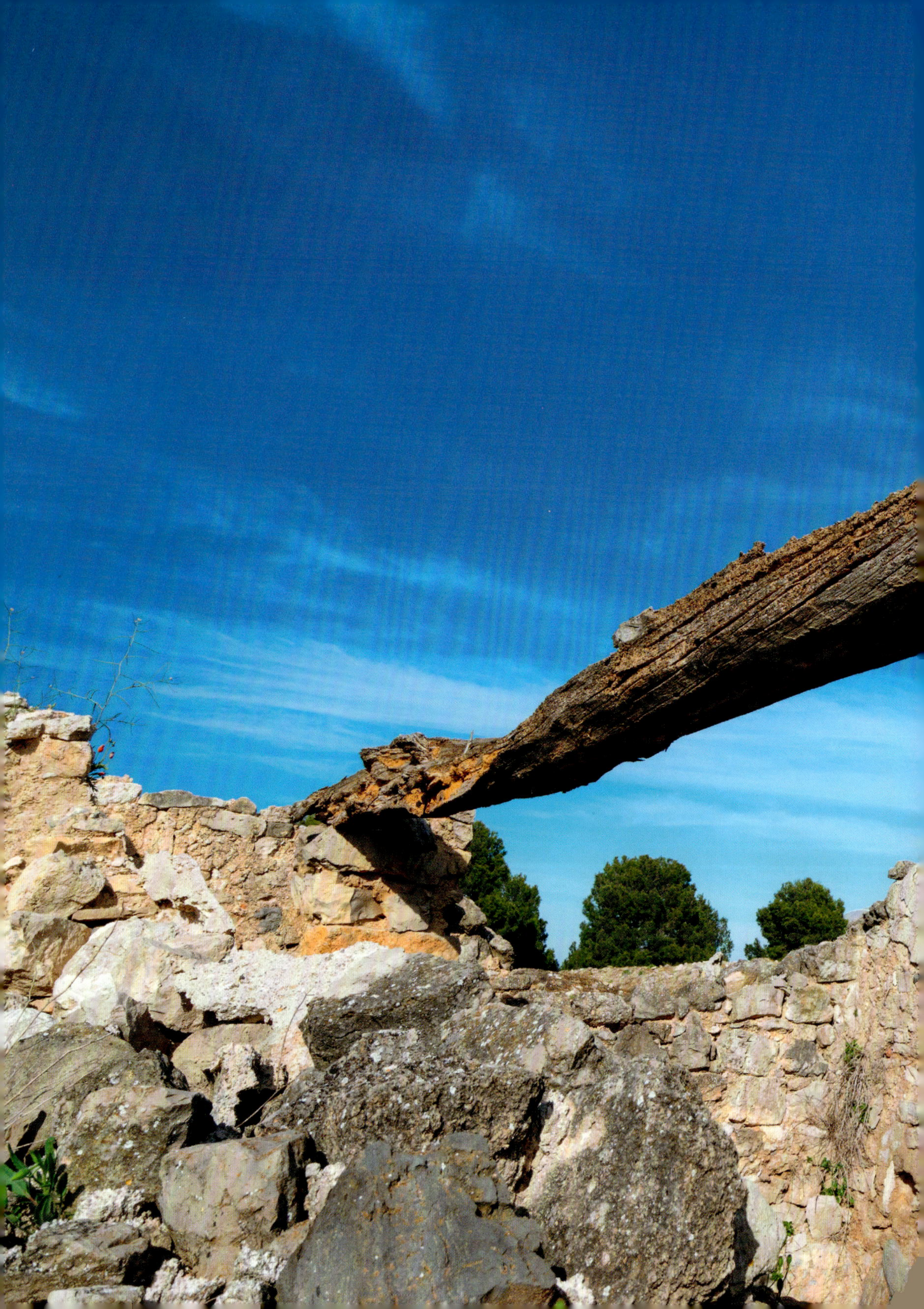

第六章
两次世界大战和二十世纪中后期

1914—1975

经过两次世界大战、发展中国家的解放战争和阵营对抗的冷战，人们也许认识到了和平的重要。

蒙斯之战
比利时海诺特

1914年，当英国军队加入第一次世界大战时，比利时的一个煤矿小镇见证了英军的开火。在尼米郊区，皇家燧发枪手们集结作战的地方，依旧矗立着原初的建筑。沿着康德运河（Condé canal）走，你会经过他们驻扎的铁路桥。爬上草坡后，你可以站在铁轨旁，在那里，燧发枪团的机关枪将德国人击退。下面是一块纪念牌匾，用来纪念在这里战斗和牺牲者。

下图：第一次世界大战中英国军队第一次开火的海诺特铁路桥。

第一次伊普利斯战役
比利时法兰德斯

在1914年英国最大规模的战役中，比利时、英国和法国士兵沿着平坦的法兰德斯平原的低矮山脊挖壕，以阻止德军的"奔向大海"（Race to the Sea）的争先战。走在多边形树林（Polygon Wood）的边缘，1914年的开阔地景观几乎是一样的。在这里，菲茨克拉伦斯（FitzClarence）准将率领爱尔兰近卫军发起了冲锋。尽管菲茨克拉伦斯和他的许多士兵在战斗中丧生，但这位令人印象深刻的青铜色黑卫士身着短裙，站在阻止精英普鲁士卫队冲锋的地方，表现出了反抗精神。

右图：勇敢的黑卫士雕像，树立在盟军阻止德军前进的地方。

360

莫朗日战役
法国洛林

当德国军队按照施里芬计划向巴黎进军时，在法德边境发生了大规模战斗。莫朗日（Morhange）当时就在德国境内，你可以看到树林里的德军坟墓，还有一个为把人运送到前线而修建的德国火车站的原址。沿着镇西的山脊走，就到了战役的纪念柱。当走在这里的田野中时，想想看，1914 年 8 月，在这条边境线上，一天之内就有二万七千名法国人死亡，其中许多人都葬在里什（Riche）的法国公墓里。

361

勒卡托战役
法国诺尔省

在从蒙斯（Mons）撤退期间，由于德军的紧追不舍，霍勒斯·史密斯－多里恩将军决定沿着勒卡托－康布雷齐（Le Cateau-Cambrésis）附近的古罗马道路进行抵抗。走出这座自 1914 年以来几乎没有什么变化的小镇，你会发现高地上的墓地里并排埋葬着英国和德国士兵。可以继续走到山谷对面的英国纪念碑，第二萨福克军在这里进行了最后的抵抗，几乎全军覆没。它的白色面板上刻着一长串参战人员和兵团的名单，这次战役牺牲了七千人的生命。

圣诞休战
比利时法兰德斯

当你探索圣诞节期间安静的战场时，不妨花点时间来反思一下。

◆ **距离**
2.4 公里

◆ **起点**
普劳斯角军事公墓

◆ **漫步类型**
主要是平地（也可能是泥泞的）

◆ **何时出发**
全年，12 月会有纪念活动

右上图：圣伊冯的十字架俯瞰着圣诞节休战的田野。

右图：这个简陋的掩体可以追溯到 1914 年。

1914 年 12 月，英国和德国士兵在法兰德斯战场上达成圣诞休战协议。

普劳斯角（Prowse Point）公墓以英国军官伯蒂·普劳斯（Bertie Prowse）的名字命名，是一个小型墓地，士兵被埋葬在战壕后面。随着战场考古学家取回 1914 年阵亡士兵的遗骸，最近又增加了一些墓地。

附近有一个国际足联纪念馆。在它后面，用带刺铁丝网重建的战壕和一个原来的掩体被用于每年 12 月的休战重演。再往前走，在圣伊冯（St. Yvon）村庄的河岸上，有一个古老的木十字架，俯瞰着休战期间漫画家布鲁斯·贝恩斯帕特（Bruce Bairnsfather）与德国人相遇的地方，他在附近一间小屋的地下室里创作了他的《老比尔》漫画。

继续往下走，来到田野里的一片小灌木林，那里有战争后期留下的梅西纳矿坑的痕迹，但在一个转弯处是鸟笼的遗址，是普劳斯和他的手下在圣诞节前战斗的现场。之后留下的未埋葬的尸体，促成了普罗格斯特树林（Ploegsteert Wood）前的休战。

363

马恩河战役

法国布拉斯勒附近的马恩河

走在巴黎城外俯瞰1914年9月二百五十万英、法、德三国士兵发生冲突的战场的山脊上，你就来到了蒙德蒙特－蒙吉弗鲁（Mondemont-Montgivrou）。这些建筑上有战争破坏的痕迹，令人印象深刻的红色图腾纪念碑描绘了法国将军"爸爸"霞飞（Joffre）在胜利时刻的情景。

1914—1975

364

泰拉尼奥洛山谷防御工事
意大利特伦蒂诺

徒步穿越这条在山岩上开凿的壮丽山路，穿过一个有壕沟和避难所的深峡谷，最后到达一个军事要塞的废墟。

◆ **距离**
7.2公里

◆ **起点**
塞拉达

◆ **漫步类型**
某些地方陡峭

◆ **何时出发**
4月至10月

右上图：你可以探索岩石上挖掘的避难所。

右图：令人印象深刻的多索戴尔索姆城堡遗址。

福拉德尔卢波（Forra del Lupo）步道是该地区最引人注目的步道之一，它蜿蜒穿过峡谷，两侧是高耸的岩壁，第一次世界大战期间，奥匈帝国在岩壁上修建了战壕和掩体。

从塞拉达（Serrada）开始，小路逐渐攀升到泰拉尼奥洛山谷（Terragnolo Valley），到达多索戴尔索姆城堡（Forte Dosso delle Somme）。你将首先穿过一片陡峭的林区，到达沿着高岩壁发展的前线战壕，在那里可以看到俯瞰山谷的防御阵地。沿途点缀着小型观察哨所和炮兵阵地，你可以沿着岩石上雕刻的一组楼梯走下去，到达部队的掩体。

这条小路的尽头是建于1911年至1914年之间的多索戴尔索姆城堡（通过一条军用公路与山谷相连）。从城堡上，你可以欣赏到帕苏比奥山脉的全景，在整个战争期间，这里见证了激烈的战斗，而沿着公路，你可以看到士兵们居住的兵营的废墟。

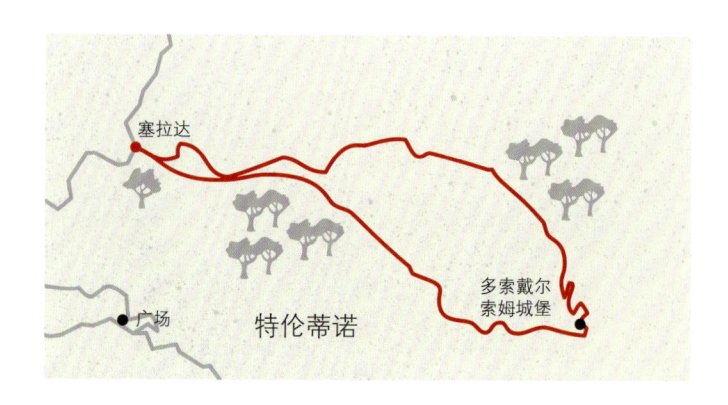

365

山地作战
意大利特伦蒂诺

1918年3月13日，奥地利人在帕苏比奥山脉脚下点燃了五十五吨炸药，彻底改变了地形。从帕索皮安德尔福加泽（Passo Pian delle Fugazze）出发，沿着令人敬畏的英雄之路蜿蜒上山，沿途展示着纪念十五名被授予军事英勇金质奖章的士兵的牌匾。

366

波扎奇奥堡垒
意大利特伦蒂诺的罗维托附近

波扎奇奥堡垒（Forte Pozzacchio）修建在山腰上，是奥匈帝国在十九世纪到二十世纪早期建造的最后一座堡垒。1915年6月至1916年5月，它被意大利士兵占领。从波扎奇奥（Pozzacchio）或瓦尔莫比亚（Valmorbia）走到要塞，你可以看到部队的住所以及瞭望台和射击站。

1914—1975　**291**

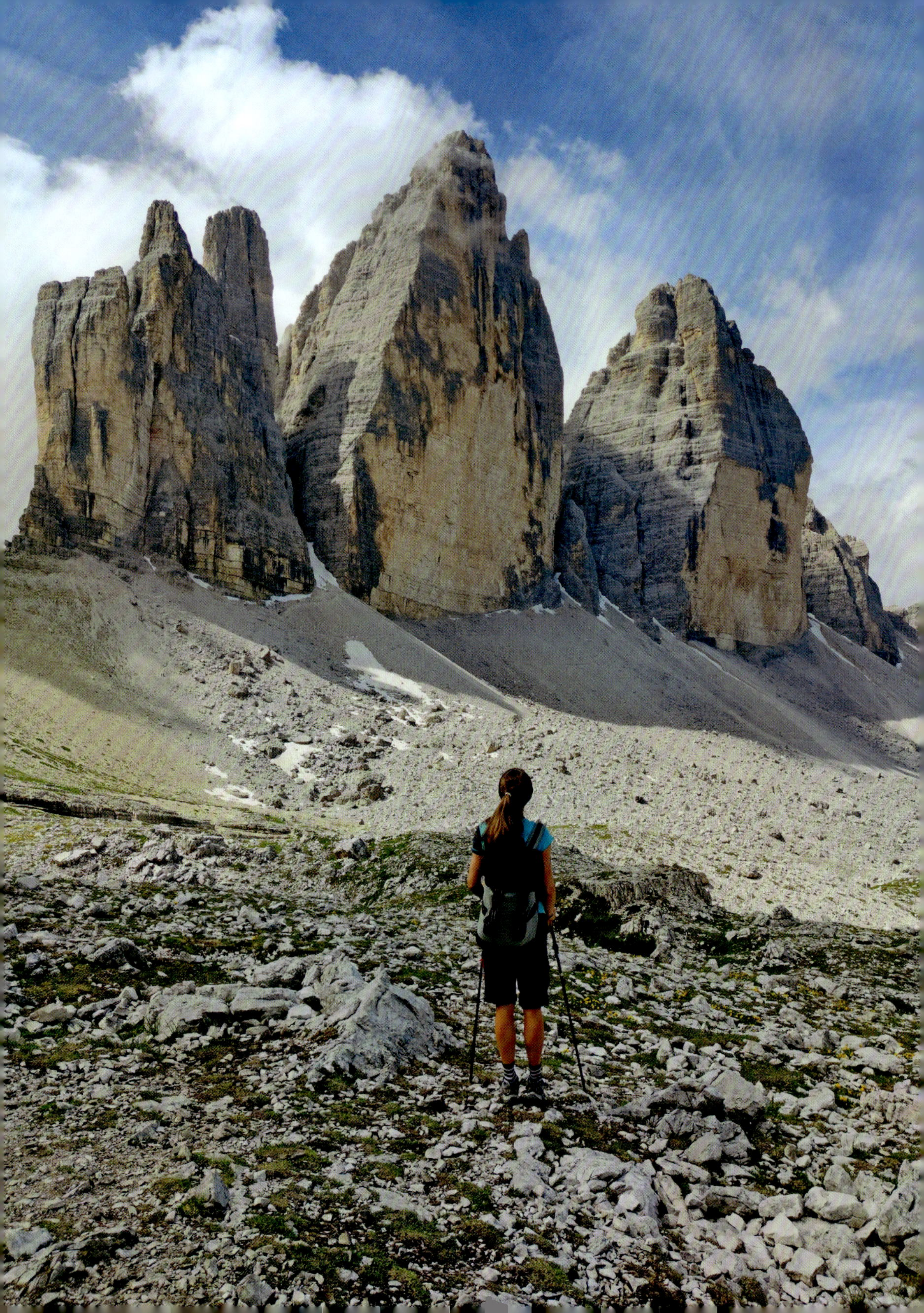

367

坦噶之役
坦桑尼亚坦噶

1914年11月，在英国试图从德属东非夺取坦噶（Tanga）失败后，德国在非洲的殖民部队取得了第一次世界大战中最大的一场胜利。英国人被打败并逃跑，他们给德国人留下了武器和补给。今天，游客可以在古老的德国建筑周围漫步，如老坦噶学校和德国地区专员的住所（现在的棕榈园酒店）。拉斯卡泽尼海滩（Raskazone Beach）是英军下船的地方，而德国公墓则埋葬着十六名德国人和四十八名在战斗中牺牲的阿斯卡利（askaris）人（当地部队）。

368

东阿尔卑斯山
意大利特伦托市科戈洛

1915年，当奥匈帝国和意大利王国之间的敌对行动开始时，东阿尔卑斯山的最高避难所维奥兹避难所（Rifugio Vioz）立即被置于奥地利军队的指挥之下。为了更好地协调高空作战，奥地利人建造了从科戈洛（一千一百多米）到蓬塔林克（Punta Linke）（三千六百多米）的缆车，在冰隧道内还建有中转站。你可以从多斯代塞姆布里（Doss dei Cembri）徒步到蓬塔林克遗址，在那里仍然可以看到德国制造的柴油发动机和站岗士兵穿的黑麦秸秆草鞋。

369

意大利战线
意大利上阿迪杰

第一次世界大战期间，前线靠近拉瓦雷多三峰（Tre Cime di Lavaredo），这是意大利人的最前哨阵地（作为奥匈帝国和意大利的边界）。该地区发生了意大利山地部队和奥地利帝国轻步兵之间的激烈战斗。其中一个备受争议的山峰是帕特恩科菲尔（Paternkofel）峰。从奥伦佐山屋（Rifugio Auronzo）出发的环形环线将带你环山而行，战壕、防御工事、隧道和通往高地的铁梯至今仍可见。

左图：在奥匈帝国和意大利的交界处，白云石见证了激烈的战争。

370

第二次伊普利斯战役
比利时法兰德斯

1925年的《日内瓦议定书》禁止使用毒气。在1915年4月，德国使用了毒气，氯气云团笼罩了伊普利斯附近的英、加、法战壕。可以从温哥华角的沉思士兵（Brooding Soldier）纪念碑出发，该纪念碑是一个高高的、低着头的士兵石像。在这里，超过两千名加拿大人在两天内死亡。还可以步行到圣朱利安（St. Julien），到基奇纳森林（Kitchener's Wood）附近的纪念碑，尽管当时只有临时制作的防毒面具保护自己，但受到重创的加拿大人还是坚持了下来。

1914—1975

卢斯战役

法国诺尔省

从战场上的孤树漫步到埋葬着无数阵亡士兵的墓地。

◆ **距离**
5.6 公里

◆ **起点**
韦尔梅勒的勒鲁托瓦尔农场

◆ **漫步类型**
有些上坡

◆ **何时出发**
全年

右图：孤树是卢斯战场上一个清晰可见的地标；这棵新树取代了原来的那棵。

下图：杜德角公墓有两千座坟墓，还有另外两万个墓碑。

1915 年 9 月的卢斯战役，是第一次世界大战中规模空前的战役。走到勒鲁托瓦尔农场（Le Rutoire Farm），这是韦尔梅勒（Vermelles）附近与世隔绝的农场综合体，你可以看到农场原来的弹孔墙，以及一个英国的混凝土观察掩体。这是 1915 年的一个高级旅级总部。

沿着小路走，你会看到田野里的一棵孤树。最初的树是被老兵砍下来作为纪念的，但在这片空旷、没有遮挡的土地上，它是一个重要的特征。前方是德军战壕所在的高地，之后你会找到卢斯昂戈埃勒（Loos-en-Gohelle）村，在那里你可以从德军的视角回顾战场。

1915 年 9 月 27 日，爱尔兰近卫军在这里参战，一名年轻的军官约翰·吉卜林（John Kipling）失踪了。他的父亲是作家兼诗人拉迪亚德·吉卜林（Rudyard Kipling）。可以继续走到杜德角公墓（Dud Corner Cemetery）和卢斯纪念馆；这是一个较大的战场墓地，有近两千座坟墓，超过两万名士兵被列入失踪者纪念碑，包括约翰·吉卜林。1930 年，拉迪亚德来到这里参加公墓的开放仪式，以纪念"儿子杰克"（他这样称呼自己的儿子）。

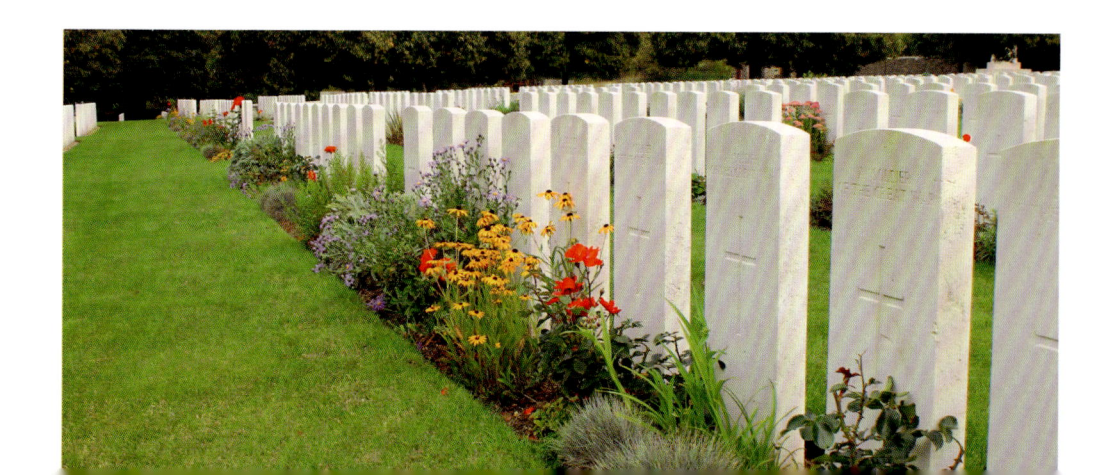

372

新沙佩尔战役
法国阿图瓦

1915年3月的这场战役标志着英国士兵第一次主动攻击德国人。英国和印度军队成功地向前推进。可以穿过村庄，看看小的战场墓地，然后继续走到位于附近的博瓦德比亚兹（Bois de Biez）的掩体，并参观印度纪念碑：由两只老虎看守的印度之星。

373

纳瓦林农场之战
法国香槟地区

1915年9月，包括英国和美国志愿军在内的法国外籍军团曾在这里作战。可以穿过陈旧的铁丝网中摇摇欲坠的战壕。附近是德军掩体和大片的法国墓地。

1914—1975

374

加利波利战役
土耳其恰纳卡莱加利波利半岛

在这片美丽的海岸线上的战壕中，牺牲了无数澳大利亚和新西兰军人。

◆ **距离**
　12公里

◆ **起点**
　楚努克拜尔（新西兰纪念馆）

◆ **漫步类型**
　轻松至中等难度

◆ **何时出发**
　全年，避开周末

当奥斯曼帝国在1914年加入同盟国时，它关闭了达达尼尔海峡，阻断了协约国的一条主要补给线。英国海军大臣温斯顿·丘吉尔认为，盟军控制达达尼尔海峡和博斯普鲁斯海峡并占领伊斯坦布尔至关重要，但在1915年2月的第一次强攻达达尼尔海峡的尝试失败了。

两个月后，英国、澳大利亚、新西兰和印度军队不畏艰难，登陆了加利波利半岛（现代土耳其语为"Gelibolu"）。从一开始这就是一场灾难。盟军被土耳其人包围，被迫挖战壕进行防护，并发动了血腥攻击，试图获得立足点。经过九个月的激烈战斗，双方伤亡约二十五万人，但进展甚微，联军于1916年1月撤退。

探索各种战场的最佳方式是跟随最初战士的脚步。沿着加利波利半岛北部的小径步行12公里，从楚努克拜尔（Chunuk Bair）开始向南出发，您将经过纪念碑、战斗地点、战壕和墓地，包括孤松（Lone Pine）。小径的终点是澳新军团海湾的登陆点。

375

苏夫拉湾登陆
土耳其加利波利

1915年8月苏夫拉登陆本是为了结束盟军在土耳其的战役，但结果却陷入了僵局。从海滩走过去，经过十号山英国公墓，你会发现一个农场的遗迹和诺福克团桑德林厄姆连消失的沟渠。战后他们的尸体在这里被发现。

376

孤松之战
土耳其加利波利

1915年8月，澳大利亚和新西兰陆军（澳新军团）和奥斯曼帝国之间的战斗是一次转移注意力的攻击，目的是转移后者对半岛上盟军的注意力，并以澳新军团的胜利告终。移动的澳新军团墓地位于楚努克拜尔西南方向（步行3公里）。

上图：从楚努克拜尔的战壕开始你的旅程。

左图：加利波利半岛上澳新军团湾的英联邦战争坟墓海滩公墓。

1914—1975　**297**

索姆河战役

法国索姆省博蒙阿梅尔

在这个保存完好的战场上，穿过独特的锯齿形战壕和弹坑。

◆ **距离**
3公里

◆ **起点**
纽芬兰公园，博蒙阿梅尔

◆ **漫步类型**
路况良好，轻微爬升

◆ **何时出发**
全年

右图：一尊咆哮的驯鹿雕像在为加拿大士兵的牺牲而呐喊。

索姆河战役于1916年7月1日早上7时30分打响，英国和英联邦的士兵在一条二三十公里长的战线上展开了战斗。战斗持续到1916年11月18日，但仅在第一天，就有近两万名英国士兵阵亡。

在博蒙阿梅尔战场上有一整块地方被保存了下来，以纪念在那里牺牲的纽芬兰的加拿大士兵。在入口处，有来自纽芬兰的树木和岩石，草地覆盖的壕沟向四面八方延伸。这里是一个完整的战场：预备线、支援线和前线，还有无人区和德军战壕。壕沟故意弯曲，以尽量减少炮火的影响。弹坑随处可见，展示着大炮的威力。

你可以穿过战壕，感受一下他们有多幽闭恐怖。俯瞰纽芬兰人袭击的地方，一只青铜色的驯鹿张开嘴巴，失落地呼喊着。在参加战斗的大约八百人中，有七百多人伤亡。你可以沿着他们前进的地方走下去，一直走到"危险树"，那里有很多人倒下。这里有小型的战场墓地，还有许多身份不明的坟墓，除此之外，即使在一个世纪之后，德国战壕似乎也仍将永久存在。

青草遮盖了伤疤，但索姆河这片独特的地方仍然充满了悲伤。

1914—1975

上图：杜奥蒙堡垒的一个掩体。 下图：雄伟的提耶普洼纪念碑。

300 第六章 两次世界大战和二十世纪中后期

378

凡尔登战役
法国默兹省

凡尔登战役持续了三百多天，是战争中最长的战役，它始于 1916 年 2 月，曾在九小时内发射了二百五十万枚炮弹。沿着杜奥蒙特公墓（Douaumont Cemetery）一排排的法国十字架，你会来到气势恢宏的骸骨馆前，其中收藏了超过十二万名士兵的遗骨。这里有法国穆斯林士兵纪念碑，保存完好的战壕和掩体，在杜奥蒙特堡（Fort Douaumont）内，你可以看到工作的炮塔和半明半暗的走廊，那里是人们战斗和牺牲的地方。在堡垒的顶部，巨大的弹坑显示了这片土地的破碎程度。

379

弗罗梅勒战役
法国诺尔省

1916 年，为了支援索姆河上的英军，理查德·哈金（Richard Haking）中将率领一个英澳联合师，进攻了奥伯斯岭（Aubers Ridge）附近一个防御严密的德军阵地。然而，中将发现他们没有做好准备，人数上处于劣势，并且正在向空旷地带逼近。他们受到德军防线的直接攻击，在一天内造成七千多人伤亡。可以在弗罗梅勒（Fromelles）和纽瓦夏贝尔（Neuve-Chapelle）两个村庄之间散步，在那里你会穿过双方的前线。还可以参观弗罗梅勒的德军掩体残骸、战争纪念碑和公墓。

380

蒂耶普瓦罗战役
法国索姆省

1916 年 9 月，盟军经过两个月的战斗，在坦克的协助下，占领了索姆河德军防线后最大的村庄蒂耶普瓦罗（Thiepval）。从村子南边的一个小采石场走出来，你可以看到田野里古老战壕的粉笔痕迹。在 1932 年开放的伟大的蒂耶普瓦罗纪念碑的场地上，纪念着索姆河的逝者（超过七万三千名士兵）。在游客中心，电影解释了战争的历史，在山脊上的一个小纪念碑，你可以看到索姆河是一个怎样的杀戮场。

381

昂克尔河战役
法国皮卡第昂克尔河

昂克尔河穿过北部索姆河战场。1916 年 11 月，英国皇家海军步兵师的海军士兵占领了河谷和博库尔（Beaucourt）村。在博蒙阿梅尔的昂克尔英国公墓（Ancre British Cemetery），埋葬着那些逝去的生命，包括新闻大亨罗瑟米尔勋爵（Lord Rothermere）的儿子。从这里，沿着德军堑壕线曾通往混凝土掩体的一条小路往上走。在博库尔，一个波特兰石头纪念碑展示了许多海军部队的徽章，都以纳尔逊（Nelson）等著名海军上将的名字命名，这种独特的形式是温斯顿·丘吉尔的想法。

1914—1975

382

复活节起义
爱尔兰都柏林

尽管英国在 1914 年同意爱尔兰实行地方自治，但第一次世界大战推迟了自治的实施。1916 年 4 月，不耐烦的共和党人进军都柏林，占领了关键阵地。经过不到一周的战斗，起义军向英军投降。如果英国人没有处决其中的十六名领袖，叛乱在爱尔兰的影响就会小一些。共和党人的支持率急剧上升。从圣斯蒂芬格林（St. Stephen's Green）向北步行半小时，穿过利菲河到达邮政总局，然后向西到达四法院（Four Courts），就能看到起义地点。

383

英国空战
英国伦敦

1915 年，五十二次齐柏林飞艇袭击造成了五百五十六人死亡，一千三百五十七人受伤。在战争后期，德国人开发了更强大的双引擎哥达轰炸机，造成了更多的伤亡。河堤上的克丽欧佩特拉方尖碑（Cleopatra's Needle）和法院巷（Chancery Lane）旁的林肯小教堂，都有齐柏林飞艇袭击留下的弹片痕迹。从后者，步行到巴塞洛缪附近，在那里，一个装置摧毁了几栋房屋，杀死了两个人，几个世纪以来第一次暴露了中世纪圣巴塞洛缪大帝教堂（St. Bartholomew the Great）的半木结构。

右图：都柏林四法院附近地区在复活节起义中发生了激烈的战斗。

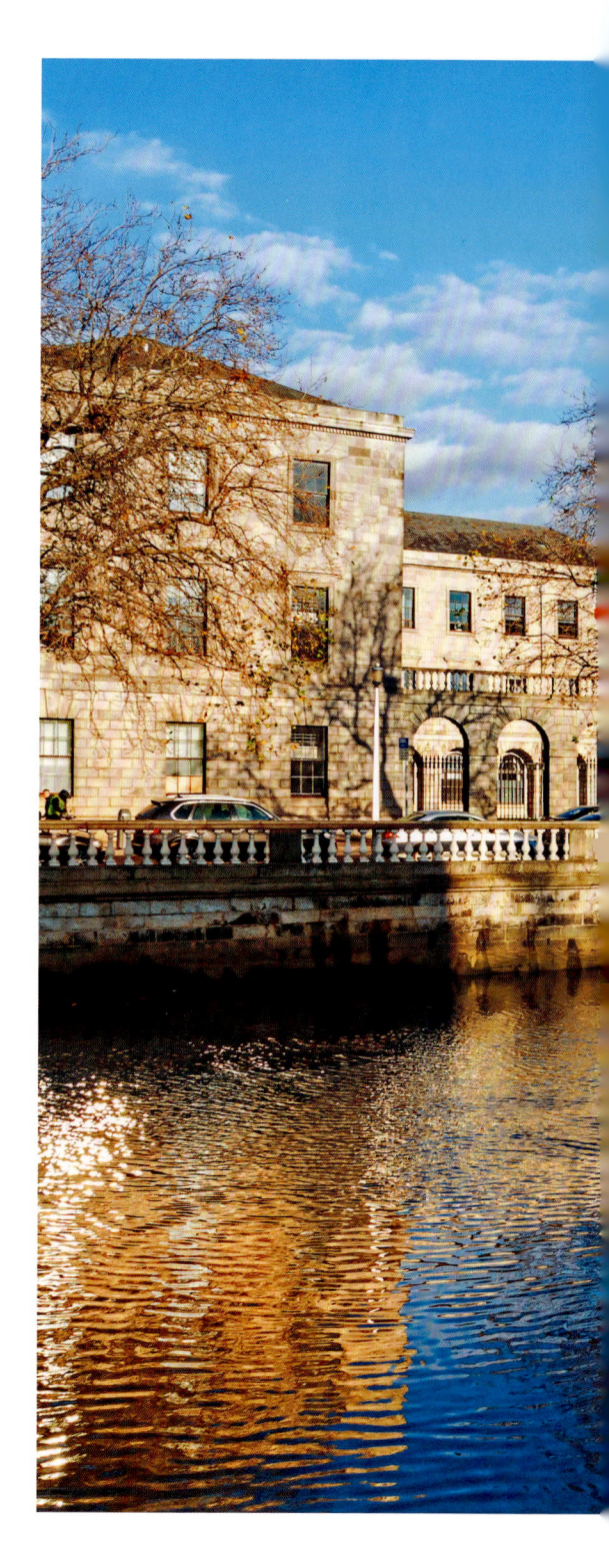

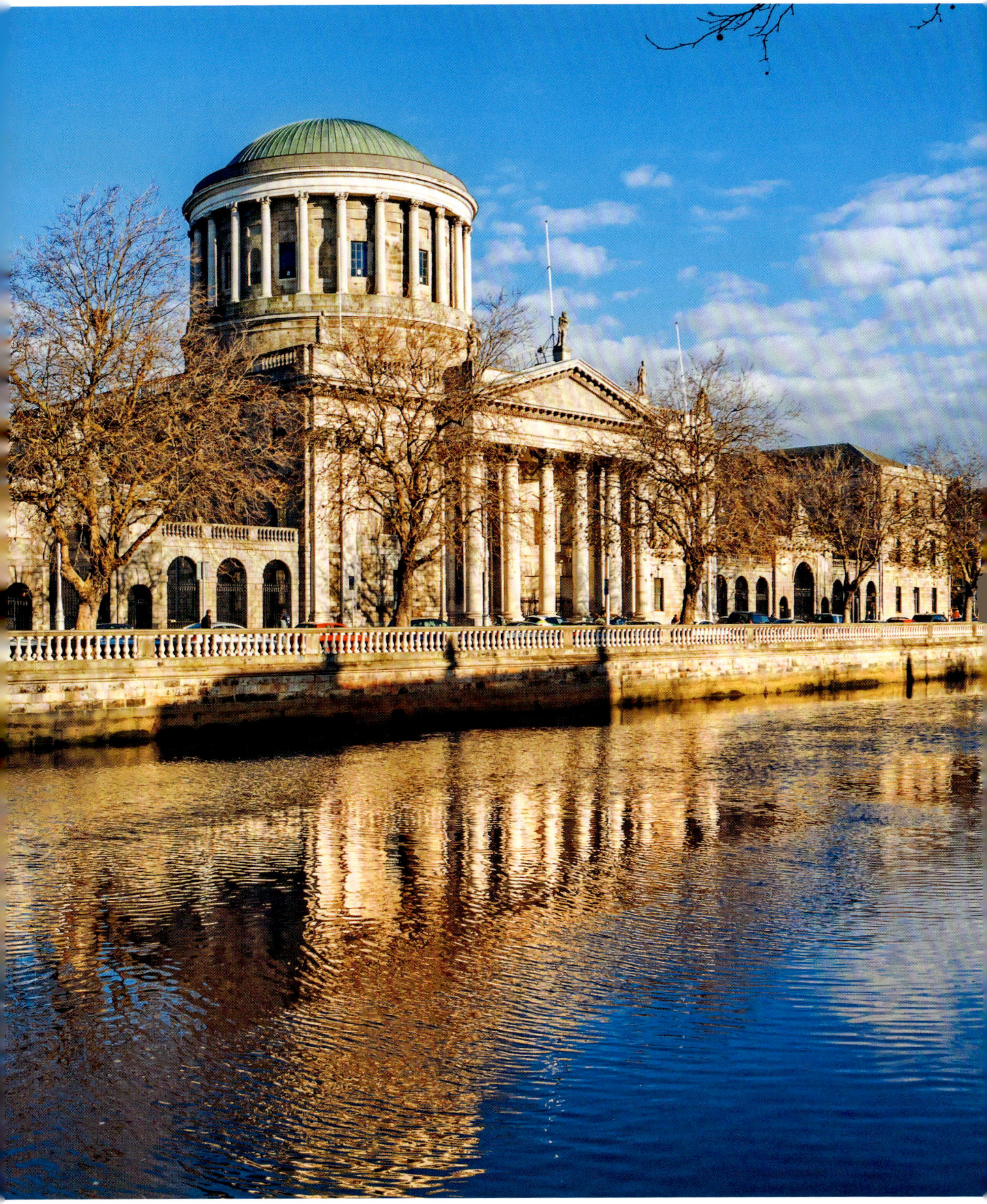

俄国革命
俄罗斯圣彼得堡

与革命者同行,他们建立了世界上第一个社会主义国家,并促成了苏联的成立。

◆ **距离**
5.5公里

◆ **起点**
俄罗斯冬宫博物馆

◆ **漫步类型**
悠闲的半日漫步

◆ **何时出发**
全年

右图:圣彼得堡的宫殿广场,该城是俄国革命的发源地。

1917年2月,因食物短缺而引发的抗议和暴动开始于圣彼得堡的涅夫斯基大道(Nevsky Prospekt)。人们要求面包的游行变成了骚乱和对宫殿的抢劫。

俄罗斯人民已经对自己恶劣的生活条件感到不满,再加上在第一次世界大战中遭受重大损失的俄军兵变,他们转而反对沙皇尼古拉二世(Nicholas II)。甚至军队也加入了抗议。沙皇退位,下议院议员杜马组成了临时政府。

事态的发展使得布尔什维克领导人弗拉基米尔·伊里奇·列宁(Vladimir Ilyich Lenin)于4月结束流亡回国,传播他的意识形态和影响力。列宁的反战情绪提高了布尔什维克在劳动人口中的受欢迎程度。俄罗斯各地的政治派别开始争斗,由利昂·托洛茨基(Leon Trotsky)领导的革命军事委员会开始了武装起义。在一场被称为十月革命的政变中,布尔什维克夺取了控制权并组建了自己的政府,最终建立了苏联。不妨沿着革命的道路,绕着圣彼得堡走一圈,这里是俄国革命开始的地方。

斯特雷尔卡 – 瓦西尔耶夫斯科戈 – 奥斯特罗娃　　战神广场

涅瓦河

俄罗斯冬宫博物馆

圣彼得堡

冬宫广场

圣艾萨克广场　　喀山大教堂

385

革命蔓延
俄罗斯莫斯科

　　1917年的革命从圣彼得堡迅速蔓延到莫斯科。为了获得支持，杜马政府和布尔什维克都发表了政治演讲。1918年3月，革命后的莫斯科成了俄罗斯的首都。绕着红场走一圈，列宁的遗体被陈列在一座陵墓里。

1914—1975　**305**

386

梅西纳山脊上的地雷
比利时法兰德斯

探访梅西纳山脊（Messines Ridge）上地雷爆炸留下的弹坑。

◆ **距离**
3.2 公里

◆ **起点**
斯潘布鲁克莫伦地雷弹坑

◆ **漫步类型**
路况良好的小径

◆ **何时出发**
全年

右上图：隧道掘进者的青铜雕像。

右图：这个位于法兰德斯的弹坑现在被称为和平池。

斯潘布鲁克莫伦（Spanbroekmolen）是一座风车的所在地，它坐落在梅西纳山脊（Messines Ridge）的顶部，这是伊普尔（Ypres）以南的高地，1914 年被德国人占领。作为德国的一个据点，它是十九个被英国和英联邦隧道掘进者在地下埋设巨大地雷所摧毁的目标之一。

穿过树丛，你会发现这个由四十五吨炸药炸出的巨大弹坑。对面的田野就是战场。从这里可以走到维茨凯特路（Wytschaete Road），这是爱尔兰北部士兵和南部士兵之间的分界线。这是他们第一次并肩作战。

在更远的地方，另一个佩克汉姆弹坑（Peckham Crater）没有树木，清楚地显示出 1917 年 6 月四十三吨弹药造成的破坏规模。沿着这条路继续前行，会经过梅德尔斯特德农场弹坑（Maedelstede Farm Crater），这是第三个弹坑。爱尔兰军团的纪念碑矗立在怀茨谢特军事公墓（Wytschaete Military Cemetery）外，那里有战争期间留下的坟墓。在村庄里，在怀茨谢特教堂（Wytschaete Church）外，有一个隧道掘进者的铜像，他是法兰德斯（Flanders）的"黏土掘进者"之一，他在这条山脊上度过了最美好的时光。

387

第三次伊普利斯战役
比利时法兰德斯

第三次伊普利斯战役是一场泥战。可以从每晚播放《最后的驿站》的门宁门纪念馆（Menin Gate Memorial）出发，沿着门宁路走一段路，经过1917年被炸成碎片的地狱火角（Hell Fire Corner），到达贝尔韦尔德岭（Bellewaerde Ridge）的之前的前线。

388

巴雪戴尔
比利时法兰德斯

作为第三次伊普利斯战役的一部分，加拿大人于1917年10月向巴雪戴尔（Passchendaele）进发。十天之内，他们损失了一万六千多人，但在暴风雪中拿下了这个村庄。从世界上最大的英国墓地泰恩科特公墓（Tyne Cot Cemetery），沿着山坡可以走到加拿大纪念碑（位于现在的帕森达勒）。

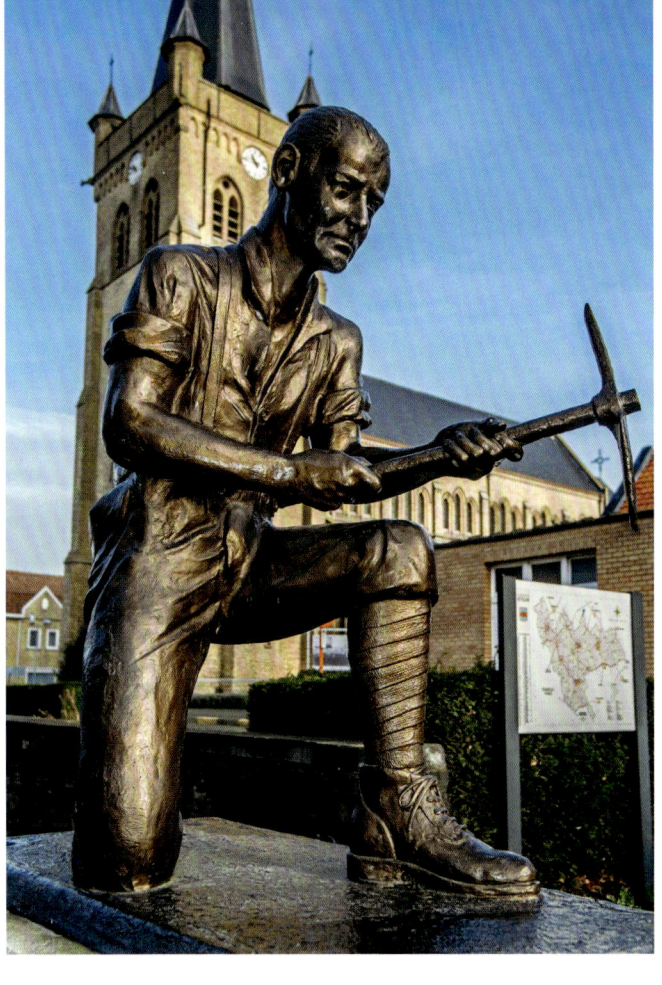

1914—1975

389

兴登堡防线
法国加莱海峡

漫步在战场上，参观满是战争遗物的博物馆。

◆ **距离**
3.2 公里

◆ **起点**
埃库斯特圣曼

◆ **漫步类型**
轻松，少量攀爬

◆ **何时出发**
全年

右上图：大自然正在收回兴登堡防线的部分区域。

右图：在比勒库尔纪念澳大利亚士兵的"垂边软帽"。

冬天，德国人在阿拉斯（Arras）和苏瓦松（Soissons）之间建造了兴登堡防线，并于 1917 年春天撤回到这条防线。英国部队紧随其后，在那里与他们交战。

在萨姆·门德斯（Sam Mendes）的电影《1917》中，准下士斯科菲尔德（Schofield）穿过燃烧的小镇时，埃库斯特（Écoust）村就出现了。被英国人占领后，它成了通往前线的一条路线。一个草堆标志着旧村庄所在地。附近的铁路路堤上有一个小型的英国墓地。从这里出发，继续穿过农田小道，到达一片开阔的风景区，从那里的高处可以俯瞰克鲁瓦西耶（Croisilles）。电影中也有这样的场景。在那些早期的战斗中，这片地区是草原，有着浅浅的白垩沟渠，这在电影中也被出色地捕捉到了。战争发生在 1917 年 4 月和 5 月，当时英国和后来的澳大利亚士兵曾奋力穿过兴登堡防线。

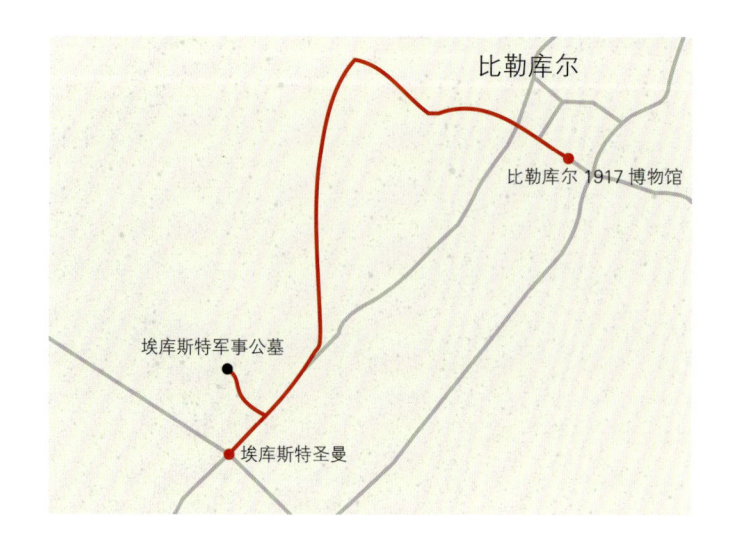

你可以走进比勒库尔（Bulleccourt）村，在那里，人们可以在教堂的"垂边软帽"纪念馆看到澳大利亚人的牺牲，还有一个很棒的战争博物馆，里面满是在周围田野里发现的战争遗物。

1914—1975

维米岭战役
法国加莱海峡

进入地下的白垩隧道，穿过战场，最后在加拿大国家维米纪念碑（Canadian National Vimy Memorial）结束。

◆ **距离**
3.2公里

◆ **起点**
斯潘布鲁克莫伦地雷弹坑

◆ **漫步类型**
路况良好的小径

◆ **何时出发**
全年

右上图：令人印象深刻的加拿大士兵白色石头纪念碑。

右图：在战斗现场仍然可以看到保存完好的战壕。

在阿拉斯战役中，加拿大军团于1917年4月9日进攻维米岭（Vimy Ridge）高地。这是第一次来自加拿大各地的人们在这些山坡上并肩作战。

从游客中心，导游可以带领游客参观一些地下白垩隧道，然后前往保存在混凝土中的战壕和覆盖战场的巨大地雷坑。这里的每棵树都是为一名失踪的加拿大士兵而种的。再往前是两个加拿大战场墓地：一排排长长的坟墓，有些士兵只有十六岁。走到一四五高地的山脊最高点，你会沿着加拿大进攻的路线前进。五天的战斗造成了一万人伤亡。

近二十年后，令人惊叹的维米纪念碑在数千名加拿大人面前揭幕，其中许多人在战争中失去了亲人。走近它时，白色的石像变得清晰起来：加拿大母亲在茫然中低着头，祭坛上横放着剑和头盔，两根巨大的柱子直冲云天。墙上有超过一万一千名失踪者的名字。他们的遗产是为一个新兴国家奠定了基础。

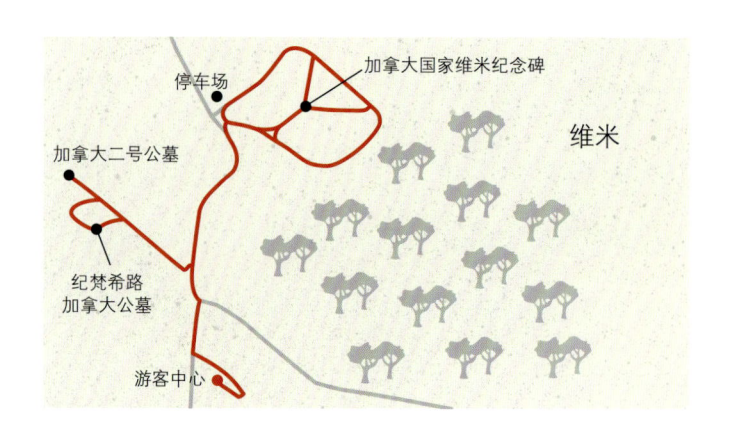

391

贵妇小径
法国埃纳省

在兰斯附近山脊的斜坡上有一座法国坦克纪念碑，纪念着 1916 年 9 月 9 日这些战斗机器首次在战争中使用。你可以走到山顶并进入地下的龙之巢（La Caverne du Dragon），探索战斗发生的白垩隧道，并了解导致法国兵变的原因，当时士气低落的部队继续防御，但拒绝了进攻命令。

392

康布雷战役
法国诺尔省

1917 年 11 月，康布雷战役成了战争中首次大规模使用坦克的战役。从阿夫兰库尔（Havrincourt）的西瑞丁（West Riding）师纪念碑出发，沿着坦克使用的农场小道登上弗莱基耶尔山脊（Flesquières Ridge）。在这里的博物馆里，你会发现一辆 1998 年从战场上发掘出来的英国坦克。

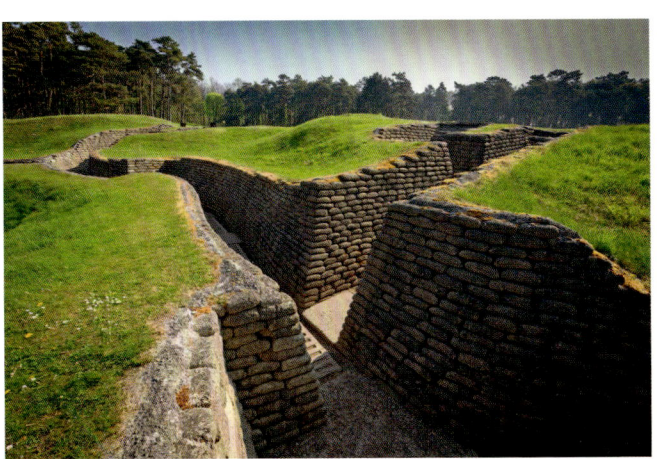

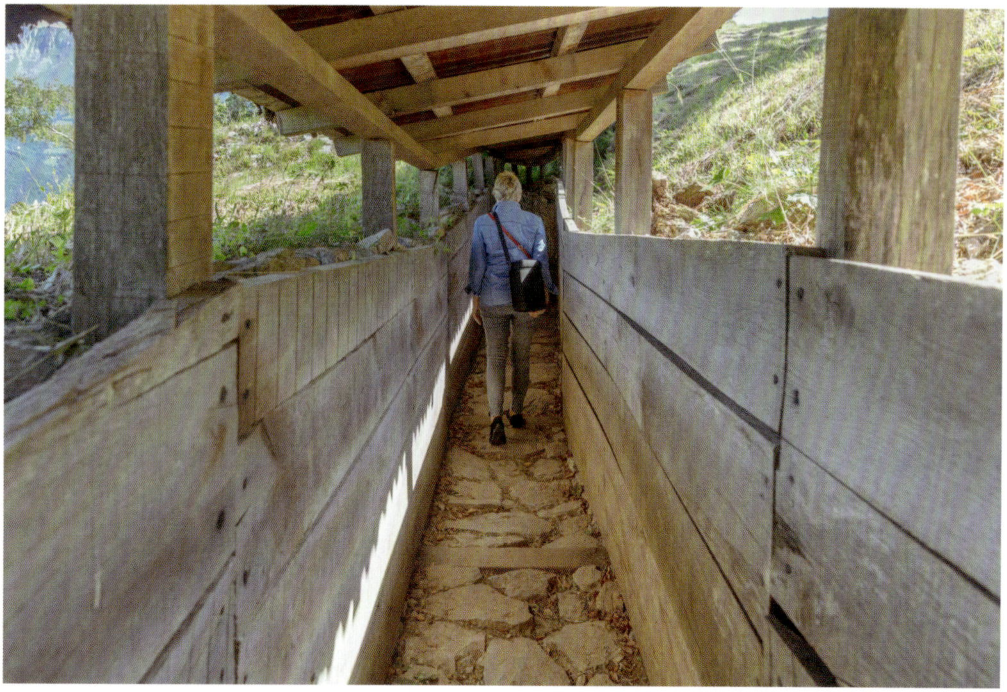

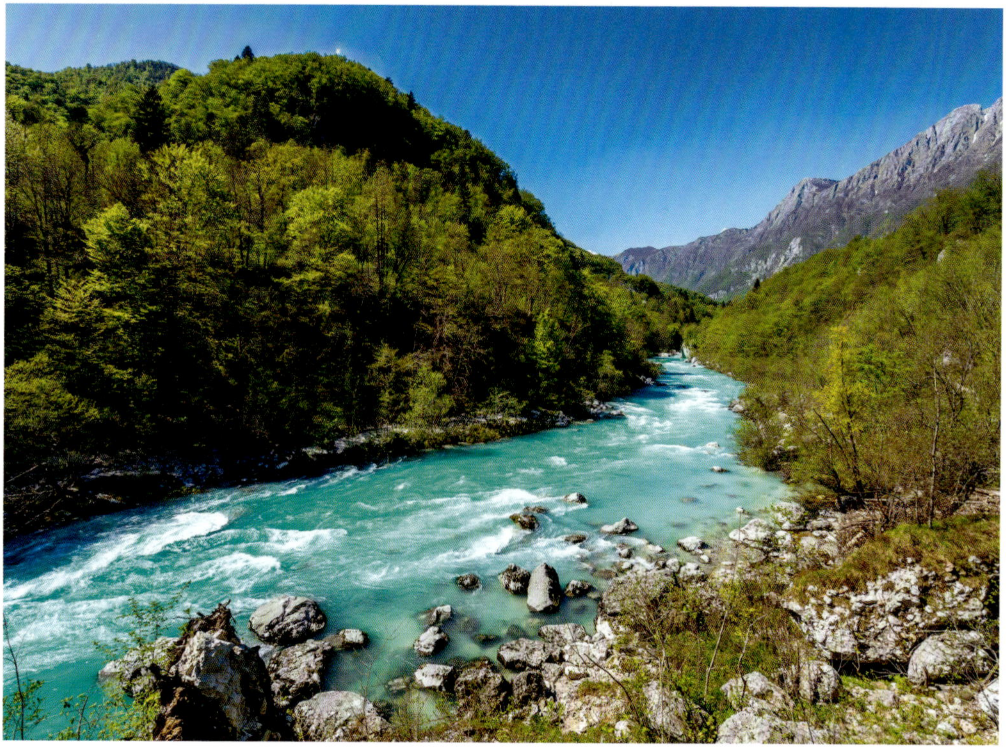

卡波雷托战役
斯洛文尼亚普利莫斯卡地区科巴里德附近

走一段"和平之路",穿过斯洛文尼亚令人惊叹的索查(Soča)山谷。

◆ **距离**
7.6公里

◆ **起点**
科巴里德和平之路游客中心

◆ **漫步类型**
中等难度

◆ **何时出发**
避开冬天

左上图:科巴里德附近重建的战壕。

左图:科巴里德历史步道穿过索查河(Soča River)美丽的山谷。

1917年10月,奥匈联军和德国联军在伊松佐(或索查)战线的最后战役中取得了胜利,这是历史上伟大的、也是血腥的山地战役。战斗在二十六天后结束时,成千上万的士兵或死或伤,或被毒气毒死或被残害得面目全非。在整个1915年至1917年期间,索查前线的伤亡人数(包括战线后面的士兵和平民)几乎达到了一百万。

"科巴里德(Kobarid)奇迹"(斯洛文尼亚语,意大利语为Caporetto)击溃了意大利军队,并将战斗推进至意大利领土深处。在欧内斯特·海明威的小说《永别了,武器》中,他生动地描述了意大利人的撤退,海明威在战役中驾驶一辆意大利救护车时受伤。

这条三百二十二公里长的和平之路连接了斯洛文尼亚上索查地区伊松佐前线最重要的遗迹和纪念碑。沿途你会经过公墓、纪念教堂和户外博物馆。一个较短的选择是沿着科巴里德历史步道走不到五英里,这将带你经过战壕、炮台和意大利防线的观察哨,并穿过美丽的索查河山谷。

394

亚喀巴战役
约旦亚喀巴

这是 1917 年阿拉伯起义期间的一场关键战役。阿拉伯起义是第一次世界大战期间为期两年的起义，旨在建立一个统一独立的阿拉伯国家。尽管最终没有成功，但阿拉伯军队在 T. E. 劳伦斯（阿拉伯的劳伦斯）的协助下，成功地驱逐了奥斯曼人，并占领了红海港口。沿着海滨的阿拉伯大起义广场走一走，就能看到四十六米高的阿拉伯起义旗杆，旗杆上有巨大的旗帜，亚喀巴堡入口处有纪念起义的哈什米特盾徽。

395

米吉多战役
以色列北区米吉多基布兹附近

1918 年，盟军取得了胜利，这是第一次世界大战期间盟军在巴勒斯坦的最后一次进攻。战斗发生在一个非常广阔的地区，只有一些行动在米吉多（Tel Megiddo）附近。但陆军元帅埃德蒙·艾伦比（Edmund Allenby）之所以选择这个名字，是因为它具有圣经（和象征性）的共鸣：世界末日。米吉多国家公园是联合国教科文组织世界遗产地，有超过二十五条不同历史时期的步道。

下图：约旦亚喀巴堡内。

396

利斯战役
比利时法兰德斯

利斯河流经法比边境。1918年4月，在德国最后的一次进攻中，那里发生了战斗。走到法兰德斯的最高点坎梅尔山（Kemmelberg）的山顶，你会发现纪念法国死者的令人印象深刻的装饰艺术纪念碑。登上瞭望台餐厅的塔楼，美景尽收眼底。在村子的教堂墓地里，有许多英国人的坟墓，附近还有一块界碑，就在德国人被阻止的地方。

397

凯泽之战
法国埃纳省

随着美国加入盟军，1918年3月21日，德国人发动了迈克尔行动，通常以他们的皇帝命名为"凯泽之战"（The Kaiser's Battle）。在圣昆汀（St. Quentin）城外，你可以从萨维（Savy）的英国公墓出发，看看当天死去的人的坟墓，并穿过弗朗奇利－塞伦西（Francilly-Selency）附近的采石场，来到被称为曼彻斯特山的高地。曼彻斯特联队被包围在这里，那天他们坚守到最后一人。其中包括威尔弗里斯·埃尔斯托布（Wilfrith Elstob）中校，他在死后被授予维多利亚十字勋章。他的尸体一直没有找到。

下图：步行穿过昔日的战场，登上比利时坎梅尔山的山顶。

1914—1975 **315**

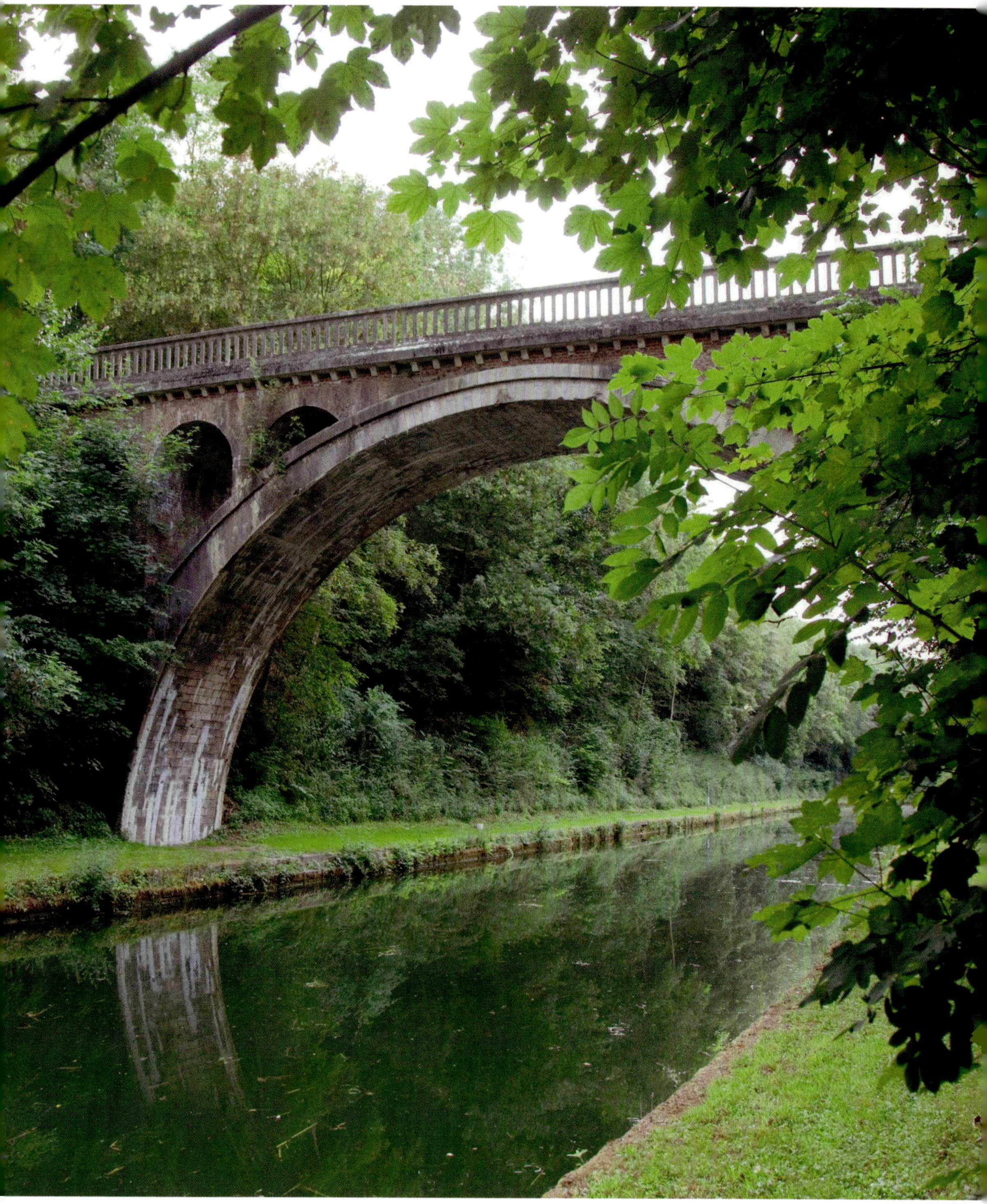

398

第三次埃纳河战役
法国埃纳省

1918 年 5 月 27 日，位于兰斯西北部的高地山脊上的贵妇小路（Chemin des Dames）见证了德军对英军的大规模进攻。在山丘森林（Bois des Buttes）中，你可以沿着战壕线走，然后进入拉凡奥布斯蓬塔韦尔（La Ville-aux-Bois lès Pontavert）村，来到德文郡团和英国炮手的纪念碑前，他们在森林中进行了最后的抵抗，并因其勇敢而被法国授予十字勋章。另外，还可以走出村子，走到拉凡奥布斯英国公墓（La Ville-aux-Bois British Cemetery）的英军坟墓看一看。

399

第二次马恩河战役
法国马恩省

1918 年夏天，德军在马恩河发动了最后一次进攻。美国海军陆战队在贝洛森林（Belleau Wood）的黑暗树林中作战，美国军队发挥了至关重要的作用。在美国公墓，走在一排排白色十字架之间，那里埋葬着两千二百多名"少爷兵"（美国步兵）。教堂里有失踪人员的名单。在树林里，你可以看到战壕和弹孔，海军陆战队纪念碑和德国野战炮。

400

里克瓦尔桥
法国埃纳省贝利库尔

1918 年 9 月，里克瓦尔桥是法国北部圣昆汀运河（St. Quentin Canal）这一部分的唯一过境点。如果它被摧毁，攻击者将不得不在炮火中游过运河。然而，斯塔福德郡军队的巡逻部队从德军手中完整地夺取了这座桥，从而取得了胜利。如今，桥的周围是德军掩体的遗迹和一座英国纪念碑。你可以穿过原来的桥，走到运河岸边，向北走到里克瓦尔隧道（Riqueval Tunnel）。隧道入口处有德军的防御工事，在一条小路上还有一座纪念美军的纪念碑。

401

解放蒙斯
比利时海诺特

对于英国来说，战争结束于 1914 年的蒙斯。在冲突的最后时刻，加拿大军队在英国骑兵的支援下进入了这座城市。其中有来自利兹的矿工乔治·埃里森（George Ellison），他死在离利兹不远的马背上，是最后一批在战争中牺牲的英国士兵。穿过康德运河步行桥进入海恩河畔维尔（Ville-sur-Haine），那里有加拿大士兵乔治·劳伦斯·普莱斯（George Lawrence Price）的纪念碑，他是最后一位在战争中牺牲的联邦士兵，就在 1918 年 11 月 11 日上午 11 点停战生效前两分钟。他们的坟墓都在附近的圣辛菲里安公墓（St. Symphorien Cemetery）被发现。

左图：里克瓦尔桥是盟军在战争期间占领的战略过境点。

◆ 402

亚眠
法国索姆省

追寻结束的开始，盟军士兵突破了索姆河上的德军防线。

◆ **距离**
4.8 公里

◆ **起点**
维莱布勒托讷

◆ **漫步类型**
郊野

◆ **何时出发**
全年。仪式在 4 月 25 日举行

右上图：在几公里外都能看到澳新军团战士的纪念塔。

右图：这座纪念碑是为了纪念一万多名失踪的澳新军团士兵。

1915 年，澳大利亚作为澳大利亚和新西兰陆军军团（澳新军团）的一部分在加利波利作战。到 1918 年，他们已经成为自己的部队，但在那一年的春天，澳新军团帮助阻止了德军在索姆河（Somme）上的推进，特别是在维尔勒-布雷顿纽（Villers-Bretonneux）。

这里有一个法澳博物馆，在前往阿德莱德公墓之前，你可以在该博物馆了解这些士兵的牺牲。1993 年，这里挖掘出一座身份不明的澳大利亚士兵的遗骸，并作为他们的无名战士被带到了堪培拉。

1918 年 8 月 8 日，德军在索姆河上的防线被击溃，标志着战争即将结束。穿过战场，你将到达巨大的维尔勒-布雷顿纽军事公墓。澳大利亚人、英国人和加拿大人并排躺在山坡上，一座大型塔楼是纪念一万多名失踪的澳新军团士兵的纪念碑的一部分。它显示了 1940 年 5 月战争中遭受的破坏。在公墓后面是莫纳什中心（Monash Centre），它是一个现代的游客中心，讲述着澳大利亚在法国和法兰德斯的战争中作出的贡献（他们牺牲了四万五千多人）。

1914—1975 **319**

320　第六章　两次世界大战和二十世纪中后期

第二次桑布雷战役
法国诺尔省奥尔斯附近的桑布雷 – 瓦兹运河

沿着运河纤道，经过英国诗人威尔弗雷德·欧文在战争结束前一周被杀害的地方。

◆ **距离**
4 公里

◆ **起点**
奥尔斯村

◆ **漫步类型**
运河路

◆ **何时出发**
全年

左上图：在英国士兵的坟墓中有威尔弗雷德·欧文的坟墓，他在战争结束前一周被杀。

左图：穿过摩尔玛勒森林来到威尔弗雷德·欧文居住过的房子。

第一次世界大战的最后一场伟大战役发生在 1918 年 11 月 4 日，当时有十万多人投入战斗。堑壕战结束了，战斗穿过开阔的田野到达了德军防守的桑布雷运河。站在运河桥上，你会发现战争诗人威尔弗雷德·欧文（Wilfred Owen）的纪念碑，他在这里的战斗中牺牲了。可以说，他在这场战争中发出了最伟大的声音，最近他被授予军功十字勋章，证明了他的勇敢。

沿着运河的纤道走，来到左边的一条路，你就站在了欧文在运河岸边鼓励他的士兵的地方，然而就在战争结束前的一个星期，欧文被杀了。

沿着这条路，绕着村子向车站走去，你会在法国平民公墓找到欧文的坟墓；英国的墓地几乎都是从他去世那天开始修建的，其中包括两名被追授维多利亚十字勋章的人。他墓上的题词出自他的一首诗，是他母亲选的。穿过附近的摩尔玛勒森林（Mormal Forest），就来到了护林人的房子，欧文就在房子的地窖里写了他的最后一封信。现在该房子是一个游客中心，讲述着欧文的故事、他的生活和他的诗歌。

芬兰内战

芬兰赫尔辛基

芬兰内战爆发后，赫尔辛基街头的生活出人意料地保持着几乎正常的状态。商店和咖啡馆仍然营业，市民们出来观看，士兵们会让他们后退。权力之争发生在1917年芬兰宣布独立后不久，在事实上独立的芬兰第一届政府的"白卫军"（德国支持）和社会主义工人共和国"红卫军"（俄罗斯支持）之间展开。1918年5月，战争以白卫军的胜利告终，但政治派别之间从未签署过正式的和平条约。可以在坎皮（Kamppi）附近走一小段路，那里发生过很多战斗，并在寂静礼拜堂（Chapel of Silence）里进行沉思。

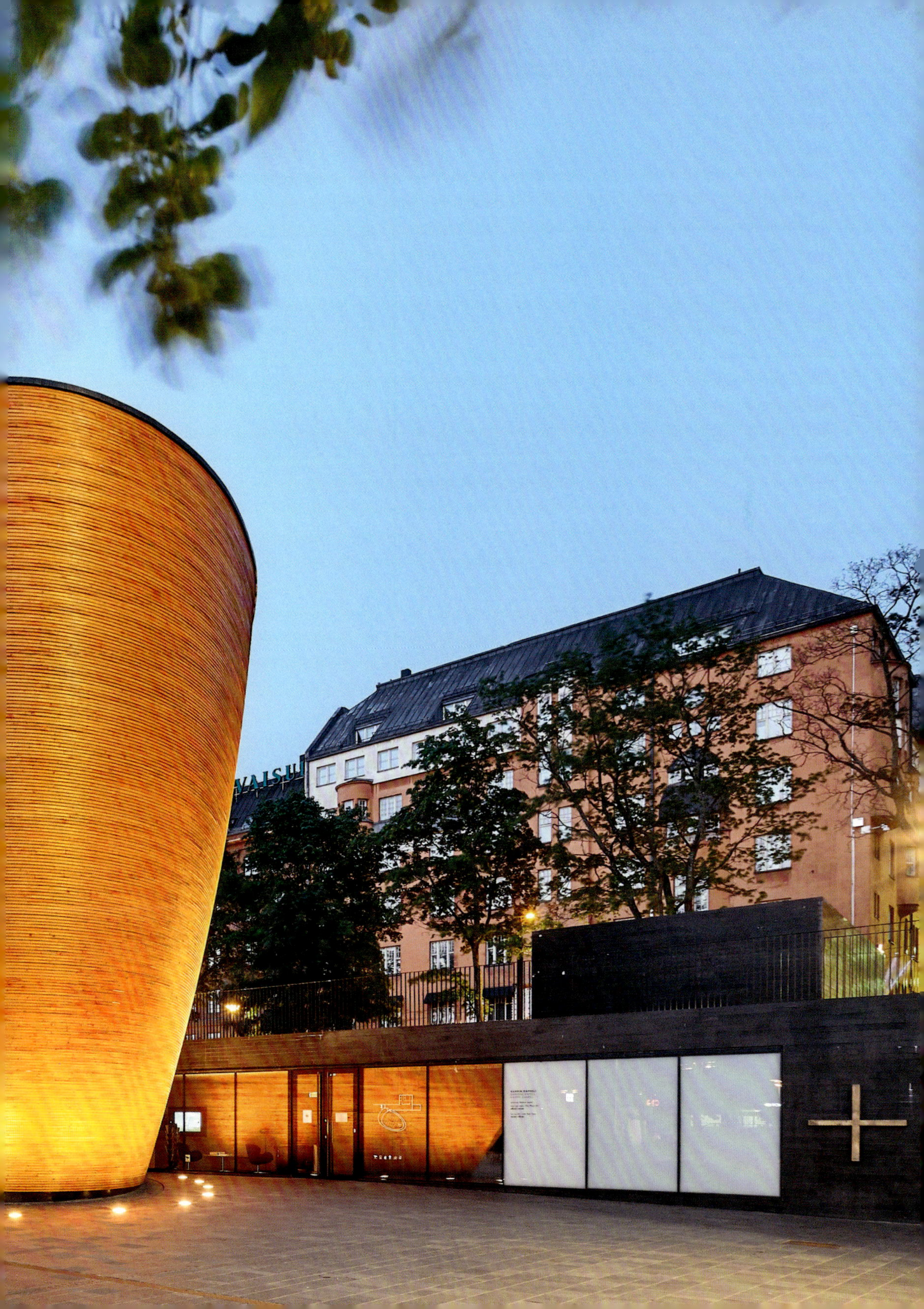

405

萨卡利亚战役

土耳其安卡拉省波拉特勒

1921年，在安卡拉西南八十公里的萨卡利亚河（Sakarya River）附近的这场战役是土耳其对希腊侵略者的一次重要胜利，标志着土耳其独立战争的转折点。一座纪念战争遗址的国家公园于2015年开放；阶梯式的小径连接着雄伟的山顶纪念碑。

士麦那大进攻
土耳其伊兹密尔省伊兹密尔

参观伊兹密尔,这里的海滨长廊充满了历史层次感。

◆ **距离**
1.6 公里

◆ **起点**
科尔登独立战争纪念碑

◆ **漫步类型**
轻松

◆ **何时出发**
全年

左上图:伊兹密尔独特的步行街。

左图:纪念独立战争的共和国树纪念碑。

1922 年,希腊人在杜姆鲁普纳尔战役(希腊 – 土耳其战争的最后一次交战)中战败后,他们撤退到西边二百八十公里处海岸的士麦那(今天的伊兹密尔)。尽管缺少机动车辆(后勤支援主要依靠牛车)且在人数上处于一比二的劣势,但土耳其人还是在 9 月 9 日重新占领了士麦那,并在短短两周内将希腊军队完全赶出了这座城市。激烈战斗结束四天后,一场毁灭性的大火摧毁了该市大部分希腊人和亚美尼亚人居住的社区,数以万计的平民死亡,更多的人寻求庇护。希腊军队不再有进攻能力,并且无法组织有序的撤退,导致无数希腊人成了战俘。最后一支希腊军队十天后离开安纳托利亚。

从独立战争纪念碑出发,沿着伊兹密尔标志性的海滨步道科尔登(Kordon)走,那里是战争的主要发生地,多达四十万希腊和亚美尼亚难民挤在一起逃离大火。经过新土耳其共和国的第一任总统凯末尔·阿塔图尔克(Kemal Atatürk)的纪念碑,向西南方向走一小段路,就到了城市博物馆和档案馆,那里有很多关于这次进攻的信息。

407

南昌起义
中国江西省南昌市

在大革命期间，共产党和孙中山领导的国民党进行了第一次合作。但在北伐胜利之后，1927年，国民党蒋介石、汪精卫先后叛变革命，并下令从国民党中清除共产党成员，并将其处决。共产党分析形势，决定举行武装起义。8月1日，在江西南昌打响了起义。可以漫步于南昌西湖区，那里有一座纪念起义的纪念碑。

408

马其诺防线
法国阿尔萨斯

在经历了第一次世界大战中许多最致命的战斗后，法国在1929年开始建造一道屏障，以阻止未来的入侵。以法国国防部长安德烈·马其诺（André Maginot）的名字命名的掩体、碉堡和炮台系统，计划将从瑞士沿着法国东部边境一直延伸到英吉利海峡海岸，但遗憾的是，它从未延伸到那么远。德国人在1940年入侵法国时从侧翼包抄了防线，导致防御失败。然而，它仍然是历史上最令人生畏的军事项目之一。沿着阿尔萨斯的小径，你可以接近许多防御工事。

409

印度独立运动
印度古吉拉特邦艾哈迈达巴德的萨巴尔马蒂道场

1930年，圣雄甘地从他位于萨巴尔马蒂河边的道场（宗教静修所）开始了三百八十多公里的盐沼步行。这次抗议英国当局不公平盐税的为期二十四天的步行，是印度争取脱离英国殖民统治独立期间民间反抗的传奇行为，引发了一波又一波的示威和数百万人的直接行动。今天，你可以回到游行的起点，从道场出发，沿着河流，穿过艾哈迈达巴德。

410

第二次意大利－埃塞俄比亚战争
埃塞俄比亚提格雷

1935年，二十万意大利士兵无端袭击埃塞俄比亚。他们很快击溃了守军，埃塞俄比亚皇帝海尔·塞拉西（Haile Selassie）被迫流亡。最初的战斗地点是历史名城阿克苏姆（Aksum），它是传说中示巴女王的家，也是著名的约柜安息之地。一天的散步可以将这座城市的许多历史和宗教遗址联系起来，这些遗址跨越了数千年。

右上图：马其诺防线上的一座堡垒坐落在象征战争的罂粟丛之间。

右图：马其诺防线上一座堡垒的入口。

1914—1975 **327**

411

布鲁内特进攻
西班牙马德里的基霍尔纳

在基霍尔纳周围的山上散步，可以发现西班牙内战的证据。

◆ **距离**
　10 公里

◆ **起点**
　基霍尔纳市政厅

◆ **漫步类型**
　半天徒步旅行

◆ **何时出发**
　4 月至 10 月，天气比较好

右上图：现在，基霍尔纳周围的山丘提供了宁静的步行路线。

右图：在山里散步的间隙，探索一个地堡。

在内战早期失去毕尔巴鄂和马拉加之后，西班牙共和军政府需要说服向他们提供武器的法国人他们仍然有能力采取军事行动。1937 年，当佛朗哥（Franco）将军领导的国民军围攻马德里时，共和军政府的军队发动了突然进攻。他们选择了马德里郊区的布鲁涅特（Brunete），因为它位于国民军用来补给的十字路口上。该地区地势平坦，也为使用从苏联获得的新坦克提供了机会。

在两周的时间里，他们在盛夏烈日下浴血奋战。双方都损失惨重。除了军队的损失，共和军还损失了大量的装备，这给了国民军在战争后期的优势。西班牙内战最终以国民军的胜利告终，佛朗哥实行独裁统治。这一独裁统治一直持续到 1975 年。

许多内战时期的掩体和战斗建筑仍在该地区。从基霍尔纳（Quijorna）出发，沿着风景优美的环形路走到山上，可以看到战斗进行时的开阔地和景观。基霍尔纳是一个在战斗中经历过激烈战斗的城镇。

1914—1975

412

瓜达拉马战役
西班牙瓜达拉马山

决心终结马德里共和军政府的埃米利奥·莫拉（Emilio Mola）将军于 1936 年 7 月率领他的国民军军队从北方向首都挺进。这次行动的目的是配合佛朗哥将军从南方的进攻。然而，在瓜达拉马山脉，莫拉的军队遭遇了来自马德里的政府军。国民军无法与他们的炮兵和优势空中火力相匹敌，于是投降了。欧内斯特·海明威的小说《丧钟为谁而鸣》是根据发生在瓜达拉玛山脉的西班牙内战改编的。该山脉遍布掩体和战壕，深受文学和历史徒步爱好者的欢迎。

413

马德里之围
西班牙马德里

佛朗哥将军领导的国民军军队包围了共和军控制的马德里，以获得控制权并推翻政府。国民军在 1936 年 11 月为夺取马德里付出了最大的努力。马德里以著名的口号"No pasarán"（他们不会通过）在城西发动了进攻。这次防御得到了第十一国际旅的支持，这是一支外国志愿军，温斯顿·丘吉尔的侄子埃斯蒙德·罗米利也在其中。在马德里的奥斯特公园（Parque del Oeste）散步，可以看到内战时期的掩体和堡垒。

414

加拉玛战役
西班牙马德里阿尔冈达德雷伊

在攻下马德里失败后，佛朗哥将军的第二计划是向东南进军，切断马德里和共和军临时首都瓦伦西亚之间的联系。为了做到这一点，他们不得不突破阿甘达德雷伊（Arganda del Rey）附近贾拉马河（Jarama River）的防线。1937年2月，佛朗哥的军队试图突破国际旅部队守卫的防线。尽管没有做好准备，人数上也处于劣势，但该旅坚持不懈地进行了防守，这条防线在此后的战争中一直保持着坚不可摧的状态。从村庄穿过河流走到瞭望台，可以看到周围的全景。

415

埃布罗河战役
西班牙加泰罗尼亚的科贝拉德埃布雷

1938年7月，内战快结束时，共和军计划对埃布罗河对岸的国民军阵线发起大规模进攻。一支由胡安·莫德斯托（Juan Modesto）中校率领的庞大军队渡过埃布罗河，占领了科贝拉（Corbera）。他们的目标是占领附近的甘达萨（Gandesa）。国民军加强了对该地区的轰炸，彻底摧毁了科贝拉，迫使共和军回到守势。三个月来，共和军遭受了严重的损失，却从未实现他们的目标。漫步在科贝拉德埃布雷（Corbera d'ebre）老城周围，这里被故意留下了一片废墟，以作为对战争的纪念。

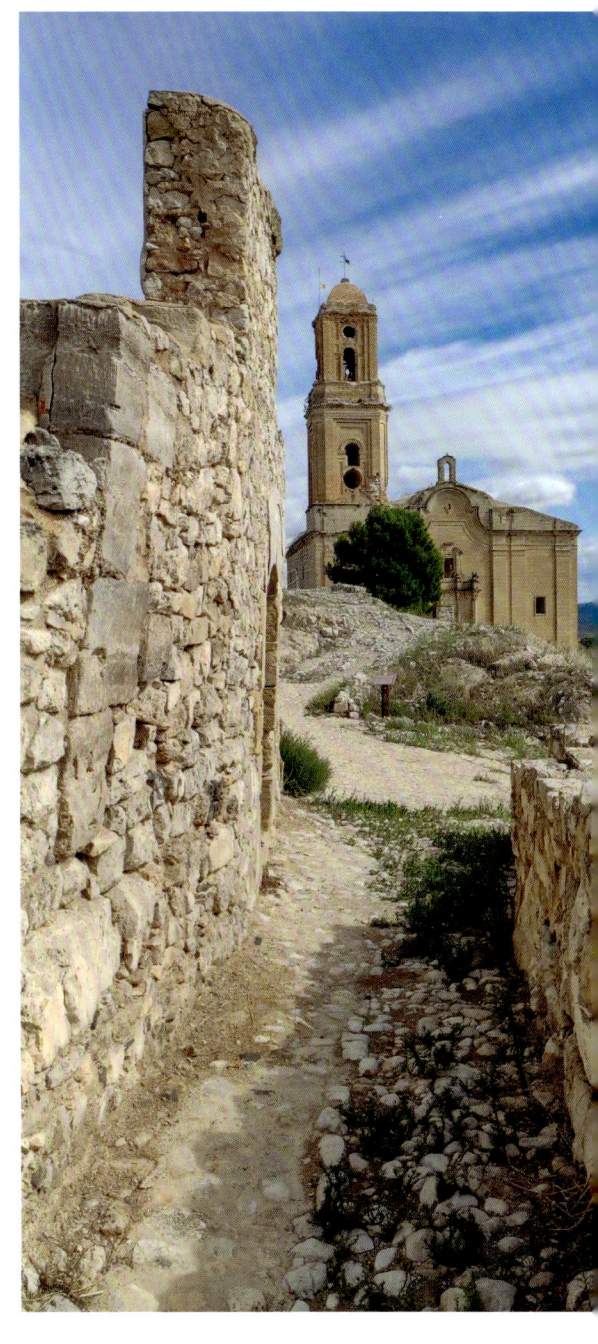

上图：科贝拉德埃布雷镇被留在了一片废墟中以纪念西班牙内战。

左图：马德里郊外的瓜达拉马山因其文学和军事联系而深受徒步旅行者的欢迎。

1914—1975

416

占领巴塞罗那
西班牙加泰罗尼亚的巴塞罗那

巴塞罗那决定了西班牙内战的开始和结束。1936 年，枪声在城市的中心街道兰布拉（Las Ramblas）大街响起，开始了长达三年的冲突，导致约一百万人丧生。1939 年 1 月，佛朗哥将军攻占了巴塞罗那，这是战争结束的时刻，当时共和党人试图进行和平谈判。佛朗哥予以拒绝，并宣称取得了胜利，并开始了对整个西班牙的独裁统治。走在兰布拉大街上，就像是在战士们的足迹中行走。

上图：巴塞罗那的兰布拉大道与西班牙内战的开始和结束有关。

417

轰炸格尔尼卡
西班牙比斯开格尔尼卡和鲁诺

当内战仍在进行中时，第二次世界大战的早期迹象出现在了巴斯克地区。1937 年，纳粹德国空军和意大利航空军团轰炸了格尔尼卡（Guernica），并代表佛朗哥轰炸了平民，因为佛朗哥想在周边地区制造恐怖。对纳粹来说，这是一个考验他们最近发展起来的德国空军（成立于 1933 年）的机会。几位艺术家描绘了这种对手无寸铁的平民的野蛮袭击。其中包括巴勃罗·毕加索（Pablo Picasso），他的《格尔尼卡》反战画成了名作。可以漫步于格尔尼卡和鲁诺，参观防空洞。

418

卢沟桥事变
中国北京

1937年，日本军队已经包围了北京，驻扎在与中国驻军隔着永定河的郊区。一天晚上，日本军队借口寻找一个没有返回营地的士兵要求渡河，遭到拒绝，便悍然在卢沟桥对面开火，并发动了全面侵华战争。可以从桥上走到抗战时期被日军炮击的宛平炮台，参观抗日战争雕塑园。

419

南京大屠杀
中国江苏省南京市

卢沟桥事变后，日本军国主义者发动了全面侵华战争。1937年12月，日军占领南京后，进行了长达六个星期骇人听闻的血腥大屠杀，被残忍杀害者在三十万人以上。南京大屠杀纪念馆是对战争罪行的庄严提醒。

下图：卢沟桥（西方人称马可波罗大桥）。

420

苏芬战争

芬兰苏奥穆斯萨尔米

穿过森林，那里有苏联与芬兰战争的废墟。

◆ **距离**
40公里

◆ **起点**
苏奥穆斯萨尔米旅游局

◆ **漫步类型**
一整天，沿着铺好的单程行走

◆ **何时出发**
夏季最理想

右上图：沿着这条步行路线可以看到战争的废墟。

右图：苏奥穆斯萨尔米外的冬季战争纪念碑，用石头代表在战斗中牺牲的士兵。

在第二次世界大战中与纳粹德国作战时，苏联欲通过扩充其西部疆域而建立防御德国东侵的战略空间，便向芬兰建议缔结互助条约并交换一部分领土。但被芬兰拒绝。1939年11月，苏联与芬兰之间爆发了战争。整个冬天，芬兰军队（熟悉森林环境并且是熟练的滑雪者）在北部边境打了几场成功的战役，然而，最终战败求和，并在对苏联有利的条件下签署了《莫斯科和平条约》。

据报道，在签字时，芬兰总统说："愿被迫签署此类文件的手枯萎。"几个月后，他中风了，并且右臂瘫痪。

从苏奥穆斯萨尔米出发，通往苏联边境的大路两旁都是芬兰军队在战争中利用的林间小径。这段漫长的步行将带你从一个纪念碑走到另一个，经过开放的战壕和博物馆，最后到达边境附近的拉特边防战士博物馆（Raate Frontier Guard Museum）。

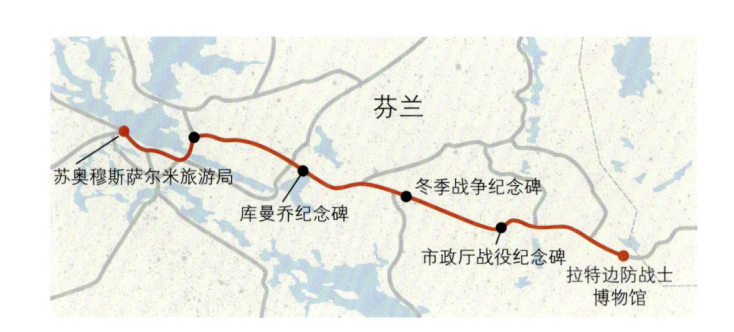

421

库赫莫战役
芬兰库赫莫

苏联军队在 1940 年向芬兰北部推进，切断了该国与邻国的联系。当芬兰军队接近库赫莫时，他们骑着滑雪板，采用了一种后来被称为"柴堆"（motti）的战术，包括包围并压制苏联军队。这导致了大规模的胜利。可以在冬季战争博物馆了解一下历史，然后走进战争发生的森林。

1914—1975

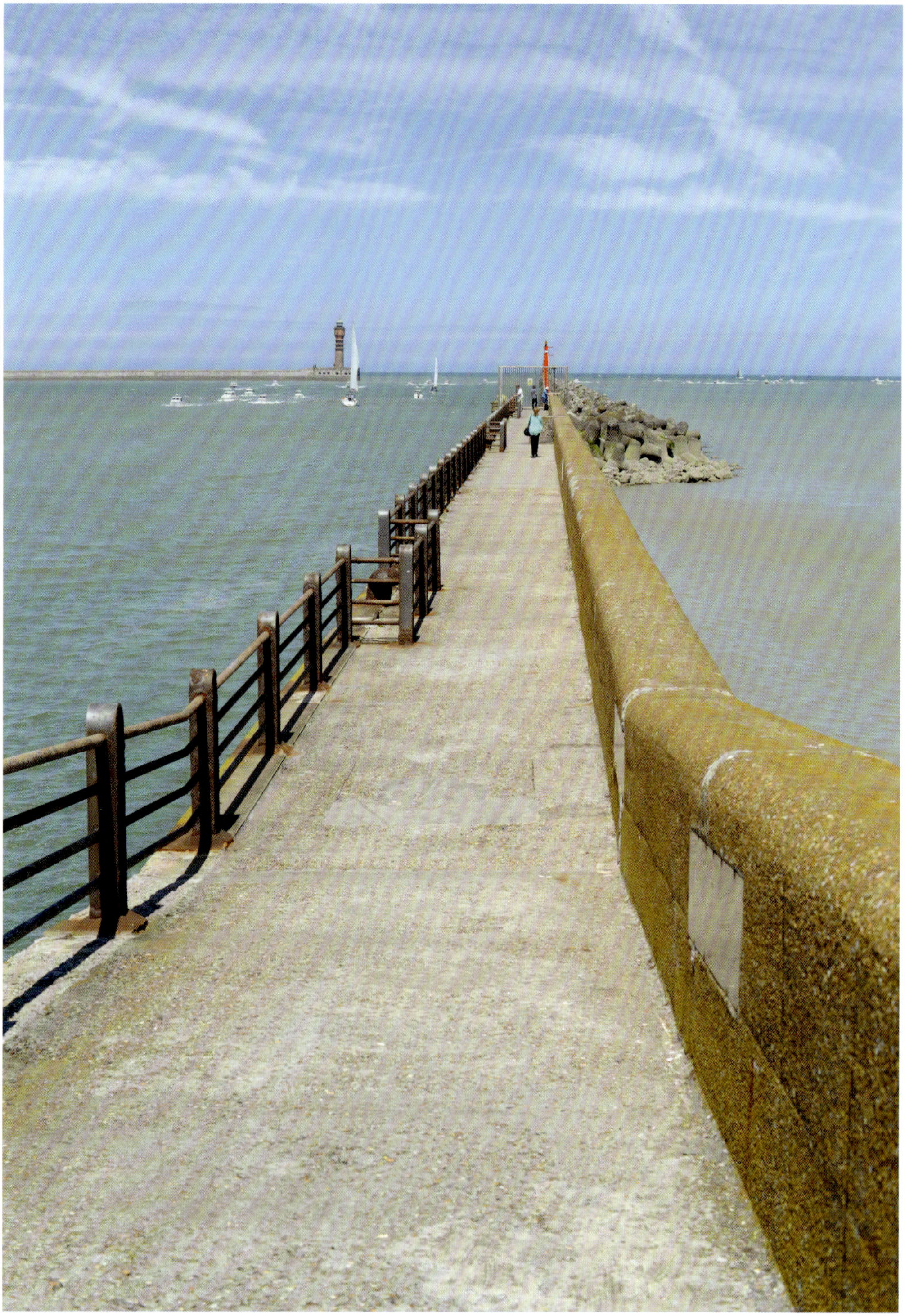

422

敦刻尔克
法国诺尔省敦刻尔克

没有敦刻尔克，就没有诺曼底登陆。港口和海滩处处散布着历史的气息。

◆ **距离**
2.4 公里

◆ **起点**
敦刻尔克战争博物馆

◆ **漫步类型**
一些海滩，一些铺装路

◆ **何时出发**
全年

左图：敦刻尔克的海堤允许大型船舶运送二十多万士兵前往安全地带。

下图：敦刻尔克沿岸的德军掩体。

到 1940 年，德国的闪电战已经把英法两国逼回了海岸，在发电机行动（Operation Dynamo）中有三十多万士兵计划撤离。

在战斗期间用作总部的一座旧堡垒建筑里，现在有一个博物馆，它通过物品和照片讲述着英国的贡献，以及法国为使撤离成为可能所做的牺牲。

走在敦刻尔克（Dunkirk，法语为 Dunkerque）的海滨，你将看到由游艇、拖网渔船和救生艇组成的英国舰队，冒着德国俯冲轰炸机的炮火攻击，前来救人。但只有三分之一的人从海滩离开敦刻尔克。从可以俯瞰海滩的敦刻尔克纪念碑出发，走向港口和东鼹鼠码头（Eastern Mole），尽头有一个木制的扩建部分。在路上，当你过桥时，会经过许多建筑物和被战斗损伤的墙壁，以及德国掩体。由于两边都是深水，东鼹鼠码头便于更大的船舶直接装载士兵和伤员，将二十多万人转移到安全的地方。木制部分后来在一场风暴中消失，但东鼹鼠码头的石头部分是这里非常让人回味的地方，它是回家之路的起点，对许多人来说，这是他们最后一次见到法国，直到四年后的诺曼底登陆。

1914—1975

338　第六章　两次世界大战和二十世纪中后期

423

不列颠战役和闪电战
英国伦敦

不列颠战役开始于 1940 年 7 月，当时纳粹德国的空军瞄准了整个英国的港口。然而，它未能获得海狮计划（Operation Sea Lion）所需的空中优势，这是一次有计划的两栖和空中入侵英国的行动。但接下来发生的事情更糟。德国以闪电战对英国各地城镇进行为期八个月的饱和轰炸，造成四万三千人死亡。散步的地方数不胜数，但最具代表性的是圣保罗大教堂（St. Paul's Cathedral）周围，温斯顿·丘吉尔曾下令"必须不惜一切代价保护这座教堂"。

424

自由之路
法国阿列日省

自由之路（Chemin de la Liberté）是一条为期四天的徒步旅行路线，它从法国到西班牙，并且穿过比利牛斯山脉的山顶。这条路线是第二次世界大战期间抵抗运动将法国抵抗运动战士、犹太人和盟军飞行员从纳粹占领的法国偷渡到西班牙的多条路线之一。那时候，人们不太可能停下来欣赏这里的风景，但今天，这条从圣吉隆村开始的有标记（这是相当繁重的工作）的路线，为徒步旅行者提供了将比利牛斯山的壮观景色与历史感结合起来的机会。

425

狼穴
波兰马祖里吉耶洛耶

1941 年 6 月，阿道夫·希特勒搬进了波兰东北部这处混凝土掩体，并在这里住了三年半。1944 年 7 月，德国抵抗军的克劳斯·冯·施陶芬贝格（Claus von Stauffenberg）上校在这里对他进行了最著名的刺杀。盟军在 1945 年之前对"狼穴"一无所知。在这个杂草丛生的地方有小路经过一些掩体，包括希特勒的第十三号和赫尔曼·戈林的第十六号掩体。

426

布列斯特要塞
白俄罗斯布列斯特

布列斯特的边境据点在 1941 年纳粹德国进军苏联时被占领。驻扎在要塞内的两个苏军团遭遇了八天的猛烈炮火，大部分建筑被摧毁，之后大部分苏军被俘虏，其余的部队不久也投降了。该要塞在战后仍保持原样，被用作苏联的宣传，以证明苏联人民的坚韧。可以绕着要塞和仪式广场走一圈。

左上图：狼穴的外围。

左图：狼穴内部，希特勒在这里住了三年半。

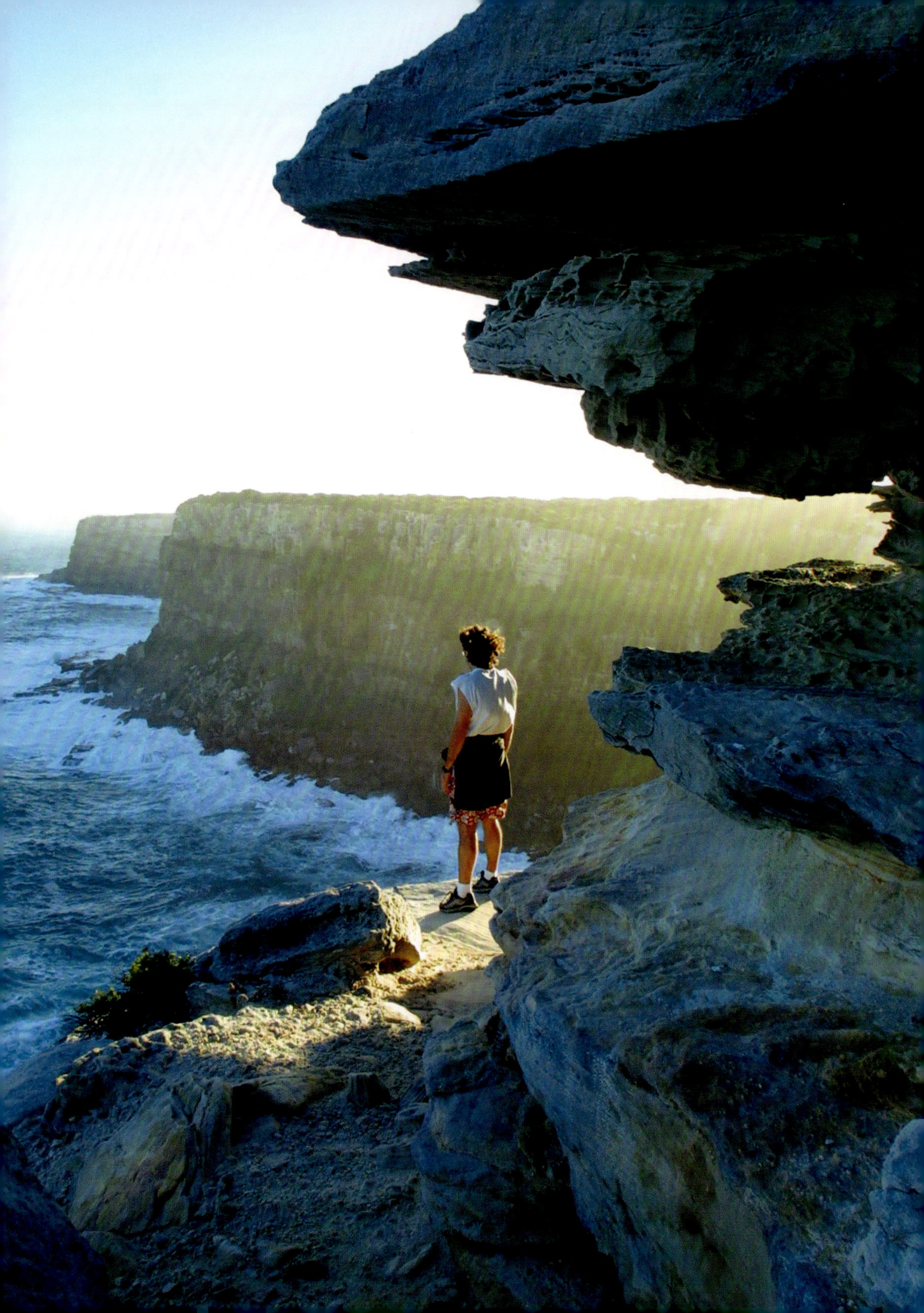

427

偷袭珍珠港
夏威夷檀香山珍珠港

1941 年 12 月 7 日被美国总统罗斯福（Franklin D. Roosevelt）称为"一个永远不光彩的日子"。上午 7 时 48 分，日本在没有对美国宣战的情况下，袭击了美国珍珠港海军基地。两小时后，十六艘美国军舰和一百八十架飞机被击毁或摧毁；二千四百名美国人死亡，一千多人受伤。这次后来被判定为战争罪的袭击，将美国卷入了第二次世界大战。你可以在珍珠港国家纪念馆，沿着码头散步，将那个关键日子的事件还原到生活中，并在纪念馆中反思。

428

香港沦陷
中国香港

偷袭夏威夷珍珠港后的第二天，日本军队从中国广州冲入被英国割占的香港。经过两周的抵抗，英国投降了，开始了日本四年的占领。那里的条件非常恶劣，中国平民被肆意屠杀，欧洲人被关押在赤柱监狱。监狱旁边是香港惩教博物馆，它追溯了香港监禁的历史。步行到斯坦利军事公墓，那里有许多二十世纪四十年代早期的坟墓。

429

日本潜艇袭击悉尼港
澳大利亚悉尼

当一架日本水上飞机飞过悉尼港时，警报没有拉响，许多人以为这是一次训练飞行。第二天晚上，1942 年 5 月 31 日，三艘日本小型潜艇驶入港口。他们的目标是停泊的盟军军舰。这次攻击失败了，两艘潜艇被捕获，但第三艘从雷达上消失，直到 2006 年才被业余潜水者发现。在北头山（North Head）的悬崖上散步，可以欣赏到港口地形的美景。

430

奇袭圣纳泽尔
法国布列塔尼卢瓦雷

1942 年 3 月 28 日，作为盟军战车行动的一部分，英国海军和陆军突击队员袭击了德国海军基地，坎贝尔敦号军舰撞击码头大门，随后（故意）爆炸。从坎贝尔敦号的火炮在海滨被发现的地方开始，走到码头上巨大的德式潜艇掩体。掩体的屋顶可以看到全景，然后走到突击队进驻的港口地区，再走到诺曼底码头，英国皇家海军坎贝尔敦号在这里留下了印记。

左图：从悉尼外北角的悬崖上，你可以感受一下港口的地形。

1914—1975

431

克里特岛战役（水星行动）
克里特岛莫尼古弗内图

穿过克里特岛的峡谷，希特勒入侵后，盟军士兵曾在这里撤退。

◆ **距离**
　12.2公里

◆ **起点**
　伊姆罗兹村

◆ **漫步类型**
　半天徒步旅行

◆ **何时出发**
　全年

占领希腊后，纳粹德国的野心转向克里特岛，将其作为控制地中海的手段。当德国军队占领苏联时，德国空军指挥官说服希特勒空袭该岛将会成功。

1941年5月20日，第一批部队沿哈尼亚（Chania）海岸空降。在接下来的十天里，二万二千名伞兵和山地部队从北海岸上空空投下来。

盟军还未从希腊本土的战斗中恢复过来，他们的防御努力无法与德国人的决心相匹敌。撤离从5月28日开始。英国、英联邦和希腊军队从南海岸出发前往埃及。克里特岛于6月1日向德国投降。尽管这是希特勒的胜利，但在飞机和人员方面却代价高昂，他再也没有使用过同样的战略。

可以沿着澳大利亚和新西兰军队的撤离路线伊姆布罗斯峡谷（Imbros Gorge），前往标志着撤离出发点的霍拉斯发肯战争纪念碑。

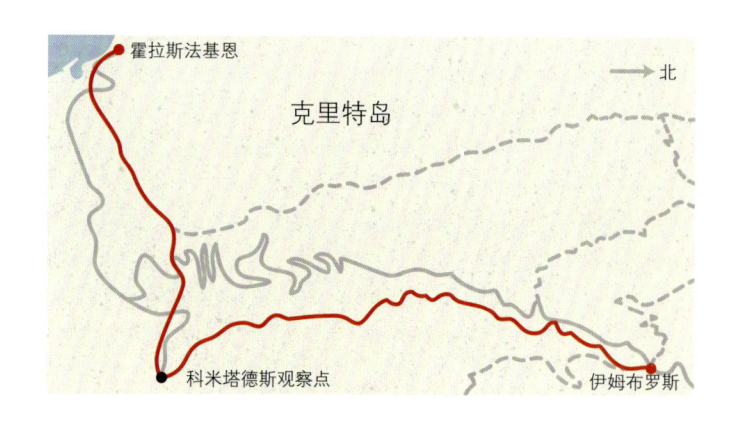

432

迪耶普登陆
法国上诺曼底

1942年8月19日，盟军对德国控制的迪耶普（Dieppe）发动了一场灾难性的"游击战"袭击。皮伊（Puys）的海滩变成了杀戮场，被杀戮的主要是加拿大皇家团，他们在这里登陆，但坦克却无法应付卵石滩。沿着布满鹅卵石的海滩漫步，能看到许多纪念碑。

左图：徒步穿过伊姆布罗斯峡谷（Imbros Gorge）到达盟军撤离的海岸。

433

达豪集中营
德国巴伐利亚州达豪镇

奥斯维辛并不是唯一的纳粹死亡工厂。在 1933 年到 1945 年间，德国人和他们的合作者建立了一千个集中营。位于慕尼黑西北十英里的达豪集中营是第一个集中营。参观纪念碑的活动（包括有导游的参观和个人参观）从游客中心开始。

344　第六章　两次世界大战和二十世纪中后期

434

大屠杀
波兰奥斯维辛－比克瑙

当你走过奥斯维辛集中营时，你可以感受到大屠杀的恐怖，而且永远不会忘记。

◆ **距离**
7.2 公里

◆ **起点**
奥斯维辛犹太人中心

◆ **漫步类型**
轻松

◆ **何时出发**
避开冬季

左上图：货运列车被用来将一百多万人运送到奥斯维辛。

左图：奥斯维辛集中营大门上令人毛骨悚然的标志。

　　纳粹视许多群体为次等人类，包括斯拉夫人、罗姆人、同性恋者以及犹太人。但"大屠杀"一词通常指的是第二次世界大战期间对欧洲犹太人的种族灭绝。其中大部分可以追溯到 1941 年的大屠杀（*Shoah*）（希伯来语"浩劫"的意思），当时准军事敢死队与德国军队一起，在大规模枪击和大屠杀（煽动杀害或驱逐犹太人的暴动）中杀害了约一百三十万犹太人。

　　犹太人将被彻底消灭。起初，他们被隔离并禁闭在贫民区，然后被运到分散在全国各地的集中营或灭绝营。在那里，犯人要么因工作致死，要么在毒气室里被杀害。

　　1945 年 5 月，随着欧洲的解放，大屠杀结束了，但到那时，已经有六百万犹太人被杀害，其中包括波兰全部的三百万犹太人。

　　没有一个地方比奥斯维辛集中营更能唤起人们对大屠杀的回忆，这个名字是人类历史上最大的种族灭绝企图的代名词。可以从奥斯维辛犹太人中心出发，向西南方向走到奥斯维辛一号营区和奥斯维辛－比克瑙纪念博物馆，那里有臭名昭著的"工作带来自由"的大门标志。然后向西北方向走到奥斯维辛二号营区（比克瑙）。

435

巴丹死亡行军
菲律宾马里韦莱斯

1942年的巴丹战役（盟军向日本投降）后，美国和菲律宾战俘被迫从马里韦莱斯行军到奥唐纳战俘营（Camp O'Donnell）。大量囚犯在途中或抵达时死亡。马里韦莱斯和奥唐纳战俘营都有令人印象深刻的纪念碑。

436

马尼拉之战
菲律宾马尼拉

1945年，美国和菲律宾军队夺回了马尼拉并结束了日本的占领。这场战斗是第二次世界大战中最严重的城市战争之一，导致十万平民丧生，整个城市被彻底摧毁。今天，马尼拉美国公墓和纪念碑是一个引人深思的宁静之地，可以在这里散散步。

科雷吉多岛战役
菲律宾科雷吉多岛

漫步在科雷吉多岛的两个标志性景点之间，科雷吉多岛在第二次世界大战中被日本占领。

◆ **距离**
5公里

◆ **起点**
麦克阿瑟将军的雕像

◆ **漫步类型**
沿着一条安静的道路

◆ **何时出发**
全年

左上图：马林塔隧道被用作掩体和伤员医院。

左图：一英里兵营的营房骨架显示了这里被轰炸的程度。

日军第十四军决心从菲律宾和美国士兵手中夺取科雷吉多岛。如果日本要在战争中取得胜利，它在马尼拉湾的位置和防御是关键。

绰号"岩石"的科雷吉多岛是海湾中最大的设防岛屿，拥有强大的防御武器库。在几个月的时间里，它经受住了敌人的轰炸，但在1942年4月，日本人占领了附近的巴丹岛，他们建立起炮台，对科雷吉多发动无情的攻击，在一天内发射了多达一万六千发炮弹。

尽管菲律宾和美国士兵进行了反击，但他们的兵力远远不及日本。1942年5月6日，美国将军乔纳森·温赖特（Jonathan Wainwright）被迫向日本投降。马林塔隧道（Malinta Tunnel）位于该岛东部，这是美国建造的掩体，后来被用作伤员医院。

从这里开始，向西走到"一英里兵营"，这是一个令人震惊的地点，证明了日军轰炸的强度，今天只剩下了骨架。在重建的科雷吉多岛灯塔结束步行，你可以爬上陡峭的台阶登上山顶，欣赏岛上和远处的宁静景色。

科科达战役
巴布亚新几内亚

这条穿越巴布亚新几内亚的小径已成为澳大利亚人的爱国朝圣之路，澳大利亚人曾成功地抵御了日本人的攻击。

◆ **距离**
97 公里

◆ **起点**
欧文斯角

◆ **漫步类型**
多日徒步旅行

◆ **何时出发**
在 4 月到 10 月的旱季

右图：为期多日的徒步旅行显示了战斗人员在这些山上的艰苦条件。

当日军跨越太平洋推进时，他们渴望占领巴布亚新几内亚的首都莫尔兹比港，这样他们就能轰炸盟军在澳大利亚的基地。他们的计划是在岛的北部登陆，然后沿着科科达小径（Kokoda Track）穿过欧文·斯坦利山脉到达首都。

这条小径由巴布亚和澳大利亚步兵营严密守卫，1942 年 7 月 21 日，日军刚在戈纳（Gona）登陆，就爆发了激烈的战斗。巴布亚的偏远地区使后勤支援变得十分困难，防御部队最初不得不向入侵者让步。

这是澳大利亚第一次直接感受到战争的威胁。装备简陋，物资匮乏，澳大利亚人无法阻挡日军的进攻，直到他们抵达莫尔兹比港附近的天然障碍伊米塔岭（Imita Ridge）。在这里，形势向有利于澳大利亚人的方向转变，因为物资能够从首都运过来，而且他们也在欧文斯角（Owers' Corner）的火炮射程之内。日本人在防御上遭受了重大损失，他们撤退了，并一路向北海岸挺进。

这场战役被澳大利亚军方认为是一项伟大的成就，在科科达小径上徒步旅行，已成了纪念参加澳大利亚战役的士兵和巴布亚土著居民的朝圣之旅。

巴布亚新几内亚

戈纳
布纳
科科达
埃福吉　科科达峡谷
梅纳里
诺罗
伊米塔岭
莫尔兹比港　欧文斯角

439

轰炸达尔文
澳大利亚北领地达尔文市

在第二次世界大战日本对澳大利亚发动的一百一十一次袭击中，最严重的一次是第一次，1942年2月19日，二百四十二架敌机轰炸了北领地首府，造成二百三十五人死亡。可以参观海滨的纪念碑，每年2月19日会在那里举行仪式，然后向东前往1942年建造的石油储存隧道，那里展出了战时的照片。

1914—1975

440

斯大林格勒战役
俄罗斯伏尔加格勒

为了推进东线并夺取高加索油田，希特勒于1942年8月下令对斯大林格勒（现在的伏尔加格勒）发动大规模进攻。德国空军猛烈的轰炸摧毁了这座城市，双方展开了一场挨家挨户的激战。经过几个月无休止的战斗，苏军冲破防线，在斯大林格勒包围了德军。五个月后，德军耗尽了他们的补给，持续的战斗变得不可持续，他们成了第二次世界大战中第一批投降的希特勒野战部队。可以在马马耶夫山（Mamayev Hill）的纪念碑之间漫步。

441

炸坝攻击
德国北莱茵-威斯特法伦州鲁尔谷

1943年5月16日，一个绰号为"水坝破坏者"的皇家空军中队投掷了特制的"弹跳炸弹"，这种炸弹可以跳过水面攻击水位以下的大坝。这是"惩罚行动"的一部分。炸弹破坏了对德国工业至关重要的莫恩（Möhne）水库和埃德西（Edersee）水库的大坝，造成了鲁尔和埃德尔谷的灾难性洪水。约有一千六百名平民死亡，五十三名飞行员丧生。今天，你可以穿过埃德西水库的大坝，进入凯勒瓦尔德-埃德西国家公园，那里有穿过古老山毛榉林的标记清晰的小径。

上图：伏尔加格勒马马耶夫山上的纪念碑。

442

轰炸汉堡
德国汉堡州汉堡

作为一个主要的工业基地，汉堡在第二次世界大战期间是盟军轰炸的主要目标，但直到 1943 年 7 月下旬，这些努力基本上都没有成功。随后，英国和美国飞机进行了代号为"蛾摩拉行动"（Operation Gomorrah）的持续战略轰炸，造成战争中最大的一场大火，造成多达三万七千平民死亡，整个城市化为灰烬。从令人回味的邦克博物馆（Bunker Museum）向西走 8.9 公里，你会经过圣尼古拉斯教堂（St. Nicholas Church），这座教堂在空袭中被摧毁，现在是一座博物馆，然后可以沿着圣保利区的河走到德式潜艇博物馆（U-Boat Museum）。

443

柏林空战
德国柏林

柏林空战始于 1943 年底，持续了四个月，是英国皇家空军对柏林和其他德国城市发动的一系列攻击，目的是分散德军的防御力量。轰炸造成了巨大的生命损失，摧毁了柏林的大部分地区，四千人丧生，四十五万人无家可归；英国皇家空军损失了二千七百多人。可以在威廉皇帝纪念教堂（Kaiser Wilhelm Memorial Church）的外壳周围漫步，这是一座曾经宏伟的新罗马式建筑仅存的遗迹。现在，它安静而庄严地矗立在那里，成为一个反战纪念碑。

上图：德皇威廉皇帝纪念教堂的遗迹显示了柏林被摧毁的程度。

444

意大利抵抗运动
意大利亚平宁山脉

游击队步道（Sentieri Partigiani）是为了纪念那些在雷焦艾米利亚的亚平宁山脉抗击纳粹的占领和意大利法西斯的游击队。

◆ **距离**
13公里

◆ **起点**
塞雷托阿尔皮

◆ **漫步类型**
山间小道（有时费力）

◆ **何时出发**
全年

右图：在塞雷托阿尔皮出发的环形步行路线上，可以欣赏到一些美丽的风景。

1943年9月，第一支游击部队开始活跃在亚平宁山脉，组织了对纳粹德国和萨罗共和国（Republic of Salò）法西斯的武装抵抗。

哥特防线（Gothic Line）是意大利战役中德军的防线，沿着亚平宁山脉北部的山顶，从辛括勒（Cinquale）延伸到佩扎罗（Pesaro）。这条防线是德军在对抗由英国将军哈罗德·亚历山大爵士（Sir Harold Alexander）指挥的意大利盟军时的最后一道防线。德国人强迫成千上万的劳工和战俘建造掩体、观察哨和炮兵阵地。

1944年春夏季，盟军发动了一次进攻，尽管几个月来没有取得突破，但迫使意大利人在战争的最后一个严冬中进行战斗。

环形的帕索小径（Sentiero del Passo）从塞雷托阿尔皮（Cerreto Alpi）蜿蜒穿过亚平宁地区的风景，并经过两块纪念萨萨尔博阵亡者和游击队员的纪念碑。沿着这条路线，你会经过激烈战斗的地区，那里有德军的战壕和据点的废墟。

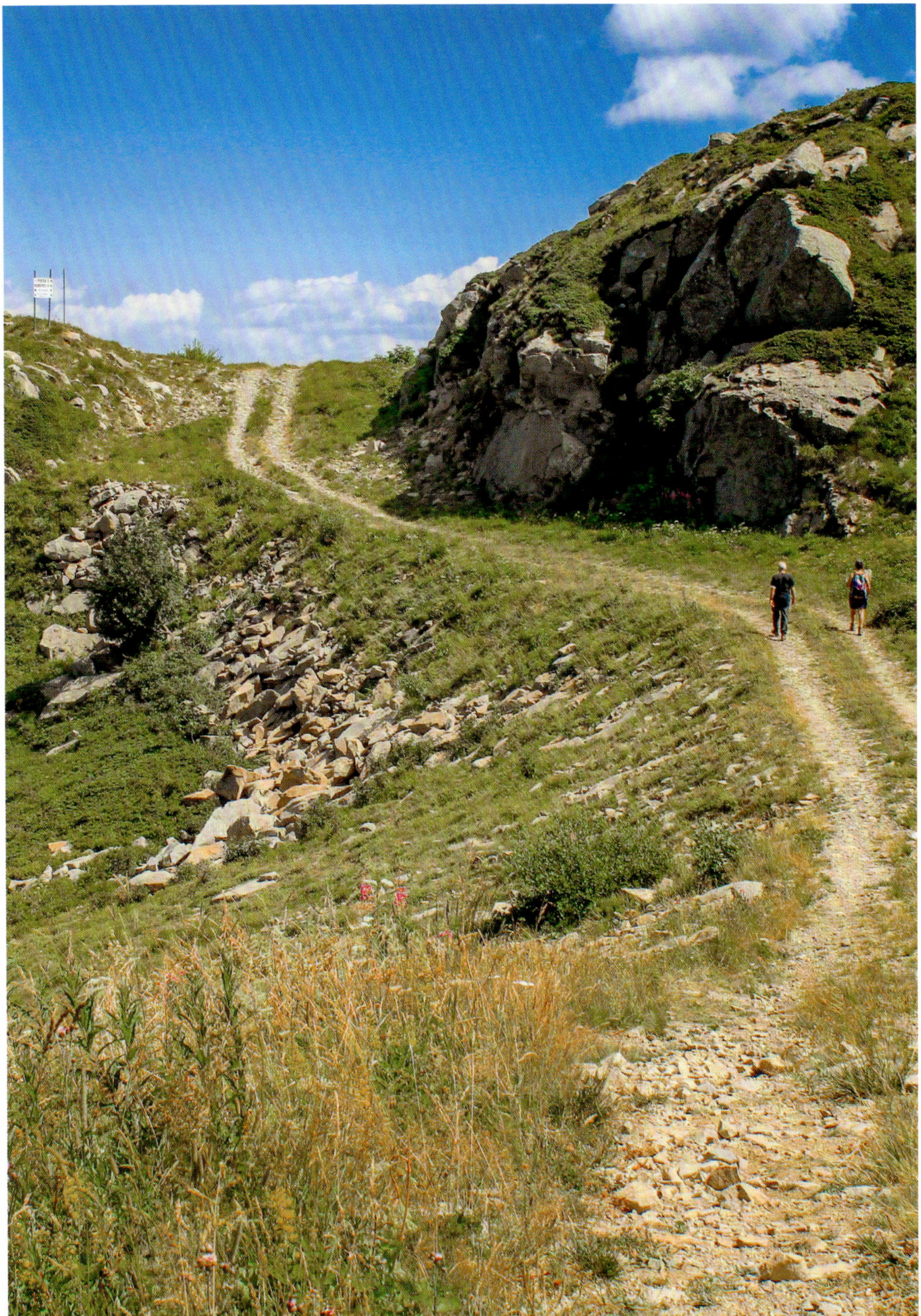

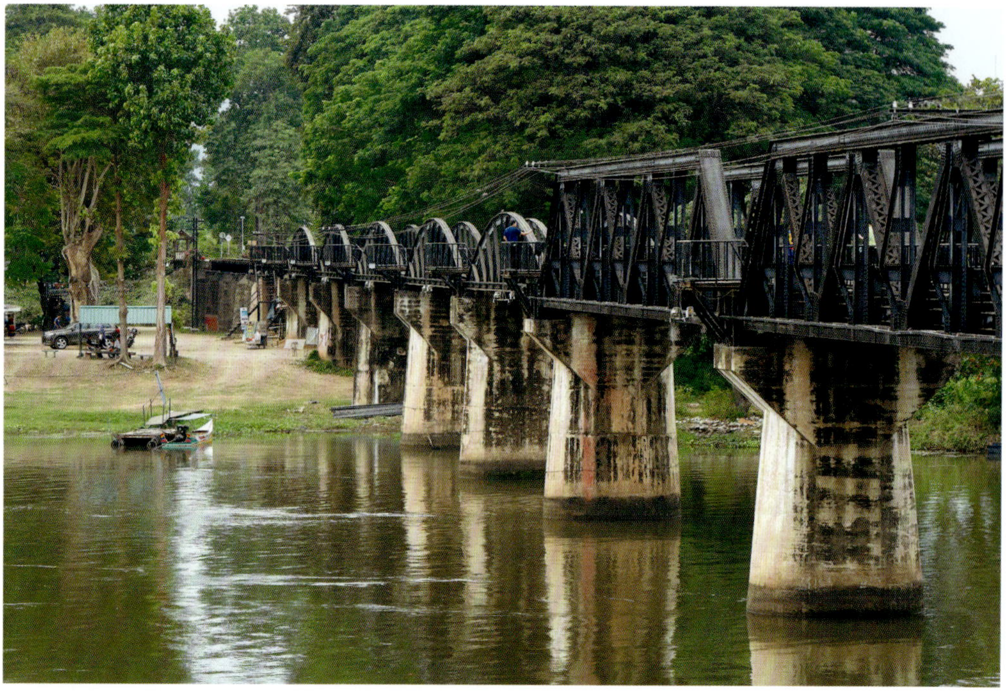

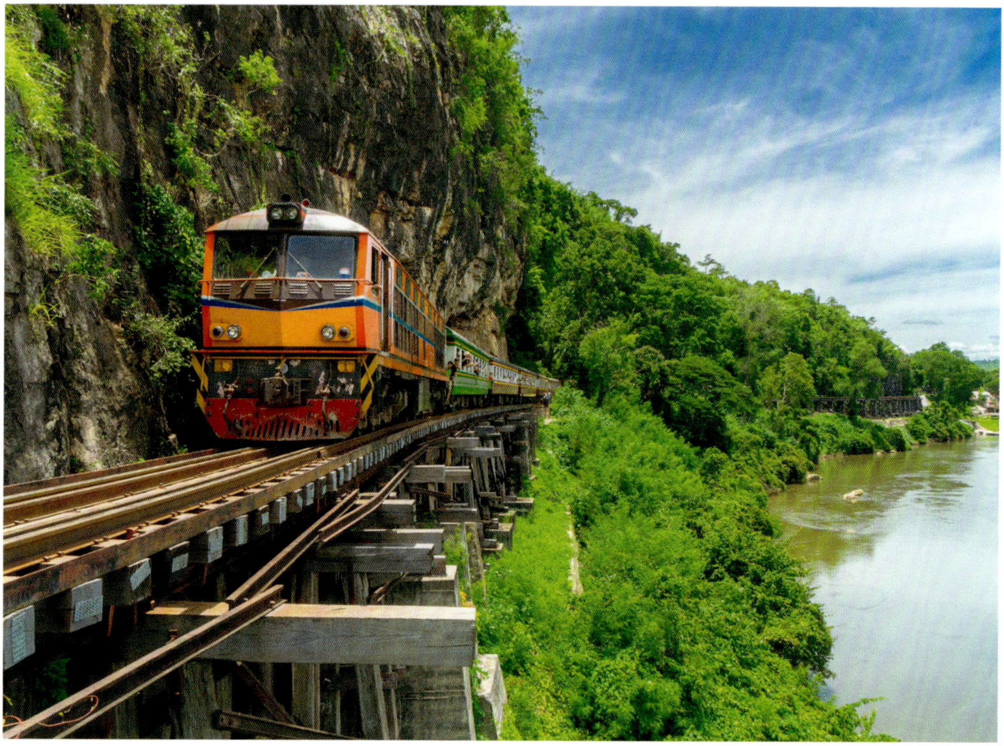

445

死亡铁路
泰国北碧省北碧府

日本使用了大约二十五万名平民劳工和六万名盟军战俘，修建了一条连接曼谷和仰光的258英里长的铁路。位于北碧府的一千英尺长的死亡铁路桥的中心在1945年被盟军的炸弹摧毁。1957年电影《桂河大桥》的原型，灵感来自皮埃尔·布尔（Pierre Boulle）的同名小说。从这座桥出发，沿着桂河（Khwae Yai）走大约三公里就到了泰缅铁路中心，这是一个很好的博物馆和研究中心。

446

入侵西西里岛
意大利西西里亚地区

盟军对意大利的入侵始于1943年7月的"哈士奇行动"（Operation Husky），当时美国、英国和加拿大军队在西西里岛登陆。英国空降部队的任务是，夺取锡美托河（Simeto River）上的普利莫索莱桥（Primosole Bridge）。从一架霍尔萨滑翔机降落的桥的西边开始，沿着攻击路线到达并穿过现代的桥，参观附近的纪念碑和战时掩体。在该地区的许多建筑物上都可以看到战斗损伤。最后，可以参观一下卡塔尼亚英联邦战争公墓。

447

沙莱诺登陆
意大利坎帕尼亚

一旦西西里岛落入盟军手中，就有可能对意大利本土发动袭击，并象征性地重返欧洲。在1943年9月9日的雪崩行动（Operation Avalanche）中，美国和英国军队实施了登陆。可以在沙莱诺（Salerno）南部的海滨，走过被战争破坏的塔楼，并沿着英国士兵向前推进的内陆公路前行。然后走到沙莱诺战争公墓，那里埋葬着英国士兵和报道战争时牺牲的新闻记者。

448

奥托纳战役
意大利基耶蒂

1943年12月，当多国部队第八集团军越过桑格罗河谷，向亚得里亚海海岸挺进时，加拿大军队袭击了沿海城镇奥托纳（Ortona）。加拿大人占领了这座城镇，但双方伤亡都很惨重。从卡尔达里港广场（Piazza Porta Caldari）出发，步行到附近的战争博物馆，然后穿过狭窄的街道，看看战争的破坏和战斗痕迹，再到在战斗中被摧毁的建筑废墟。这里的人从一个房间打到另一个房间。然后，可以在小镇的另一边，俯瞰大海，参观马诺河（Moro River）加拿大战争公墓的移动青铜纪念碑。

左上图：桂河上的桥。

左图：今天火车仍然使用这条铁路。

449

拉皮多河战役
意大利弗罗西诺内的加里河

1944年1月，当盟军穿过意大利时，美军试图越过加里河，但损失惨重。可以步行到狄奥迪斯（Theodice）的圣安杰洛（Sant'Angelo）河边的和平钟纪念碑。钟声每天都在敲响，以纪念所有的死难者，附近是美国纪念碑。然后，再从桥上走回镇广场，那里有一座纪念在战斗中牺牲的得克萨斯州士兵的纪念碑。

450

阿尔巴内塔农场
意大利弗罗西诺内卡西诺

在卡西诺的古斯塔夫防线陷入僵局后，盟军开始寻找绕过修道院支配位置的方法。从凯拉（Caira）村出发，走通往蒙特卡西诺的卡文迪什（Cavendish Road）路，这条路是由印度和新西兰工程师修建的。这是一段很长的路，但灌木丛中到处都是战斗的痕迹。在阿尔班塔农场（Albaneta Farm），一辆被击毁的波兰谢尔曼坦克被保留下来作为纪念，农场的废墟显示出了坦克攻击被德国伞兵阻止和1944年5月最后推进的迹象。

下图：在阿尔巴内塔农场，一辆波兰坦克变成了战争纪念碑。

451

山羊海角
法国布列塔尼

守卫着布列塔尼暴风肆虐的菲尼斯泰尔（Finistère）地区的杜瓦讷内湾（Baie de Douarnenez），位于山羊海角（Cap de la Chèvre）高悬崖远端的防御工事实际上是在第二次世界大战前不久建造的，但在第二次世界大战期间用作了防御阵地。这里可以度过绝好的半天时间，在有标记的悬崖顶部步行，可以看到这些防御阵地，以及岬角西侧喜怒无常的大西洋海滩和有遮蔽的东侧清澈、近乎地中海蓝色的海水。还有一种更短的九十分钟的步行方式。

452

奥马哈滩头
法国诺曼底

奥马哈海滩是美国登陆日的两个海滩之一，也是伤亡人数最多的海滩，估计有二千四百人伤亡。可以从莱穆兰（Les Moulins）出发，沿着海滩走到1944年美国原始墓葬所在的纪念碑。你很快就会到达《拯救大兵瑞恩》中描绘的绿狗区。国民警卫队纪念碑坐落在一个德军碉堡上，里面有最初的八十八毫米火炮。这里的铜像描绘的是一名美国大兵拖着一名受伤的战友穿过海滩。走在维尔维勒（Vierville），你可以爬上海滩上的悬崖，体验一下德国人的视角。

上图：奥马哈海滩雄伟的悬崖在诺曼底登陆时面对着盟军。

1914—1975　**357**

453

安奇奥围攻
意大利拉齐奥

1944年1月的"鹅卵石行动"（Operation Shingle）本打算把盟军带到罗马，但结果却导致了持续数月的堑壕战。从他们登陆的彼得海滩向上走，位于内图诺（Nettuno）的西西里岛－罗马美军公墓和纪念碑展示了意大利战役中最长围攻的代价。

卡西诺山
意大利拉齐奥

穿过意大利山区，来到一座被波兰军队占领的修道院。

- **距离**
  3.2 公里
- **起点**
  卡西诺山的蛇头岭
- **漫步类型**
  标记清晰的小路
- **何时出发**
  全年

左上图：一千多名波兰士兵在夺取卡西诺山的战斗中丧生。

左图：原来的修道院在战斗中变成了废墟；现在的这座是战后建造的。

在卡西诺山的修道院前，双方僵持了五个月。修道院的位置是德军防线的一部分，俯瞰着通往罗马的道路，阻止了盟军的进攻。1944 年 5 月，弗拉迪斯拉夫·安德尔斯（Wladyslaw Anders）将军率领的自由波兰军队奉命在最后一战中拿下这里。

蛇头岭（Snakeshead Ridge）位于一条小路旁，曾经是前线的标志，这里有前线阵地和炮坑的痕迹，还有被用作援助站的医生之家（Doctor's House）。穿过无人区，爬上五九三号山，你可以看到德军在降落伞部队保护下的战场。往下走，你会在灌木丛中发现迫击炮坑和弹孔。波兰公墓的十字架纪念着一千多名在占领这片土地时阵亡的人们，游客中心对这段历史进行了说明。

从这里走到最高点，古老的本笃会修道院就坐落在那里。它基本上已被摧毁，后来进行了重建，并仿造了一些战斗的痕迹。1944 年，波兰国旗在废墟上升起，以便下面战场上的士兵能够看到它，并知道安德尔斯和他的士兵最终占领了它。从这里看到的景色简直令人难以置信，展示了修道院是如何主宰风景的。

飞马桥
法国诺曼底的乌伊斯特勒昂附近

穿过见证诺曼底登陆第一次行动的大桥，并在帮助伤员的咖啡馆停下脚步。

- **距离**
  1.6 公里
- **起点**
  飞马桥
- **漫步类型**
  主要是城市
- **何时出发**
  全年

右上图：现代的飞马桥几乎是原桥的翻版。

右图：贡德雷咖啡馆在诺曼底登陆日用来帮助治疗伤员，至今仍是一座活生生的博物馆。

诺曼底登陆是历史上规模最大的海上抢滩作战，盟军在诺曼底海滩登陆，开始了将德国赶回老家的战役。

然而，这包括空降支援，包括在午夜过后派遣第二牛津郡和白金汉郡轻型步兵的滑翔机部队，占领并守住卡昂运河和奥恩河上的桥梁。

从表示三个滑翔机降落在运河附近的标记出发，前往飞马桥（Pegasus Bridge）。领头的滑翔机上有约翰·霍华德（John Howard）少校，这里有他的铜像。登·布罗迪里奇（Den Brotheridge）中尉随后率领部队越过铁丝网，进入战壕和掩体。这里有一门野战炮实物。飞马桥的原型现在在附近的博物馆里，但现代的复制品几乎一模一样。走到更远的一边，就在贡德雷咖啡馆（Café Gondrée）的外面，你会看到布罗迪里奇受了致命伤的地方，他成了诺曼底登陆日盟军的第一位阵亡者。贡德雷咖啡馆曾经用来帮助伤员，而该咖啡馆现在是一个活生生的博物馆。

当走到被战争破坏的市政厅时，第七伞兵营的纪念碑提醒着你，霍华德占领了这座桥，但却是这些人捍卫了它。在勒波特（Le Port）附近的教堂里，你会发现一些死者的坟墓，其中包括一位神父，他曾挡住纳粹的子弹，拯救了伤者。

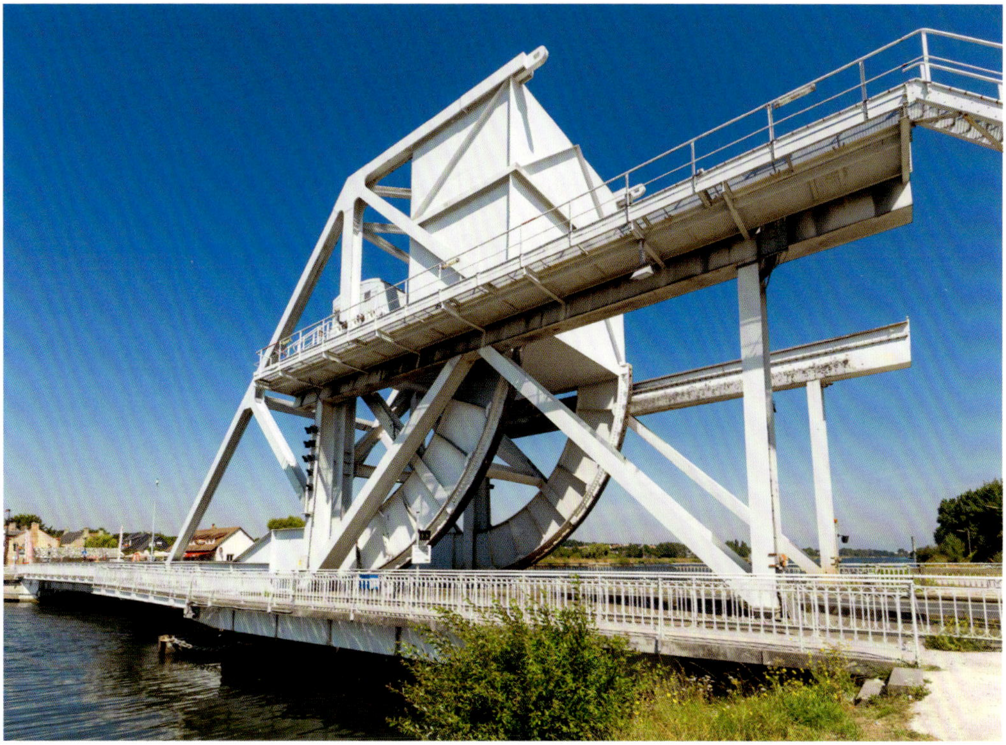

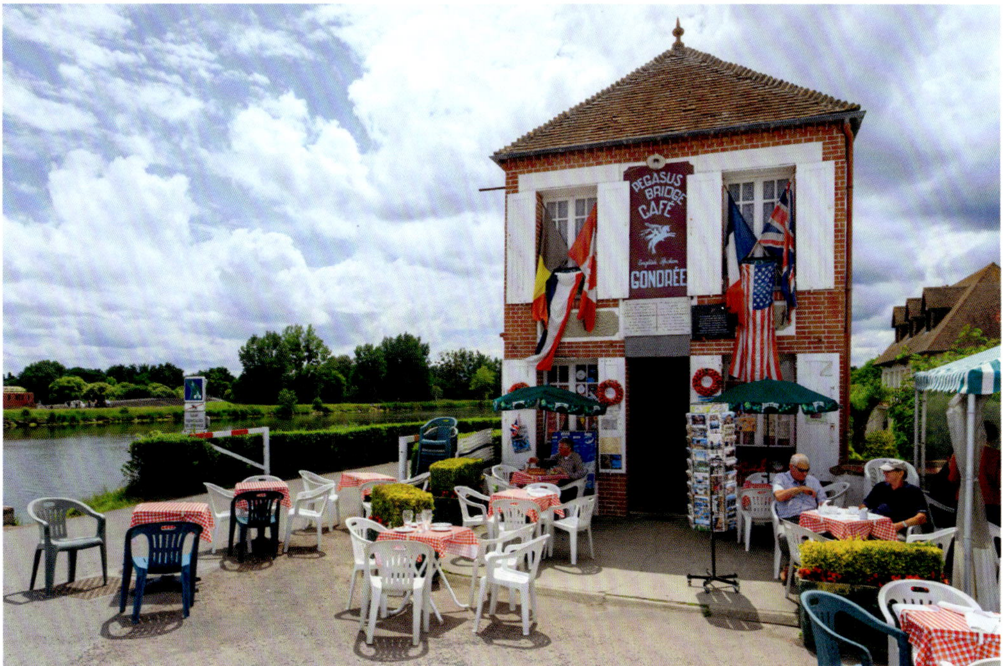
PEGASUS BRIDGE CAFÉ
GONDRÉE

456

布瑞科特庄园突击战
法国诺曼底的圣玛丽－杜－蒙特

在布瑞科特庄园（Brécourt Manor）农舍附近的田野上，德国人建造了一个向犹他海滩开火的炮台。理查德·温特斯（Richard Winters）少校率领美国陆军E连的士兵在诺曼底登陆日发动了一次突击，使枪炮声停了下来。从主路上的理查德·温特斯纪念碑出发，走到俯瞰田野的E连纪念碑，并沿着两旁有树篱的道路走到农场（看起来就像1944年的样子）。然后，继续进入圣玛丽－杜－蒙特和拍摄《兄弟连》的广场。

下图：圣玛丽－杜－蒙特镇，E连在这里协助赢得了战争。

457

艾普索姆行动
法国诺曼底的图尔莫维尔

1944年6月26日，随着英国人向法国内陆推进，坦克和步兵作为埃普索姆行动（Operation Epsom）的一部分向前推进。从图尔莫维尔附近的第十五（苏格兰）师纪念碑出发，沿着这些人发起攻击的"苏格兰走廊"，从这条路往下走，进入木质的奥东河（Odon River）谷。当你经过奥东河畔巴龙（Baron-sur-Odon）时，你会来到一一二号山的开阔地带，那里是激烈战斗和可怕炮击的现场。现在这里是一个纪念地，有一辆丘吉尔坦克，一尊英国士兵的铜像，以及一座几乎在这里全军覆没的第四十三（韦塞克斯）师的原始纪念碑。

458

林地之战
法国诺曼底的圣洛

1944年7月，美国士兵发现自己陷入了一场争夺诺曼底林地的可怕战役。他们穿过村庄，到达了圣洛（Saint Lô）镇，该镇几乎被摧毁。可以从圣乔治－德埃勒（Saint-Georges-d'Elle）向南走，进入林地，找到"紫色心形图案"，即残酷战斗的现场，然后继续经过封闭的乡村和狭窄的小巷，到达圣－安德烈－德勒埃平（Saint-André-de-l'Épine），并进入圣洛的郊区。玛德琳教堂（Chapelle de la Madeleine）被重建为一个现代化的城镇，用纪念碑、照片和文物纪念着美国人在战斗中的牺牲。

459

古德伍德行动
法国诺曼底的卡昂

在诺曼底登陆一个多月后，1944年7月18日，卡昂陷落于盟军之手，英军随即对卡昂城东的德军阵地和布尔盖伯斯山脊（Bourguébus Ridge）发动了大规模坦克攻击。由于地形的优势，德军在坦克和兵力方面损失惨重。从卡昂附近的旷野，沿着这条路走到卡尼（Cagny）。这里被毁的教堂有参与战斗的近卫军装甲士兵的纪念碑。然后，可以前往埃米维尔（Émiéville），找到爱尔兰卫队的约翰·戈尔曼（John Gorman）的纪念碑，他用自己的谢尔曼坦克撞击了一辆德国虎王坦克。

上图：圣洛的玛德琳教堂有纪念美国战士的纪念碑。

1914—1975　**363**

364　第六章　两次世界大战和二十世纪中后期

460

法来斯战役
法国诺曼底

随着诺曼底战役给盟军带来胜利，德军在法莱斯周围被逼入了死路。在迪沃河畔圣朗贝尔（Saint-Lambert-sur-Dive）的教堂附近，信息面板展示着1944年8月德国坦克离开这里的照片。沿着一条小路穿过田野，可以来到死亡走廊，那里的人、马和车辆全部被摧毁。然后继续进入尚布瓦（Chambois），到达美英军队相遇的城堡下面。在蒙奥尔梅（Mont Ormel）结束行程后，你可以回顾一下战场，看看占领了这片高地的波兰军队的纪念碑。

461

华沙起义
波兰华沙

起义开始于1944年8月，当时德军正在波兰全境撤退。波兰军队从德国人手中夺回了这座城市的大部分地区，等待盟军和苏联的支持，但这些支持一直没有到来。战斗持续了六十三天，叛乱分子才被迫投降。德国人将华沙夷为了平地，二十万波兰人被杀。可以从华沙老城（Stare Miasto）的主广场走到华沙起义纪念碑。

462

蒙特索尔大屠杀
意大利博洛尼亚玛扎博多

1944年9月29日至10月5日期间，在蒙特索尔（Monte Sole）地区，有七百七十五人被纳粹军队残忍屠杀，包括整个玛扎博多（Marzabotto）村庄社区。1945年4月16日，在纳粹和盟军的激烈冲突之后，德国获得了解放。一条十一英里长的小路穿过蒙特索尔斯托里科公园（Parco Storico di Monte Sole），这条小路曾是居民和游击队在战争期间走过的小路，蜿蜒穿过田野和树林，沿途遍布废弃的、覆盖着植被的建筑废墟。

左上图：蒙特索尔自然历史公园。

左图：一条带有信息和纪念碑的纪念小路蜿蜒十一英里穿过公园。

463

市场花园行动
荷兰埃因霍温附近

1944年9月，伯纳德·蒙哥马利（Bernard Montgomery）将军希望市场花园行动（Operation Market Garden）能在圣诞节前结束战争，将英国空降部队投放到敌后，并派遣地面部队沿一条狭窄的道路进入荷兰。在比利时边境，可以走到内佩尔特（Neerpelt）外的"乔桥"（Joe's Bridge）上，爱尔兰近卫军在那里站稳了脚跟，并开始了他们的进攻，在走到瓦尔肯斯瓦尔德战争公墓之前，可以看看他们的纪念碑。威尔士的近卫军和士兵并排躺着，其中包括一些在坦克中丧生的爱尔兰近卫军。然后，继续进入埃因霍温，在那里被解放的荷兰人有效地阻止了德军前进。

1914—1975 **365**

阿纳姆大桥
荷兰阿纳姆

参观这座桥，它是盟军雄心勃勃的计划的核心，但并没有得到很好的回报。

◆ **距离**
7.2 公里

◆ **起点**
约翰弗罗斯特桥

◆ **漫步类型**
城市步行

◆ **何时出发**
全年

右上图：阿纳姆大桥附近地区在轰炸中被夷为平地。

右图：这座桥在战后重建过，但是用了一些旧材料。

1944 年 9 月 17 日，在距离目标很远的地方，只有六百名英国空降部队在约翰·弗罗斯特（John Frost）中校的带领下，成功到达了阿纳姆桥北侧的敌后。他们的目标是，在地面部队的支援下拿下这座桥的南端。地面部队一直没有到达，弗罗斯特的部队坚持了四天后撤退了。

这座桥后来在轰炸中被毁。1948 年，一座完全相同的替代桥在原有的桥墩上建成，桥墩上留有战斗时的痕迹。1977 年，这座桥正式更名为约翰·弗罗斯特大桥。附近的大桥游客中心对该故事（后来被改编成电影《遥远的桥》）进行了讲述。

从这里经过前圣伊丽莎白医院走到奥斯特比克。在欧斯特贝克（Oosterbeek），哈滕斯坦酒店（Hartenstein Hotel）曾是英国空降部队的总部，现在它是一座战争博物馆。沿着车站路（Stationsweg）这条周边路线走，空降部队曾经守卫左侧的房屋，而德军战斗群从右侧进攻。在空降战争公墓结束行程，那里埋葬着"空降地毯"战役中死去的死者，现在它守卫着空降部队降落的空降区域。

465

柏林行动
荷兰德里尔

英国空降师被困在阿纳姆。加拿大工程师乘坐攻击艇营救了两千多人。可以从奥斯特贝克教堂（Oosterbeek Church）出发，沿着莱茵河畔的疏散路线，乘坐徒步渡船到德里尔，参观纪念这一非凡事件的纪念碑。

466

十字路口之战
荷兰兰德维克

1944年10月，理查德·温特斯（Richard Winters）少校率领美国陆军的简易连来到这里。他们与德国人的战斗在电视短剧《兄弟连》中得到了纪念。从兰德维克出发，沿着莱茵河河岸往东走；远处的高堤道路和平坦的地面很容易看到。沿着十字路口往前走，温特斯开枪的地方现在有一座纪念碑。

1914—1975　**367**

突出部战役
比利时阿登地区的巴斯托涅

探索美国第一〇一空降师保卫巴斯托涅镇的树林和田野。

◆ **距离**
2.4 公里

◆ **起点**
兄弟连纪念碑，巴斯托涅树林

◆ **漫步类型**
森林散步

◆ **何时出发**
全年

右上图：巴斯托涅周围的树林里到处都是士兵挖的洞。

右图：福伊村是当年战争的现场。

1944 年 12 月德军在阿登的进攻，是希特勒在西部的最后一搏。当一支庞大的装甲部队突破美军防线（造成德军防线的凸起或"突出部"）时，美军第一〇一空降师的部队从法国被调来保卫重镇巴斯托涅（Bastogne），但很快发现他们自己被包围了。

巴斯托涅东北的旧铁路线，在战斗期间被用来运送吉普车上的伤员。今天，这里有一个纪念"兄弟连"（简易连第五〇六降落伞步兵连）的纪念碑，它俯瞰着 1944 年圣诞节期间他们保卫的土地。沿着大路往前走，空降部队在树林中挖掘阵地的痕迹随处可见。当你来到前线布瓦雅克（Bois Jacques）时，你会在树林中发现更多的阵地。尽管有些是后来的重现，但很多都是原来的，当走到林地边缘，俯瞰福伊（Foy）村时，你就能对他们所捍卫的土地有个大概的了解。继续进入村庄，你可以看到墙上的弹片和弹痕。可以在教堂结束行程，这是伞兵连在 1945 年 1 月发动攻击的地方，此前在森林中进行了长期的堑壕战。

1914—1975

370　第六章　两次世界大战和二十世纪中后期

468

德累斯顿轰炸
德国萨克森德累斯顿

1945年2月中旬，英美飞机在德累斯顿投下了近四千吨炸药。爆炸及其引发的大火摧毁了市中心六百四十多公顷的土地，造成多达二万五千人死亡。这些袭击是否正当，已成为第二次世界大战期间最大的争论之一。可以在海德弗里德霍夫（Städtische Heidefriedhof）公墓周围漫步，这是一座位于城市北郊的市政森林公墓，近二万名爆炸受害者被埋葬在这里。

469

冲绳岛战役
日本冲绳那霸

1945年4月1日，由于对日战争需要在太平洋建立一个基地，美国对冲绳岛西南海岸发动了大规模的两栖攻击。这支部队最初遇到的阻力很小，直到日本军队从内陆赶来，开始了激烈的防御战役。这场战争被美国称为太平洋战场上最漫长、最血腥的战争。岛民称这场战争为"钢铁和炸弹的台风"。可以漫步在那霸市，参观前田高地（Maeda Escarpment）、瓦纳岭（Wana Ridge）和托马里国际公墓。

470

围攻库斯特林
波兰戈茹夫县

有城墙的库斯特林（Küstrin）城战后归波兰所有，现在被称为科斯琴（Kostrzyn）坐落在通往柏林的路上。到1945年初，苏联的反攻已经到了德国。德军不惜一切代价要守住这里。激烈的战斗爆发了，一小支德国军队坚持作战，最终苏军取得了胜利。从德国步行穿过奥德河（Oder River）进入古老的库斯特林，你会看见到处都是战斗伤害。可以到博物馆触摸一下过去。

471

渡过莱茵河
德国北莱茵－威斯特法伦州

1945年3月，盟军抵达莱茵河。英国军队在韦塞尔（Wesel）附近进行了一次大规模的河流袭击，战利品行动（Operation Plunder）。从河南边的一座旧堡垒废墟出发，走到韦塞尔铁路桥。它建于第一次世界大战之前，在两次世界大战中运送士兵上了前线。它在1945年被德国人炸毁，展现了严重的战斗破坏迹象。在新的河流穿越处走进韦塞尔，然后到北岸找到桥的遗迹。从它的一个支撑物上，你可以看到当年渡河时的区域。

左上图：库斯特林的堡垒墙。

左图：这座城市的许多地方自战争以来都没有被破坏过。

472

芮斯华森林
德国克莱夫

漫步在盟军前往莱茵兰的路上经过的缠绕的树木之间。

◆ **距离**
3.2 公里

◆ **起点**
克莱恩伯格大街，芮斯华森林

◆ **漫步类型**
森林散步

◆ **何时出发**
全年

右图：英军曾在这片茂密、泥泞的森林中行进。

市场花园行动之后，战斗平息了下来，盟军得以在冬季集结兵力，为次年的进攻做准备。1945 年 2 月 8 日，这场名为真实行动（Operation Veritable）的战役打响，一千多门大炮开炮支援。

从帝国森林北部的克兰恩伯格街（Kranenburger straese）出发，你可以沿着英军前进的路线在树林中穿行。这里和 1945 年一样密密麻麻，到处可见阵地、弹坑和弹孔的痕迹。走在这条路上，你会发现这里是一个艰苦的战场，那时的道路都是厚厚的泥浆，并阻碍了前进。

芮斯华森林战争公墓（Reichswald Forest War Cemetery）是第二次世界大战以来最大的英国和英联邦公墓，有七千五百多个坟墓。左边是皇家空军的坟墓，右边是英国陆军的坟墓。死者中有许多英联邦国家的代表，涵盖了从普通士兵到将军的各个军衔，包括在渡过莱茵河时牺牲的汤姆·雷尼（Tom Rennie）少将。要想了解规模，可以走楼梯到观景平台。

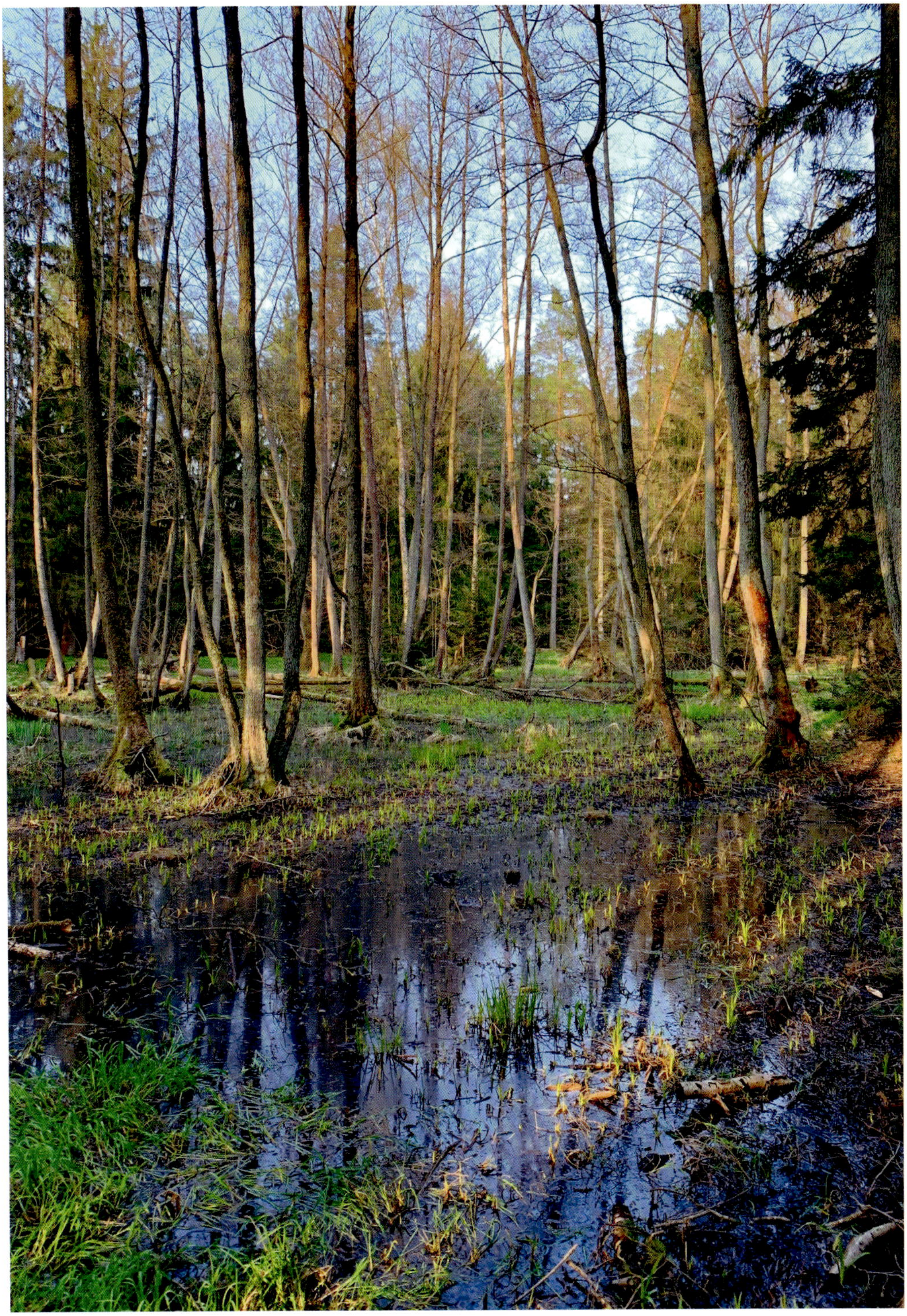

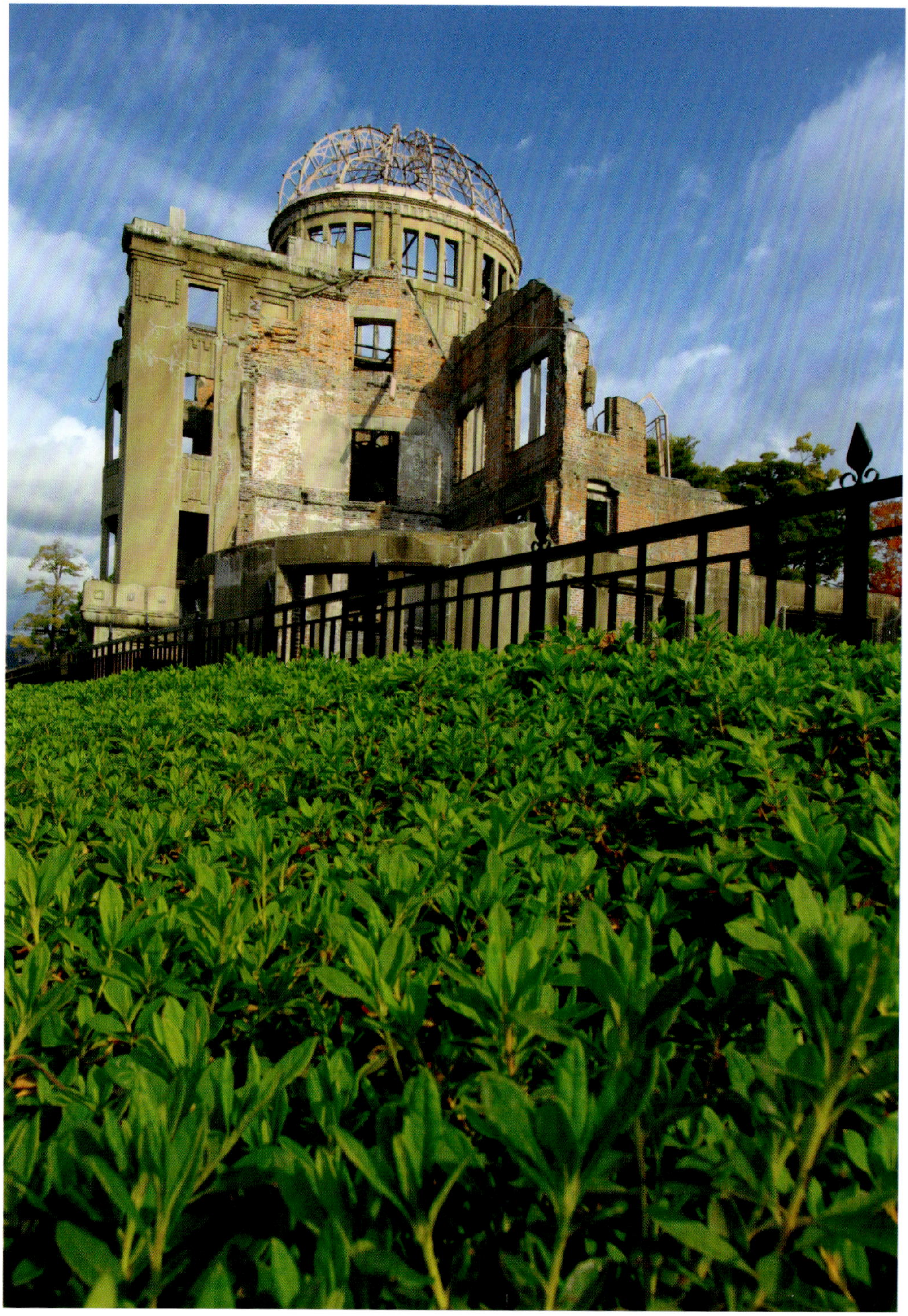

473

施劳弗高地
德国勃兰登堡

1945年1月,苏军在库斯特林(Küstrin)附近渡过莱茵河后,在柏林之前的最后一道防线是施劳弗高地(Seelow)。在几个月的时间里,一支由德国士兵组成的小部队(其中许多只是男孩)阻止了苏联的进攻。在施劳弗纪念基地,你可以看到坦克、火炮和火箭筒。走到林登多夫(Lindendorf),你会经过一门德军的铁路炮,而来到施劳弗高地,可以看到战壕、迫击炮坑和火炮阵地的痕迹。

474

柏林
德国勃兰登堡

1945年4月在柏林的战斗,实际上是一系列小规模、孤立的战斗。沿着博德斯特路(Bodestrasse)穿过施普雷河(Spree River)来到博物馆岛,你可以在这里的几乎每一面墙上看到那些最后战役的痕迹。在博物馆岛(Museum Island)的卢斯特花园(Lustgarten),曾陈列过战争的遗物。从岛头出发到新岗亭(Neue Wache),现在这里是战争和暴政受害者的中央纪念碑,它以凯绥·珂勒惠支(Käthe Kollwitz)的雕像为特色。然后走到勃兰登堡门,这是柏林的象征,战争曾在这里激烈进行。附近是希特勒的地堡,现在是一个停车场。

475

轰炸广岛
日本本州广岛

1945年5月,欧洲的战争结束,盟军要求日本无条件投降,但日本置之不理。8月6日,美国在广岛投下了世界上第一颗原子弹。爆炸及其引发的大火造成九万名平民死亡,将近一千三百公顷的城市夷为平地。广岛到处都是纪念原子弹爆炸的纪念碑和遗址。可以从原子弹爆炸圆顶屋向南步行,穿过和平纪念公园及其纪念丘、纪念碑、和平火焰,然后到达广岛和平纪念博物馆。

476

轰炸长崎
日本九州岛长崎

广岛原子弹爆炸三天后,一架美国B-29飞机飞至九州东北海岸的北九州,向日本投下了第二颗原子弹。那里有一个主要的军工厂。但由于能见度低,机组人员转向西南方向的一个次要目标。1945年8月9日,一枚爆炸威力是广岛原子弹两倍的炸弹在长崎投下,八万平民丧生。不到一周后,日本投降。在长崎,可以参观长崎原子弹博物馆和邻近的和平纪念馆,然后向北方向走到和平公园里重达十吨的长崎和平铜像。

左图:广岛和平纪念公园的原子弹圆顶。

欧洲解放
欧洲解放之路

一条史诗般的、长途的、多国的步道庆祝欧洲从纳粹德国手中解放出来。

◆ **距离**
10000 公里

◆ **起点**
不同的起点

◆ **漫步类型**
史诗般的长途旅行

◆ **何时出发**
全年

右图：从犹他海滩开始，这是诺曼底登陆的五个海滩之一。

解放之路是一个横跨九个欧洲国家的持续项目，旨在连接盟军从纳粹的控制下解放欧洲的重要地点。

该路线上包括许多战争遗址，还有二百个音频点，让步行者可以停下来听一听来自这些地点的故事，并从不同国家的角度了解战争。

当盟军得出只有希特勒"无条件投降"才能结束战争的结论时，解放欧洲的运动开始了。

当苏军从东面与德军作战时，盟军从西面进攻，1944年6月6日，在向德国提供虚假信息的欺骗行动之后，十五万六千美国、英国和加拿大军队在空中支援下，在防御严密的诺曼底海岸的五个海滩上进行了两栖登陆。四千名盟军士兵在登陆时牺牲，其余的人成功突破防线，在两个月内解放了法国。随后的战斗持续了数月，盟军与从东部推进的苏军在德国汇合。

德国纳粹失败并无条件投降，1945年5月8日，欧洲大部分地区从第三帝国的统治下解放出来。

解放之路汇集了前几页中提到的许多独立的步道。

478

索萨波夫斯基之路
荷兰德里尔

索萨波夫斯基（Sosabowski）将军率领的波兰第一独立伞兵旅曾来到荷兰，在德里尔渡过莱茵河，在奥斯特贝克附近解救被包围的英军。作为解放之路的一部分，跟随波兰人的脚步在德里尔附近走上一小段路。

1914—1975

479

波哥大冲击
哥伦比亚波哥大

1948年4月9日，左翼自由党领袖、颇受欢迎的总统候选人豪尔赫·埃利塞尔·盖坦（Jorge Eliécer Gaitán）在波哥大市中心的办公室里被谋杀。"人民之声"的暗杀引发了长达十小时的波哥大暴动，摧毁了这座城市的大部分地区，造成数千人死亡，并使哥伦比亚陷入长达十年的暴力冲突。从盖坦办公室所在的卡雷拉塞普蒂玛（Carrera Séptima）和阿维尼达吉梅内斯（Avenida Jiménez）街角，穿过受暴力影响最严重的地区（现在是繁忙的购物区），走到坎德拉里亚社区。在这里你会发现最高法院，它是暴乱者的目标。

下图：波哥大的旧城区。

480

金门战役
中国台湾金门

金门是一组岛屿，现归台湾省管辖。本次战役，解放军失利。

481

朝鲜战争
朝鲜半岛

朝鲜战争重塑了朝鲜半岛和世界。如果你想亲眼看看，可以去高城统一瞭望台。

482

茅茅起义
肯尼亚的阿伯达尔山脉

1952 年至 1960 年的茅茅起义，是发生在肯尼亚中部的反抗英国殖民统治的武装起义。至少有一万一千人在这次起义中丧生，但由于不团结，起义最终未能推翻英国人，但它确实帮助推动了肯尼亚 1963 年的独立。大部分战斗发生在阿伯达尔山脉（Aberdares Range）荒凉的沼泽地和周边地区。如今，该地区是一个国家公园，提供一些令人兴奋的徒步旅行机会。不过，你需要一个全副武装的公园向导，因为水牛很常见，而且具有攻击性。

下图：高城郡统一眺望台。

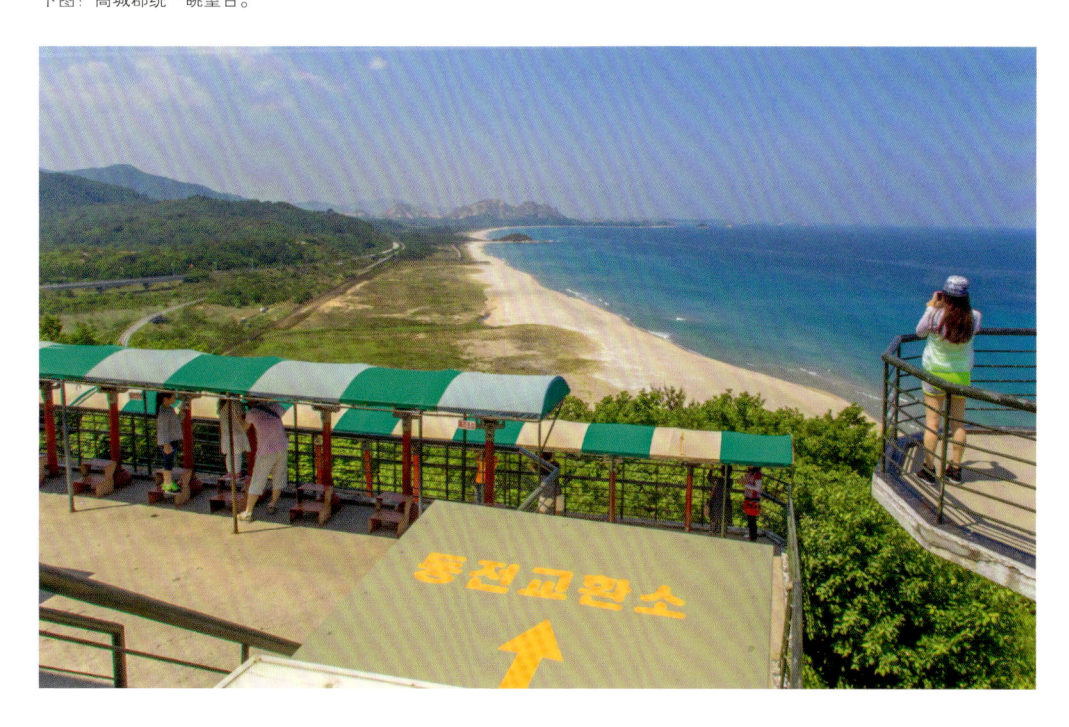

1914—1975　379

483

第一次印度支那战争
越南永灵区

印度支那三国越南、老挝、柬埔寨曾是法国殖民地，直到第二次世界大战结束了法国对该地区的控制。战争结束后，法国在海防港（Hai Phòng）登陆，想将越南重新纳入法国殖民统治之下。法国人和越南人民之间爆发了战争。1954 年法军在奠边府的战败标志着战争的结束。可以在边海河（B'ên Ha'i River）上沿着前非军事区散步。

484

西藏上层反动集团叛乱
中国西藏

1959 年春天，西藏地方政府中的上层反动集团纠集叛乱分子，妄图将西藏从中国分裂出去，在拉萨发动武装叛乱，随即被解放军驻西藏部队平息。

485

马来亚危机
马来西亚吉隆坡

马来亚紧急状态是当地人民与英国殖民者之间的游击战。1946 年，英国宣布成立马来亚联邦，马来亚共产党开始了一场反对英国的长达十二年的游击战。一万多人死亡，其中超过四分之一是平民。马来亚联合邦于 1957 年独立。可以从宣布独立的吉隆坡独立广场向西走到国家纪念碑。

486

阿尔及利亚独立战争
阿尔及利亚阿尔及尔

阿尔及尔战役是由阿尔及利亚民族解放阵线发起的一场城市游击战。该战争始于 1956 年底，当时法国殖民者在卡斯巴（Casbah）安置了一枚炸弹，造成了七十三名平民死亡。一年的战斗以法国的胜利而告终。但到了 1962 年，阿尔及利亚独立了。从充满历史感的卡斯巴（曾经最激烈的战斗现场），走到山顶的烈士纪念碑，这座三百零二英尺高的巨像可以俯瞰城市和港口。

上图：西藏甘丹寺。　　　　　　　　　　　　下图：西藏桑耶寺。

古巴革命
古巴圣克拉拉

这条路线带你回到中心城市圣克拉拉的古巴革命高潮时期。

◆ **距离**
4 公里

◆ **起点**
切·格瓦拉的陵墓

◆ **漫步类型**
轻松步行，主要沿着人行道和小路

◆ **何时出发**
全年（尽管 11 月至 4 月是最冷、最干燥的时期）

右上图：纪念捕获特伦·布林达多的纪念公园。

右图：埃内斯托·切·格瓦拉在圣克拉拉的陵墓。

经过五年半的起义，菲德尔·卡斯特罗（Fidel Castro）的 7 月 26 日运动终于在圣克拉拉战役中推翻了独裁者富尔亨西奥·巴蒂斯塔（Fulgencio Batista），这场战役已经成为古巴革命的代名词。

在占领了城市边缘的战略要地卡皮罗山（Capiro Hill）后，革命力量铲平了铁路轨道，使为巴蒂斯塔的军队运送武器和援军的装甲列车脱轨，许多巴蒂斯塔的军队随后要求停战。尽管有零星的抵抗，卡斯特罗的战士们仍有势头，继续占领了整个圣克拉拉（Santa Clara）。几个小时后，巴蒂斯塔的独裁政权瓦解，独裁者逃到葡萄牙，革命者得以不受阻碍地占领首都哈瓦那。

可以从令人印象深刻的埃内斯托·切·格瓦拉墓地出发，切·格瓦拉曾在圣克拉拉战役中领导了革命力量（后来于 1967 年在玻利维亚被杀）。然后向东穿过市中心来到纪念公园和博物馆，以纪念特伦·布林丹多（Tren Blindado）的戏剧性被捕。随后在卡皮罗山（Capiro Hill）的山顶继续向东走，这里是切·格瓦拉的游击队的藏身之处和指挥中心。

488

猪湾事件
古巴吉隆滩

这片海滩是 1961 年 4 月美国中央情报局支持的猪湾（Bay of Pigs）入侵的登陆点，古巴流亡者未能推翻菲德尔·卡斯特罗（Fidel Castro）。穿过沙滩，可以经过一个专注于入侵的小型博物馆，然后来到德萨帕塔沼泽（Ciénaga de Zapata）湿地，那里是主战场。

1914—1975 **383**

489

匈牙利事件
匈牙利布达佩斯

这场反对苏联的全国性游行始于 1956 年 10 月 23 日，当时大学生们聚集在布达佩斯，要求更换新总理。当伊姆雷·纳吉组建政府并开始进行全面改革时，苏联坦克越境进入匈牙利，袭击了布达佩斯。十二天后，二万五千人死亡，二十五万人逃往奥地利。从位于布罗迪桑德尔大街（Bródy Sándor Street）的前匈牙利电台总部，也就是特工最初向示威者开火的地方，走到最激烈的战斗发生的科文广场（Corvin Square）。这里有一座纪念英勇的"佩斯孩子们"的纪念碑，他们曾在这里战斗并牺牲。

490

冷战
东欧和西欧

"从波罗的海的什切青到亚得里亚海的里雅斯特，一道铁幕笼罩了整个欧洲大陆"，这是温斯顿·丘吉尔对第二次世界大战以后东西方集团之间的政治紧张局势的描述。政治上的紧张（主要通过双方的暗示行动和宣传来表达）导致了北约和华约的成立，并导致了德国的分裂。这道"铁幕"已经变成了一条跨越二十个国家的长途小径，最有趣的是，它曾经是东德和西德之间的边境线，一次只能走一小段。

491

印巴战争
印度旁遮普邦阿姆利则

1947 年，英国政府把英属印度分为印度联邦和巴基斯坦两个自治领，自此引发了许多问题。1965 年，当两国都声称对有争议的克什米尔地区拥有控制权时，双方的小冲突爆发为全面的军事战斗，包括空中、陆地和海上攻击。这场战争持续了十五个月。这两个邻国之间的关系仍然紧张。可以在参观完分治博物馆后，步行到边境，见证戏剧性的边境关闭仪式，该仪式每天都在举行。

492

杀害切·格瓦拉
玻利维亚圣克鲁斯的拉伊格拉

切·格瓦拉（Che Guevara）于 1967 年 10 月 9 日在玻利维亚一个偏远的小村庄被杀害。可以从村里走到一个叫作奎布拉达德楚罗（Quebrada de Churo）的陡峭峡谷，格瓦拉就是在那里被玻利维亚士兵俘虏的，然后再回村，那里到处都是纪念这位革命者的纪念碑和壁画。在埃斯库利塔（Escuelita）结束行程。这是一所旧的单间学校，现在变成了博物馆，格瓦拉就是在这里被审讯和处决的。

右上图：切·格瓦拉纪念碑。

右图：拉伊格拉一座建筑上的壁画向切·格瓦拉致敬。

TU EJEMPLO ALUMBRA
UN NUEVO AMANECER

EL CHE VIVE
EN EL CORAZON Y LOS ROSTROS DE LOS QUE EXIGEN JUSTICIA
Vamos dando batalla
Por un mundo que sea diferente
Poder para el pueblo
Anti imperialismo
Patria sin fronteras
Para el Socialismo

386 第六章 两次世界大战和二十世纪中后期

493

柬埔寨内战
柬埔寨金边

1970 年，在美国支持下，郎诺发动政变。1975 年，红色高棉（Khmer Rouge）共产党攻占金边，赢得抗美斗争胜利，获得执政权。走在金边的林荫大道上，一排排的建筑讲述着这个国家动荡的过去。

494

老挝抗美救国战争
老挝芒碱

在老挝东北部的一个山谷中，这个溶洞网络曾是老挝人民解放军（Pathet Lao）的总部，战争期间，这些溶洞网络使老挝人民解放军躲避了美国的猛烈轰炸。这里有十几个洞穴可供探索，在它们的鼎盛时期曾有数百人居住。你会看到音乐厅、教室和车间的遗迹，以及化学武器袭击时使用的掩体。

495

苏联出兵捷克斯洛伐克事件
捷克布拉格

1968 年当选为捷克斯洛伐克共产党第一书记的杜布切克（Alexander Dubček）开始了一系列的改革。然而，苏联对此并不热衷。8 月，华约的军队和坦克开进了布拉格，对人民的抗议实行镇压。可以在军团桥和查尔斯桥之间绕行，参观城堡底部的受害者纪念碑。

左上图：老挝的山谷，数百人曾在此避难。

左图：这些洞穴被用作音乐厅。

1914—1975

496

越南抗美救国战争
越南顺化

美丽的王宫曾被美军破坏，至今未能完全修复。

◆ **距离**
460 米

◆ **起点**
顺化王宫入口

◆ **漫步类型**
平坦的人行道，适合婴儿车或轮椅

◆ **何时出发**
全年

右上图：香河上的桥梁在顺化战役中遭到了攻击。

右图：皇宫的午门和护城河。

1961 年起，越南进行抗美救国战争，1976 年南北方统一。

今天，顺化的城市与战场几乎没有什么相似之处，皇宫也部分得到了修复。你可以沿着环绕建筑的风景如画的护城河，在庭院内漫步，然后沿着附近平静的香河（Perfume River）的河岸行走。

497

古芝地道
越南胡志明市

在锈迹斑斑的越南战争武器中，有古芝（Cú Chi）地道，它对越共对抗美军至关重要。在导游的引导下，你会看到伪装的活板门、食堂，并了解双方士兵在战斗中遭受的各种疾病。

498

溪山战役
越南溪山

1968年溪山战役中，美军被打得很惨，一个关键军事基地撤离。现在只剩下一座小博物馆、机场和步行道。

1914—1975　**389**

499

科尔多瓦事件
阿根廷科尔多瓦

在胡安·卡洛斯·翁加尼亚（Juan Carlos Onganía）军事独裁时期，阿根廷第二大城市科尔多瓦是1969年5月大罢工的发生地。大罢工遭到了警察的残酷镇压，引发了民众起义，被军方暴力镇压。这些事件被称为科尔多瓦事件。从参与起义的科尔多瓦国立大学校园走到米克罗中央（Microcentro）区，抗议者曾在那里游行，设置路障，并放火焚烧地方政府大楼。

500

皮诺切特的军事政变
智利圣地亚哥

圣地亚哥市中心有许多与1973年9月11日奥古斯托·皮诺切特（Augusto Pinochet）将军的右翼军事政变有关的地点。在莫尼达宫（Palacio de la Moneda），民主选举的社会主义总统萨尔瓦多·阿连德（Salvador Allende）死于皮诺切特的军事袭击。从这里向北前往优雅的"智利国会"（Ex Congreso Nacional），国会在这里开会，之后被皮诺切特解散。最后，转到巴黎－伦敦（París–Londres）街区，那里有一座不起眼的房子，伦敦三十八号，它曾经是皮诺切特的主要酷刑中心之一。今天，它是一个博物馆和纪念地。

右图：莫尼达宫，萨尔瓦多·阿连德在皮诺切特军事政变中去世的地方。

ARTURO
ALESSANDRI
PALMA

索 引

A

Aberdare Mountains 阿伯达尔山 379

Addis Ababa, Ethiopia 亚的斯亚贝巴，埃塞俄比亚 113

Adwalton Moor, England 阿德沃顿摩尔，英格兰 177

Ahwar, Iraq 艾赫沃尔，伊拉克 14

Aigues-Mortes, France 艾格莫尔特，法国 99

Aisne, France 埃纳省，法国 311, 315, 317

Albania 阿尔巴尼亚 133

Albi, France 阿尔比，法国 94

Algeria 阿尔及利亚 55, 244, 380

Alise-Sainte-Renne, France 阿利斯圣兰，法国 42

Alto Adige, Italy 上阿迪杰，意大利 293

Amiens, France 亚眠，法国 318

Amritsar, India 阿姆利则，印度 384

Ancre River, France 昂克尔河，法国 301

Ankara, Turkey 安卡拉，土耳其 124

Antakya, Turkey 安塔基亚，土耳其 89

Antietam, Maryland 安提塔姆，马里兰州 264

Apennines, Italy 亚平宁，意大利 352

Apia, Samoa 阿皮亚，萨摩亚 276

Appian Way 亚壁古道 41, 52

Appomattox, Virginia 阿波麦托克斯，弗吉尼亚州 267

Aqaba, Jordan 阿克巴，约旦 314

Arganda de Rey, Spain 阿甘德雷伊，西班牙 331

Argentina 阿根廷 226, 268, 390

Arica, Chile 阿里卡，智利 276, 277

Ariège, France 阿列日，法国 339

Arklow, Ireland 阿克洛，爱尔兰 220

Arles, France 阿尔勒，法国 56

Arnhem Land, Australia 阿纳姆地，澳大利亚 10

Arnhem, Netherlands 阿纳姆，荷兰 366

Artois, France 阿图瓦，法国 295

Ashingdon, England 阿辛顿，英格兰 85

Aughrim, Ireland 奥赫里姆，爱尔兰 195

Auschwitz, Poland 奥斯威辛，波兰 345

Australia 澳大利亚 10, 238, 244, 341

Austria 奥地利 153, 193, 227

Avignon, France 阿维尼翁，法国 104, 116

Ayuthaya, Thailand 大城府，泰国 210

Azincourt, France 阿金库尔，法国 128

B

Bach Đăng River, Vietnam 巴赫当河，越南 76

Bagan, Myanmar 蒲甘，缅甸 113

Balaklava, Crimea 巴拉克拉瓦，克里米亚 256

Balearic Islands 巴利阿里群岛 218

Baltimore, Maryland 巴尔的摩，马里兰州 235

Banner, Wyoming 班纳，怀俄明州 268

Barcelona, Spain 巴塞罗那，西班牙 332

Barnet, England 巴尼特，英格兰 137

Bastogne, Belgium 巴斯托涅，比利时 368

Batalha, Portugal 巴塔利亚，葡萄牙 123

Battle Road Trail 战斗路小道 212

Bay of Pigs, Cuba 猪湾，古巴 383

Bayonne, France 巴约讷，法国 233

Beara Breifne Way 比拉布雷分之路 170

Beaumont-Hamel, France 博蒙阿梅尔，法国 298

Beijing, China 北京，中国 103, 260

Belarus 白俄罗斯 339

Belgium 比利时
　Bastogne 巴斯托涅 368
　Flanders 法兰德斯 286, 288, 293, 306, 307, 315
　Hainaut 海诺特 286, 317
　Hameau du Lion 狮子村 236
　Lys River 利斯河 315
　Mons 蒙斯 317
　Passchendaele 帕斯尚尔 307
　Ypres 伊普尔 293, 307

Belgrade, Serbia 贝尔格莱德，塞尔维亚 133

Benevento, Italy 贝内文托，意大利 113

Benin 贝宁 200

Berat, Albania 贝拉特，阿尔巴尼亚 133

Berlin, Germany 柏林，德国 351

Biga, Turkey 比加，土耳其 31

Bighorn, Montana 比格霍恩，蒙大拿州 270

392 索引

Bihar, India 比哈尔邦，印度 26
Blacksburg, South Carolina 布莱克斯堡，南卡罗来纳 217
Bogotá, Colombia 波哥大，哥伦比亚 378
Bolivia 玻利维亚 70, 384
Bonnie Prince Charlie Trail 邦尼王子查理小径 206
Bonnieux, France 博尼约，法国 101
Borodino, Russia 博罗迪诺，俄罗斯 231
Bothwell, Canada 博思韦尔，加拿大 231
Boyacá bridge, Colombia 博亚卡大桥，哥伦比亚 238
Brandenburg, Germany 勃兰登堡，德国 374
Brasles, France 布拉斯勒，法国 289
Brest Fortress, Belarus 布列斯特要塞，白俄罗斯 339
Britain see individual countries 不列颠（查看具体部分）
Brittany, France 布列塔尼，法国 252
Buçaco National Forest 布萨科国家森林 228, 229
Budapest, Hungary 布达佩斯，匈牙利 53, 384
Buenos Aires, Argentina 布宜诺斯艾利斯，阿根廷 226
Bulgaria 保加利亚 131
Bunker Hill, Massachusetts 邦克山，马萨诸塞州 215
Burma see Myanmar 缅甸
Busan, South Korea 釜山，韩国 169

C

Cádiz, Spain 加的斯，西班牙 167
Caen, France 卡昂，法国 363
Cajamarca, Peru 卡哈马卡，秘鲁 155
Cambodia 柬埔寨 387
Canada 加拿大 208, 231
Canne della Battaglia, Italy 坎尼德拉巴塔利亚，意大利 37
Cap de la Chèvre, France 山羊海角，法国 357
Capua, Italy 卡普阿，意大利 40, 259
Carcassonne, France 卡尔卡松，法国 97
Carillon Battlefield Hiking Trail 钟琴战地徒步小径 215
Caserta, Italy 卡塞塔，意大利 259
Castelnaud, Château de 卡斯泰尔诺城堡 115
Castillo San Felipe de Barajas, Colombia 圣费利佩城堡，哥伦比亚 203
Cerro Sechín, Peru 塞罗塞钦，秘鲁 15
Çeşme, Turkey 切什梅，土耳其 210
Chalmette, Louisiana 查尔梅特，路易斯安那州 235
Chamberlain, South Dakota 张伯伦，南达科他州 120
Champotón, Mexico 香波顿，墨西哥 151
Charleston, South Carolina 查尔斯顿，南卡罗来纳州 262
Cheriton, England 切里顿，英格兰 180
Chichén Itzá, Mexico 奇琴伊察，墨西哥 80
Chichén Viejo, Mexico 奇琴维耶霍，墨西哥 81
Chikhaldara, India 奇卡尔达拉，印度 224
Chile 智利 243, 276, 277, 390
China 中国
　Beijing 北京 103, 260
　　Great Wall 长城 34
　Guzhen County 固镇 37
　Hai River 海河 280
　Hong Kong 香港 341
　Kunyang, Henan 昆阳，河南 42
　Nanchang 南昌 121, 326
　Nanjing 南京 254, 333
　Runan County 汝南县 92
　Shanhaiguan 山海关 182
　Taiwan 台湾 281, 378
　Tibet 西藏 380
　Wanping Fortress 宛平城 333
　Wuhan 武汉 30
　Xinxiang 新乡 20
　Xinzhou 忻州 38
　Yangtze River 长江 50
Chioggia, Italy 基奥贾，意大利 122
Chittorgarh, India 奇陶加尔，印度 160
Ciudad Hidalgo, Mexico 伊达尔戈城，墨西哥 139
Ciudad Juárez, Mexico 华雷斯城，墨西哥 282
Clontarf, Ireland 克朗塔夫，爱尔兰 85
Cochise, Arizona 科奇斯，亚利桑那州 271
Cochise Indian Trail 科奇斯印第安小径 271
Cogolo, Italy 科戈洛，意大利 293
Colchester, England 科尔切斯特，英格兰 46
Cold War 冷战 384
Collooney, Ireland 科卢尼，爱尔兰 221
Colombia 哥伦比亚 175, 203, 238, 378
Colonia del Sacramento, Uruguay 科洛尼亚德尔萨克拉门托，乌拉圭 201
Columbus, Ohio 哥伦布市，俄亥俄州 283
Compiègne, France 孔皮埃涅，法国 129
Concord, Massachusetts 康科德，马萨诸塞州 212
Constantinople, Turkey 君士坦丁堡，

索引 **393**

土耳其 68, 132
Corbera d'Ebre, Spain 科贝拉德
  埃布雷，西班牙 331
Córdoba, Argentina 科尔多瓦，
  阿根廷 390
Corregidor Island 科雷吉多岛
  347
Corrientes, Argentina 科连特斯，
  阿根廷 268
Corsica 科西嘉岛 148, 210, 219
Cova del Roure, Spain 科瓦德尔
  鲁尔，西班牙 11
Crete 克里特岛 342
Criel Mound, West Virginia 克里埃
  尔土丘，西弗吉尼亚州 24
Cuautla, Mexico 库奥特拉，
  墨西哥 282
Cuba 古巴 382, 383
Cuenca, Peru 昆卡，秘鲁 154
Cusco, Peru 库斯科，秘鲁 157
Czech Republic 捷克 387

D

Dachau, Germany 达豪集中营，
  德国 344
Dadeville, Alabama 达德维尔，
  阿拉巴马州 234
De Cuéllar Trail 德奎利亚尔小径
  167
Dead Sea 死海 48
Deal, England 迪尔，英格兰 159
Deerfield, Massachusetts 迪尔菲
  尔德，马萨诸塞州 200
Delhi, India 德里，印度 125
Deutsch-Wagram, Austria 德意志
  瓦格拉姆，奥地利 227
Dieppe, France 迪耶普，法国
  343
Diyarbakir, Turkey 迪亚巴克尔，
  土耳其 60
Dominican Republic 多米尼加共
  和国 225
Dresden, Germany 德累斯顿，
  德国 371
Driel, Netherlands 德里尔，荷兰

367, 377
Drogheda, Ireland 德罗赫达，
  爱尔兰 195
Dublin, Ireland 都柏林，爱尔兰
  302
Dunbar, Scotland 邓巴，苏格兰
  185
Dunkirk, France 敦刻尔克，法国
  337
Durham, England 达勒姆，英格兰
  82

E

Ebbsfleet, England 埃布斯弗利特，
  英格兰 42
Ecuador 厄瓜多尔 242
Edington, England 艾丁顿，英格
  兰 74
Edirnekapı, Turkey 艾德奈卡培，
  土耳其 132
Eger, Hungary 埃格尔，匈牙利
  153
Egypt 埃及 20, 151, 224
Eindhoven, Netherlands 埃因霍温，
  荷兰 365
England 英格兰
  Adwalton Moor 阿德沃顿摩尔
    177
  Ashingdon 阿辛顿 85
  Barnet 巴尼特 137
  Cheriton 切里顿 180
  Colchester 科尔切斯特 46
  Deal 迪尔 159
  Durham 达勒姆 82
  Ebbsfleet 埃布斯弗利特 42
  Edington 艾丁顿 74
  Evesham 伊夫舍姆 111
  Flodden 弗洛登 146
  Hadrian's Wall 哈德良长城 48
  Hastings 黑斯廷斯 87
  Hinton Hill 辛顿山 66
  Holy Island 圣岛 68
  Langport 兰波特 181
  Lewes 刘易斯 110
  London 伦敦 225, 302, 339

Market Bosworth 博斯沃思市场
  142
Marston Moor 马斯顿荒原 179
Naseby 纳斯比 181
Newbury 纽伯里 179
Northampton 北安普顿 134
Northey Island 诺西岛 78
Offa's Dyke 奥法堤 73
Otterburn 奥特本 111, 124
Portsmouth 朴茨茅斯 159
Richborough 里奇伯勒 44
Roundway Down 回旋道 177
St. Albans 圣奥尔本斯 134
St. Peter's Square 圣彼得广场
  237
Sedgemoor 塞奇莫尔 187
Shrewsbury 什鲁斯伯里 126
Stamford Bridge 斯坦福桥 86
Stoke Field 斯托克 143
Stratton 斯特拉顿 176
Tewkesbury 蒂克斯伯里 137
Tilbury 蒂尔伯里 166
Torrington 托林顿 184
Towton 陶顿 135
Tresco 特雷斯科 186
Winwick 温威克 184
Worcester 伍斯特 185
Enniscorthy, Ireland 恩尼斯科西，
  爱尔兰 221
Estonia 爱沙尼亚 109
Ethiopia 埃塞俄比亚 113, 278,
  326
Evesham, England 伊夫舍姆，
  英格兰 111

F

Falaise, Normandy 法莱斯，
  诺曼底 365
Falkirk, Scotland 福尔柯克，
  苏格兰 206
Finike, Turkey 菲尼克，土耳其 68
Finland 芬兰 322, 334, 335
Flaminian Way 弗拉米尼亚路 63
Flanders, Belgium 法兰德斯，
  比利时 286, 288, 293, 306,

394 索引

307, 315
Flodden, England 弗洛登，英格兰 146
Focșani, Romania 福卡尼，罗马尼亚 218
Fort Donelson, Tennessee 唐纳尔逊堡，田纳西州 263
Fort l'Îlette de Kermorvan, France 克尔莫尔万堡，法国 252
Fort Recovery, Ohio 里卡弗里堡，俄亥俄州 219
France 法国
    Aisne 埃纳省 311, 315, 317
    Albi 阿尔比 94
    Alise-Sainte-Renne 阿利斯圣兰 42
    Amiens 亚眠 318
    Ancre River 昂克尔河 301
    Ariège 阿列日 339
    Arles 阿尔勒 56
    Artois 阿图瓦 295
    Avignon 阿维尼翁 104, 116
    Azincourt 阿金库尔 128
    Bayonne 巴约讷 233
    Beaumont-Hamel 博蒙阿梅尔 298
    Bonnieux 博尼约 101
    Brasles 布拉斯勒 289
    Brittany 布列塔尼 252
    Caen 卡昂 363
    Cap de la Chèvre 山羊海角 357
    Carcassonne 卡尔卡松 97
    Château de Castelnaud 卡斯泰尔诺城堡 115
    Compiègne 孔皮埃涅 129
    Corsica 科西嘉岛 148, 210, 219
    Dieppe 迪耶普 343
    Dunkirk 敦刻尔克 337
    Falaise 法莱斯 365
    Fromelles 弗罗梅勒 301
    Grand-Fougeray 格朗富热赖 74
    Hindenburg Line 兴登堡防线

308
La Rochelle 拉罗谢尔 174
Larressingle 拉雷桑格勒 115
Lastours 拉斯图尔 98, 99
Les Baux-de-Provence 莱博德普罗旺斯 116
Locquénolé 洛屈埃诺莱 100
Loos 卢斯 294
Lorraine 洛林 287
Maginot Line 马其诺防线 326
Marne 马恩 317
Meuse 默兹 301
Montségur 蒙塞古 104
Nancy 南锡 139
Navarin Farm 纳瓦林农场 295
Nice 尼斯 202
Nord 诺尔省 287, 311
Omaha Beach 奥马哈海滩 357
Orléans 奥尔良 129
Parc naturel régional de la Forêt d'Orient 东方森林自然风景公园 57
Paris 巴黎 269
Pas-de-Calais 加莱海峡 308, 310
Pegasus Bridge 飞马桥 360
Relec Abbey 雷莱克修道院 61
Roncesvalles 龙塞斯瓦列斯 68
Roscanvel 罗斯坎维尔 114
Saint Lô 圣洛 363
Sainte-Marie-du-Mont 圣玛丽－杜－蒙特 362
St. Nazaire 圣纳泽尔 341
Sambre-Oise Canal 桑布雷－瓦兹运河 321
Sauveterre de Béarn 索韦泰尔德贝阿尔恩 163
Somme 索姆 298, 301
Tourmauville 图尔莫维尔 362
Vézeronce-Curtin 韦泽伦斯屈尔坦 60
Fredericksburg, Virginia 弗雷德里克斯堡，弗吉尼亚州 265
Fromelles, France 弗罗梅勒，法国 301

Fuerte San Antonio, Chile 富尔特圣安东尼奥 243

G

Gallipoli Peninsula, Turkey 土耳其加利波利半岛 296, 297
Gamla Uppsala, Sweden 老乌普萨拉，瑞典 77
Gari River, Frosinone, Italy 加里河，弗罗西诺内，意大利 356
Germantown, Pennsylvania 日耳曼敦，宾夕法尼亚州 216
Germany 德国
    Berlin 柏林 351
    Brandenburg 勃兰登堡 374
    Dachau 达豪 344
    Dresden 德累斯顿 371
    Hamburg 汉堡 351
    Lechfeld 莱希菲尔德 77
    Leipzig 莱比锡 233
    North Rhine-Westphalia 北莱茵－威斯特法伦州 371
    Reichswald Forest 芮斯华森林 372
    Rhur Valley 鲁尔谷 350
    Schleswig-Holstein 石勒苏益格－荷尔斯泰因 72
    Talheim 塔尔海姆 12
    Teutoburg Forest 条顿堡森林 43
Gettysburg, Pennsylvania 葛底斯堡，宾夕法尼亚州 266
Geum River, South Korea 锦江，韩国 67
Ghana 加纳 240
Gilboa, Mount 基利波山 20
Glen Shiel, Scotland 格伦希尔，苏格兰 203
Gorkha, Nepal 廓尔喀，尼泊尔 204
Grand-Fougeray, France 格朗富热赖，法国 74
Grange, Ireland 格兰奇，爱尔兰 167
Great Wall of China 中国的长城

索引 **395**

34

Greece 希腊
    Marathon 马拉松 24, 25
    Pass of Thermopylae 温泉关 25
    Patras 帕特雷 163
    Pydna 彼得那 38
    Rhodes 罗德岛 131
    Thessaloniki 塞萨洛尼卡 130
    Vólos 伏洛斯 38
Grunwald, Poland 格伦瓦尔德，波兰 127
Gualdo Tadino, Italy 瓜尔多塔迪诺，意大利 63
Guatemala 危地马拉 51, 70, 71, 196
Guernica y Luno, Spain 格尔尼卡和鲁诺，西班牙 332
Guzhen County, China 固镇，中国 37

H

Hadley, Massachusetts 哈德利，马萨诸塞州 190
Hadrian's Wall, England 哈德良长城，英格兰 48
Hafrsfjord, Norway 哈弗斯峡湾，挪威 74
Hai River, China 海河，中国 280
Hainaut, Belgium 海诺特，比利时 286, 317
Hakodate, Hokkaido 函馆，北海道 269
Hamburg, Germany 汉堡，德国 351
Hameau du Lion, Belgium 狮子村，比利时 236
Hastings, England 黑斯廷斯，英格兰 87
Hawaii 夏威夷 341
Helsinki, Finland 赫尔辛基，芬兰 322
Hindenburg Line, France 兴登堡防线，法国 308
Hinton Hill, England 辛顿山，英格兰 66
Hiroshima, Japan 广岛，日本 374
Hisarlik, Turkey 希萨利克，土耳其 19
Hô Chí Minh City, Vietnam 胡志明市，越南 389
Hobart, Australia 霍巴特，澳大利亚 238
Holy Island, England 圣岛，英格兰 68
Homs, Syria 霍姆斯，叙利亚 18
Hong Kong, China 中国香港 341
Huê´, Vietnam 顺化，越南 388
Hungary 匈牙利 53, 102, 152, 153, 384

I

Imbaba, Egypt 因巴巴，埃及 224
India 印度
    Amritsar 阿姆利则 384
    Bihar 比哈尔邦 26
    Chikhaldara 奇卡尔达拉 224
    Chittorgarh 奇陶加尔 160
    Delhi 德里 125
    Meerut 密拉特 260
    Palashi 帕拉西 210
    Panchmahal 潘奇马哈斯 141
    Sabarmati 萨巴尔马蒂 326
    Srirangapatna 斯里伦伽伯德纳 222
Inverness, Scotland 因弗内斯，苏格兰 206
Iraq 伊拉克 14, 15
Ireland 爱尔兰
    Arklow 阿克洛 220
    Aughrim 奥赫里姆 195
    Clontarf 克朗塔夫 85
    Collooney 科卢尼 221
    Drogheda 德罗赫达 195
    Dublin 都柏林 302
    Enniscorthy 恩尼斯科西 221
    Grange 格兰奇 167
    Kinsale 金塞尔 170
Iron Curtain 铁幕 384

Isla de Flores, Guatemala 弗洛雷斯岛，危地马拉 196
Israel 以色列
    Dead Sea 死海 48
    Megiddo 米吉多 16, 17, 314
    Mount Gilboa 基利波山 20
    Tel Arsuf 亚萨夫 94
    Tel Lachish National Park 拉吉什国家公园 22
    Tel Megiddo National Park 米吉多国家公园 16, 17
    Tiberias 提比里亚 93
Issus, Gulf of 伊索斯湾 31
Istanbul, Turkey 伊斯坦布尔，土耳其 68, 132
Italy 意大利
    Alto Adige 上阿迪杰 293
    Appian Way 亚壁古道 41, 52
    Benevento 贝内文托 113
    Canne della Battaglia 坎尼德拉巴塔利亚 37
    Capua 卡普阿 40, 259
    Caserta 卡塞塔 259
    Chioggia 基奥贾 122
    Cogolo 科戈洛 293
    Gari River 加里河 356
    Gualdo Tadino 瓜尔多塔迪诺 63
    Lake Trasimene 特拉西美诺湖 36
    Lazio 拉齐奥 358, 359
    Legnano 莱尼亚诺 93
    Magenta 马真塔 258
    Marzabotto 玛扎博多 28, 365
    Melegnano 梅莱尼亚诺 147
    Mestre 梅斯特 252
    Novara 诺瓦拉 147, 254
    Ortona 奥尔托纳 355
    Rome 罗马 23, 29, 30, 52, 54
    Salerno 萨勒诺 355
    Sassoferrato, Marche 马尔凯大区萨索费拉托 32
    Sentieri Partigiani, Apennines 游击队步道，亚平宁山脉 352

Sicily 西西里 355
Trentino 特伦蒂诺 290, 291
Volturno River 沃尔图诺河 66
Izmir, Turkey 伊兹密尔，土耳其 325

J

Japan 日本
  Hakodate 函馆 269
  Hiroshima 广岛 374
  Kagoshima 鹿儿岛 272
  Kobe 神户 121
  Kyoto 京都 136, 164
  Nagasaki 长崎 374
  Naha 那霸 371
  Sekigahara 关原 172
  Shimabara 岛原 173
  Shimonoseki Strait 关门海峡 94
Jebel Barkal, Sudan 博尔戈尔山，苏丹 12
Jordan 约旦 314
Joseph Plumb Martin Trail 约瑟夫·普拉姆·马丁步道 216

K

Kadesh, Syria 卡迭石，叙利亚 18
Kagoshima, Japan 鹿儿岛，日本 272
Kahlenberg, Austria 卡伦伯格，奥地利 193
Kakahi, North Island, New Zealand 卡卡希，新西兰北岛 131
Kalmar, Sweden 卡尔马，瑞典 170
Kanchanaburi, Thailand 北碧府，泰国 355
Kandy, Sri Lanka 康提，斯里兰卡 170
Kennesaw, Georgia 肯尼索，佐治亚州 267
Kenya 肯尼亚 11, 195, 379
Khe Sanh, Vietnam 溪山，越南 389
Killiekrankie, Scotland 基利克兰基，苏格兰 187
Kilwa Kisiwani, Tanzania 基尔瓦基西瓦尼，坦桑尼亚 146
Kinik, Turkey 克尼克，土耳其 23
Kinsale, Ireland 金塞尔，爱尔兰 170
Kobarid Historical Trail 科巴里德历史步道 313
Kobarid, Slovenia 科巴里德，斯洛文尼亚 313
Kobe, Japan 神户，日本 121
Kokoda, Papua New Guinea 科科达，巴布亚新几内亚 348
Konya, Turkey 科尼亚，土耳其 244
Kuala Lumpur, Malaysia 吉隆坡，马来西亚 380
Kuhmo, Finland 库赫莫，芬兰 335
Kunyang, China 昆阳，中国 42
Küstrin, Poland 库斯特林，波兰 371
Kwazulu-Natal, South Africa 夸祖鲁-纳塔尔省，南非 248, 274, 279
Kyoto, Japan 京都，日本 136, 164

L

La Albuera, Spain 拉阿尔布埃拉，西班牙 229
La Higuera, Bolivia 拉伊格拉，玻利维亚 384
La Paz Department, Bolivia 拉巴斯省，玻利维亚 70
La Rochelle, France 拉罗谢尔，法国 174
Lachish, Israel 拉吉，以色列 22
Langport, England 兰波特，英格兰 181
Laos 老挝 387
Larressingle, France 拉雷桑格勒，法国 115
Lastours, France 拉斯图尔，法国 98, 99
Lazio, Italy 拉齐奥，意大利 358, 359
Lechfeld, German 莱希菲尔德，德国 77
Legnano, Italy 莱尼亚诺，意大利 93
Leipzig, German 莱比锡，德国 233
Les Baux-de-Provence, France 莱博德普罗旺斯，法国 116
Lewes, England 刘易斯，英格兰 110
Lexington, Massachusetts 列克星敦，马萨诸塞州 212
Liberation Route, Europe 解放之路，欧洲 376
Lindisfarne, England 林迪斯法恩，英国 68
Linköping, Sweden 林雪平，瑞典 170
Lisbon, Portugal 里斯本，葡萄牙 92
Locquénolé, France 洛屈埃诺莱，法国 100
London, England 伦敦，英格兰 225, 302, 339
Loos, Nord, France 卢斯，诺尔省，法国 294
Lorraine, France 洛林，法国 287
Lothian, Scotland 洛锡安，苏格兰 159
Lviv, Ukraine 利沃夫，乌克兰 192
Lys River, Flanders 利斯河，法兰德斯 315

M

Machynlleth, Wales 麦肯来斯，威尔士 127
Madrid, Spain 马德里，西班牙 328, 330, 331
Magenta, Italy 马真塔，意大利 258
Maginot Line 马其诺防线 326
Mahébourg, Mauritius 马埃堡，毛

里求斯 227
Malaysia 马来西亚 380
Malta 马耳他 163
Manassas, Virginia 马纳萨斯，弗吉尼亚 262
Manila, Philippines 马尼拉，菲律宾 346
Manisa, Turkey 马尼萨，土耳其 38
Manzikert, Turkey 曼齐克特，土耳其 88
Marathon, Greece 马拉松，希腊 24, 25
Mariveles, Philippines 马里韦莱斯，菲律宾 346
Market Bosworth, England 博斯沃思市场，英格兰 142
Marne, France 马恩，法国 317
Marston Moor, England 马斯顿荒原，英格兰 179
Marzabotto, Italy 玛扎博多，意大利 28, 365
Mauritius 毛里求斯 227
Medinet Habu, Egypt 哈布城，埃及 20
Meerut, India 密拉特，印度 260
Megiddo, Israel 米吉多，以色列 16, 17, 314
Melegnano, Italy 梅莱尼亚诺，意大利 147
Menorca 梅诺卡 218
Mesopotamia, Iraq 美索不达米亚，伊拉克 15
Mestre, Italy 梅斯特，意大利 252
Meuse, France 默兹，法国 301
Mexico 墨西哥
　　Champotón 香波顿 151
　　Chichén Itzá 奇琴伊察 80
　　Chichén Viejo 奇琴维耶霍 81
　　Ciudad Hidalgo 伊达尔戈城 139
　　Ciudad Juárez 华雷斯城 282
　　Cuautla 库奥特拉 282
　　Mexico City 墨西哥城 120, 151
　　Oaxaca 瓦哈卡 48

Puebla 普埃布拉 261
Saltillo 萨尔蒂略 252
San Lorenzo 圣罗伦索 Tenochtitlán 特诺奇提特兰 20
Teotihuacán 提奥提华坎 64
Tula De Allende 图拉德阿连德 76
Veracruz 韦拉克鲁斯 283
Xalapa 哈拉帕 252
Milvian Bridge, Italy 米尔维安大桥，意大利 52
Mohács, Hungary 莫哈奇，匈牙利 152
Mombasa, Kenya 蒙巴萨，肯尼亚 195
Moni Gouvernetou, Crete 莫尼古弗内图，克里特岛 342
Mons, Belgium 蒙斯，比利时 317
Montgomery, Wales 蒙哥马利，威尔士 179
Montségur, France 蒙塞古，法国 104
Moree, New South Wales 莫里，新南威尔士州 244
Moscow, Russia 莫斯科，俄罗斯 305
Muhi, Hungary 莫希，匈牙利 102
Myanmar 缅甸 113
Mystic, Conneticut 米斯蒂克，康涅狄格州 174

N

Nagasaki, Japan 长崎，日本 374
Naha, Japan 那霸，日本 371
Nanchang, China 南昌，中国 121, 326
Nancy, France 南锡，法国 139
Nanjing, China 南京，中国 254, 333
Naseby, England 纳西比，英格兰 181
Nataruk, Kenya 纳塔鲁克，肯尼亚 11
Navarin Farm, France 纳瓦林农场，

法国 295
Nepal 尼泊尔 204, 205
Netherlands 荷兰 365, 366, 367, 377
Neuchâtel, Lake 纳沙泰尔湖 139
New Zealand 新西兰 131, 251
Newbury, England 纽伯里，英格兰 179
Nice, France 尼斯，法国 202
Nord, France 诺尔省，法国 287, 311
North Korea 朝鲜 67, 379
North Rhine, Germany 北莱茵，德国 371
Northampton, England 北安普顿，英格兰 134
Northey Island, England 诺西岛，英格兰 78
Norway 挪威 74, 85
Novara, Italy 诺瓦拉，意大利 147, 254
Nuwakot, Nepal 努瓦科特，尼泊尔 205

O

Offa's Dyke, Wales-England border 奥法堤，英格兰－威尔士边境 73
Okeechobee, Lake, Florida 奥基乔比湖，佛罗里达州 247
Omaha Beach, Normandy 奥马哈海滩，诺曼底 357
Øresund, Sweden 厄勒海峡，瑞典 85
Orléans, France 奥尔良，法国 129
Ortona, Italy 奥尔托纳，意大利 355
Otterburn, England 奥特本，英格兰 111, 124
Ouidah, Benin 维达，贝宁 200
Outer Hebrides 外赫布里底群岛 206

P

Palashi, India 帕拉西，印度 210
Panchmahal, India 潘奇马哈斯，印度 141
Papua New Guinea 巴布亚新几内亚 348
Parc naturel régional de la Forêt d'Orient 东方森林自然风景公园 57
Paris, France 巴黎，法国 269
Partisan Trails, Italy 游击队步道，意大利 352
Pas-de-Calais, France 加莱海峡，法国 308, 310
Passchendaele, Belgium 巴雪戴尔，比利时 307
Patras, Greece 帕特雷，希腊 163
Pearl Harbor, Hawaii 珍珠港，夏威夷 341
Pegasus Bridge, France 飞马桥，法国 360
Peru 秘鲁
    Cajamarca 卡哈马卡 155
    Cerro Sechín 塞罗塞钦 15
    Cuenca 昆卡 154
    Cusco 古斯科 157
    Tacna 塔克纳 276
    Trujillo pyramids 特鲁希略金字塔 53
Petén, Guatemala 佩滕，危地马拉 71
Petexbatun, Guatemala 派特克斯巴吞，危地马拉 70
Philippines 菲律宾 346, 347
Phnom Penh, Cambodia 金边，柬埔寨 387
Pine Ridge Indian Reservation, South Dakota 松树岭印第安人保留地，南达科他州 276
Poland 波兰
    Auschwitz 奥斯维辛 345
    Grunwald 格伦瓦尔德 127
    Küstrin 库斯特林 371
    Santok 桑托克 74
    Warsaw 华沙 189, 365

Wolf's Lair 狼穴 339
Polatli, Turkey 波拉特利，土耳其 324
Polonnaruwa, Sri Lanka 波隆纳鲁瓦，斯里兰卡 88
Poltava, Ukraine 波尔塔瓦，乌克兰 202
Portsmouth, England 朴茨茅斯，英格兰 159
Portugal 葡萄牙 92, 123, 163, 228, 229
Prague, Czech Republic 布拉格，捷克共和国 387
Predjama, Slovenia 布列加玛，斯洛文尼亚 140
Prestonpans, Scotland 普雷斯顿潘，苏格兰 206
Princes Town, Ghana 王子镇，加纳 240
Puebla, Mexico 普埃布拉，墨西哥 261
Puerto Seguro, Spain 塞古罗港，西班牙 229
Pydna, Greece 彼得那，希腊 38

Q

Quebec City, Canada 魁北克市，加拿大 208
Quijorna, Madrid 基霍尔纳，马德里 328
Quito, Ecuador 基多，厄瓜多尔 242

R

Randwijk, Netherlands 兰德维克，荷兰 367
Reichswald Forest, Germany 芮斯华森林，德国 372
Relec Abbey, France 雷莱克修道院，法国 61
Rhodes 罗德岛 131
Rhur Valley, Germany 鲁尔谷，德国 350
Richborough, England 里奇伯勒，英格兰 44

Ridanieh, Egypt 里达尼耶，埃及 151
Romania 罗马尼亚 48, 151, 218, 254
Rome, Italy 罗马，意大利 23, 29, 30, 52, 54
Roncevaux Pass, French-Spanish border 朗塞沃山口，法国－西班牙边境 68
Roscanvel, France 罗斯坎维尔，法国 114
Roundway Down, England 回旋道，英格兰 177
Runan County, China 汝南县，中国 92
Russell, New Zealand 拉塞尔，新西兰 251
Russia 俄罗斯
    Borodino 博罗迪诺 231
    Moscow 莫斯科 305
    St. Petersburg 圣彼得堡 304
    Terek River 捷列克河 124
    Ust-Izhora 乌斯季伊佐拉 107
    Volgograd 伏尔加格勒 350

S

Sabarmati, India 萨巴尔马蒂，印度 326
Sagres, Portugal 萨格雷斯，葡萄牙 163
St. Albans, England 圣奥尔本斯，英格兰 134
Saint Lô, France 圣洛，法国 363
Sainte-Marie-du-Mont, Normandy 圣玛丽－杜－蒙特，诺曼底 362
St. Nazaire, France 圣纳泽尔，法国 341
St. Peter's Square, England 圣彼得广场，英格兰 237
Salerno, Italy 萨勒诺，意大利 355
Salsu River, North Korea 萨尔苏江，朝鲜 67
Saltillo, Mexico 萨尔蒂略，墨西

哥 252

Sambre-Oise Canal, France 桑布雷－瓦兹运河，法国 321

Samoa 萨摩亚 276

San Antonio, Texas 圣安东尼奥，德克萨斯州 246

San Lorenzo Tenochtitlán 圣罗伦索特诺奇提特兰 20

San Sebastián, Spain 圣塞巴斯蒂安，西班牙 232

Santa Catalina, Colombia 圣卡塔利娜，哥伦比亚 175

Santa Clara, Cuba 圣克拉拉，古巴 382

Santa Cruz de Tenerife 圣克鲁斯－德特内里费 189

Sante Fe, New Mexico 圣达菲，新墨西哥州 191

Santiago, Chile 圣地亚哥，智利 390

Santok, Poland 桑托克，波兰 74

Sardis, Turkey 萨迪斯，土耳其 22

Sarmizegetusa, Romania 萨米泽盖图萨，罗马尼亚 48

Sassoferrato, Italy 萨索费拉托，意大利 32

Sauveterre de Béarn, France 索韦泰尔德贝阿尔恩，法国 163

Schleswig-Holstein, Germany 石勒苏益格－荷尔斯泰因，德国 72

Scotland 苏格兰
    Dunbar 邓巴 185
    Falkirk 福尔柯克 206
    Glen Shiel 格伦希尔 203
    Inverness 因弗内斯 206
    Killiekrankie 基利克兰基 187
    Largs 拉格斯 111
    Lothian 洛锡安 159
    Outer Hebrides 外赫布里底群岛 206
    Prestonpans 普雷斯顿潘 206
    Selkirk 塞尔柯克 182
    Stirling 斯特灵 113, 118

Sedgemoor, England 塞奇莫尔，英格兰 187

Sekigahara, Japan 关原，日本 172

Selkirk, Scotland 塞尔柯克，苏格兰 182

Senta, Serbia 森塔，塞尔维亚 195

Sentieri Partigiani, Italy 游击队步道，意大利 352

Serbia 塞尔维亚 133, 195

Sevastopol, Crimea 塞瓦斯托波尔，克里米亚 257

Shanhaiguan, China 山海关，中国 182

Shiloh, Tennessee 夏洛，田纳西州 263

Shimabara, Japan 岛原，日本 173

Shimonoseki Strait, Japan 关门海峡，日本 94

Shrewsbury, England 什鲁斯伯里，英格兰 126

Sicily 西西里 355

Sierra de Guadarrama, Spain 瓜达拉马山脉，西班牙 330

Sigtuna, Sweden 西格图纳，瑞典 94

Sinop, Turkey 锡诺普，土耳其 255

Slovenia 斯洛文尼亚 52, 140, 313

Småland, Sweden 斯马兰，瑞典 159

Somme, France 索姆，法国 298, 301

Sosabowski Trail 索萨波夫斯基之路 377

South Africa 南非 248, 274, 279

South Korea 韩国 67, 169

Spain 西班牙
    Arganda de Rey 阿尔冈达德雷伊 331
    Barcelona 巴塞罗那 332
    Cádiz 加的斯 167
    Corbera d'Ebre 科贝拉德埃布雷 331
    Cova del Roure 科瓦德尔鲁尔 11
    Guadalajara Province 瓜达拉哈拉省 36
    Guernica y Luno 格尔尼卡和鲁诺 332
    La Albuera 拉阿尔布埃拉 229
    Madrid 马德里 328, 330, 331
    Menorca 梅诺卡岛 218
    Puerto Seguro 塞古罗港 229
    Quijorna 基霍尔纳 328
    Roncesvalles 龙塞斯瓦列斯 68
    San Sebastián 圣塞巴斯蒂安 232
    Santa Cruz de Tenerife 圣克鲁斯－德特内里费 189
    Sierra de Guadarrama 瓜达拉马山脉 330

Sri Lanka 斯里兰卡 88, 170

Srirangapatna, India 斯里伦格伯德纳，印度 222

St. Petersburg, Russia 圣彼得堡，俄罗斯 304

Stalingrad see Volgograd, Russia 斯大林格勒，俄罗斯见伏尔加格勒

Stamford Bridge, England 斯坦福桥，英格兰 86

Stiklestad, Norway 斯蒂克尔斯塔德，挪威 85

Stillwater, New York 斯蒂尔沃特，纽约州 215

Stirling, Scotland 斯特灵，苏格兰 113, 118

Stoke Field, England 斯托克，英格兰 143

Stone Town, Tanzania 石头城，坦桑尼亚 279

Stratton, England 斯特拉顿，英格兰 176

Sudan 苏丹 12

Suomussalmi, Finland 苏奥穆斯萨尔米，芬兰 334

Sweden 瑞典 77, 85, 94, 159,

170
Switzerland 瑞士 139
Sydney Harbour, Australia 悉尼港，澳大利亚 341
Syria 叙利亚 18

T

Tacna, Peru 塔克纳，秘鲁 276
Tagus River, Spain 塔霍河，西班牙 36
Talheim Death Pit 塔尔海姆乱葬坑 12
Tanga, Tanzania 坦噶，坦桑尼亚 293
Tanzania 坦桑尼亚 146, 279, 293
Tel Arsuf, Israel 亚萨夫，以色列 94
Tel Lachish National Park 拉奇什国家公园 22
Teotihuacán, Mexico 提奥提华坎，墨西哥 64
Terek River, Russia 捷列克河，俄罗斯 124
Teutoburg Forest, Germany 条顿堡森林，德国 43
Tewkesbury, England 蒂克斯伯里，英格兰 137
Thailand 泰国 210, 355
Thamugadi (Timgad), Algeria 塔穆加迪（提姆加德），阿尔及利亚 55
Thermopylae, Greece 温泉关，希腊 25
Thessaloniki, Greece 塞萨洛尼卡，希腊 130
Tiberias, Israel 提比里亚，以色列 93
Tibet, China 西藏，中国 380
Ticonderoga, New York 提康德罗加，纽约州 215
Tigray, Ethiopia 提格雷，埃塞俄比亚 278, 326
Tikal, Guatemala 蒂卡尔，危地马拉 51
Tilbury, England 蒂尔伯里，英格兰 166
Timgad (Thamugadi), Algeria 提姆加德（塔穆加迪），阿尔及利亚 55
Timișoara, Romania 蒂米亚特亚拉，罗马尼亚 151, 254
Tippecanoe, Indiana 蒂珀卡诺，印第安纳州 231
Torrington, England 托林顿，英格兰 184
Tourmauville, France 图尔莫维尔，法国 362
Towton, England 陶顿，英格兰 135
Trafalgar Square, England 特拉法加广场，英格兰 225
Trasimene Lake, Italy 特拉西美诺湖，意大利 36
Trentino, Italy 特伦蒂诺，意大利 290, 291
Trenton, New Jersey 特伦顿，新泽西州 215
Tresco, Scilly Isles 特雷斯科，锡利群岛 186
Troy, Turkey 特洛伊，土耳其 19
Trujillo pyramids, Peru 特鲁希略金字塔，秘鲁 53
Tula de Allende, Mexico 图拉德阿连德，墨西哥 76
Tunisia 突尼斯 62
Turkey 土耳其
　Ankara 安卡拉 124
　Antakya 安塔基亚 89
　Biga 比加 31
　Çeşme 切什梅 210
　Constantinople 君士坦丁堡 68, 135
　Diyarbakir 迪亚巴克尔 60
　Finike 菲尼克 68
　Gallipoli Peninsula 加利波利半岛 296, 297
　Gulf of Issus 伊索斯湾 31
　Hisarlik 希萨利克 19
　Istanbul 伊斯坦布尔 68, 135
　Izmir 伊兹密尔 325
　Kinik 克尼克 23
　Konya 科尼亚 244
　Manisa 马尼萨 38
　Manzikert 曼齐克特 88
　Polatli 波拉特利 324
　Sardis 萨迪斯 22
　Sinop 锡诺普 255

U

UK see individual countries 联合王国（查看具体部分）
Ukraine 乌克兰 192, 202, 256, 257
United States 美国
　Antietam 安提塔姆 264
　Appomattox 阿波麦托克斯 267
　Baltimore 巴尔的摩 235
　Banner 班纳 268
　Bighorn 比格霍恩 270
　Blacksburg 布莱克斯堡 217
　Bunker Hill 邦克山 215
　Chalamette 查拉梅特 235
　Chamberlain 张伯伦 120
　Charleston 查尔斯顿 262
　Cochise 科奇斯 271
　Columbus 哥伦布 283
　Concord 康科德 212
　Criel Mound 克里埃尔土丘 24
　Dadeville 达德维尔 234
　Deerfield 迪尔菲尔德 200
　Fort Donelson 唐纳尔逊堡 263
　Fort Recovery 里卡弗里堡 219
　Fredericksburg 弗雷德里克斯堡 265
　Germantown 日耳曼敦 216
　Gettysburg 葛底斯堡 266
　Hadley 哈德利 190
　Kennesaw 肯尼索 267
　Lexington 列克星敦 212
　Manassas 马纳萨斯 262
　Mystic 米斯蒂克 174
　Okeechobee, Lake 奥基乔比湖 247
　Pine Ridge Indian Reservation 松树岭印第安人

保留地 276
San Antonio 圣安东尼奥 246
Santa Fe 圣达菲 191
Shiloh 夏洛 263
Stillwater 斯蒂尔沃特 215
Ticonderoga 提康德罗加 215
Tippecanoe 蒂珀卡诺 231
Trenton 特伦顿 215
Vicksburg 维克斯堡 265
West Kingston 西金斯顿 191
Yorktown 约克镇 217
Uruguay 乌拉圭 201
Ust-Izhora, Russia 乌斯季伊佐拉，俄罗斯 107

V

Valletta, Malta 瓦莱塔，马耳他 163
Varna, Bulgaria 瓦尔纳，保加利亚 131
Varnja, Estonia 瓦尔尼亚，爱沙尼亚 109
Veracruz, Mexico 韦拉克鲁斯，墨西哥 283
Vézeronce-Curtin, France 韦泽伦

斯屈尔坦，法国 60
Vicksburg, Mississippi 维克斯堡，密西西比州 265
Vieng Xai, Laos 万象，老挝 387
Vienna, Austria 维也纳，奥地利 153
Vietnam 越南 76, 380, 388, 389
Vĩnh Linh, Vietnam 永灵，越南 380
Vipava Valley, Slovenia 维帕瓦山谷，斯洛文尼亚 52
Volgograd, Russia 伏尔加格勒，俄罗斯 350
Vólos, Greece 伏洛斯，希腊 38
Volturno River, Italy 沃尔图诺河，意大利 66

W

Wales 威尔士 73, 127, 179
Wanping Fortress, China 宛平城，中国 333
Warsaw, Poland 华沙，波兰 189, 365
Wayfarers Walk 徒步旅行者步行 180

West Kingston, Rhode Island 西金斯顿，罗德岛 191
Westphalia, Germany 威斯特法伦，德国 371
Wilkinson Trail 威尔金森步道 215
Winwick, England 温威克，英国 184
Wolf's Lair, Poland 狼穴，波兰 339
Worcester, England 伍斯特，英格兰 185
Wuhan, China 武汉，中国 30

X

Xanthos, Turkey 桑索斯，土耳其 23
Xinxiang, China 新乡，中国 20
Xinzhou, China 忻州，中国 38

Y

Yangtze River, China 长江，中国 50
Yorktown, Virginia 约克镇，弗吉尼亚州 217
Ypres, Belgium 伊普尔，比利时 293, 307

供稿人

雷·巴特利特（RAY BARTLETT）

雷·巴特利特是一名全职旅行作家、摄影师和小说家。他的小说包括《图卢姆的日落》（Sunsets of Tulum）和《青瓷》（Celadon），他还撰写了三十多本关于加拿大、日本、墨西哥、危地马拉、韩国、坦桑尼亚、印度尼西亚和美国许多地方的旅游指南。他的小说是"目的地小说"，旨在将读者吸引到世界的某个特定地区，让他们想去那里。不出门时，他住在科德角，可以在 www.kaisora.com 或社交媒体（@kaisoradotcom）上找到他。

斯图尔特·巴特勒（STUART BUTLER）

斯图尔特·巴特勒是一名作家兼摄影师，擅长撰写徒步旅行和自然保护方面的文章。他的大部分工作集中在非洲、喜马拉雅山脉和欧洲西南部。他是《孤独星球》（Lonely Planet）、《布拉特》（Bradt）和《粗略指南》（Rough Guides）等众多指南的作者，也是BBC、BBC.com、地理杂志、主要国际报纸和飞行杂志的定期撰稿人。他撰写了多本徒步旅行指南，去过比利牛斯山、英格兰北部、喜马拉雅山和埃塞俄比亚高地等地。斯图尔特与妻子和两个孩子住在法国西南部。他的网站是www.stuartbutlerjournalist.com。

基基·迪尔（KIKI DEERE）

基基·迪尔在伦敦和意大利北部的双语环境中长大，为《电讯报》（The Telegraph）、《康泰纳仕旅行家》（Condé Nast Traveller）、《粗略指南》（Rough Guides）和《DK目击者》（DK Eyewitness）等旅游杂志撰写有关旅游、文化、美食和历史的文章。她的文化之旅文章《当威尼斯统治世界》（When Venice Rule the World）是关于塞雷尼西玛（La Serenissima）的历史的，获得了欧洲Digiday媒体奖的最佳单篇文章奖。可以在 Instagram（@kikideere）上找到她。

史蒂夫·法伦（STEVE FALLON）

史蒂夫·法伦出生于马萨诸塞州波士顿，他对旅行、其他文化和语言都很着迷。从乔治敦大学语言学专业毕业后，去波兰教英语。《新亚洲》（New Asia）带他来到香港，在那里他做了十二年的记者和旅行作家；《新东欧》（New Eastern Europe）随后吸引他到布达佩斯又待了三年。自1994年以来，史蒂夫一直在伦敦工作，他撰写或参与撰写了一百多本旅游指南。他还是一名合格的伦敦蓝徽导游。请访问他的网站 www.steveslondon.com。

朱利安·汉弗里斯（JULIAN HUMPHRYS）

朱利安·汉弗里斯在剑桥埃曼纽尔学院（Emmanuel College Cambridge）获得历史学学位后，进入伦敦国家陆军博物馆（National Army Museum）工作，在那里他策划了许多展览，并就英国陆军历史的所有问题向媒体发表了讲话。后来，他又组织了英国遗产组织的古迹导游项目，并继续带领其成员进行战场行走。他著有许多关于英国军事史的书籍和文章，是英国皇家艺术学会会员和英国战场信托基金会受托人。

艾米·麦克弗森（AMY MCPHERSON）

艾米·麦克弗森是一名旅居伦敦的旅行作家，天生好奇心强，他总是在寻找新的旅行体验和方式。艾米在大学学习过语言和文化，她对过去如何塑造现在，以及与文化史相关的故事特别感兴趣。作为一名户外爱好者，她经常在世界各地散步、跑步或骑自行车，寻求可以讲述的故事。艾米为英国和国际出版物撰稿。可以在 Instagram（@amymcp_writer）上关注她。

沙菲克·梅格吉（SHAFIK MEGHJI）

沙菲克·梅格吉是一位屡获殊荣的记者、旅行作家和专门研究拉丁美洲和南亚的作者。在过去的十五年里，他为《粗略指南》和《DK 目击者》合著了四十多本指南，并为《BBC 旅行》(BBC travel)、《流浪者》(Wanderlust)、《孤独星球》(Lonely Planet)、《The i》和《秘境舆图》(Atlas Obscura)等杂志撰写了关于旅游、历史、文化和体育的文章。英国皇家地理学会会员、英国旅行作家协会成员，他的新书《越过地图：玻利维亚旅行》(Crossed off the Map: Travels in Bolivia) 于 2022 年 3 月出版。

保罗·里德（PAUL REED）

保罗·里德是一位专业军事历史学家，自 1979 年以来，他一直在世界各地的战场上进行考察，并担任专业战场向导超过二十五年。保罗是一位二战老兵的儿子，他写了十本关于这一主题的书，他在索姆河上生活了十多年，在媒体工作，并且曾经出现在许多报道两次世界大战的电视历史纪录片中。保罗是他自己的播客《旧前线》(Old Front Line)的主持人，他在 2020 年开始了这个播客。可以在推特（@sommecourt）和 www.oldfrontline.co.uk 上找到他。

莉齐·威廉姆斯（LIZZIE WILLIAMS）

莉齐·威廉姆斯原籍英国，但在南非开普敦生活了二十多年。她为《DK 目击者》、《足迹》(Footprint)、《布拉特》、《粗略指南》、《Frommers》和《Fodors》等杂志撰写或贡献了七十多本指南，并为许多专门研究非洲和加勒比地区的杂志工作。她喜欢研究酒店和餐馆，同时喜欢写一些迷人的历史和文化的文章。可以访问她的网站 www.write-travel.com。

图片版权

t = top, b = bottom, l = left, r = right

123RF: Eric Middelkoop 10 b; Stormin1 17 t; Haim Magiura 17 b; okanakdeniz 22; Kaiskynet 25; coffe72 278 t; Jesse Kraft 378 b.

Adobe Stock: Iza_miszczak 31; Nejdet Duzen 211 t; Progarten 291 b; Tynrud 312 t; Marko 373.

Alamy: REDA &CO srl 33 t, 259 t and b; Realy Easy Star / Toni Spagone 36–7; Hervé Lenain 56, 361 b; Hemis / Christian MARTELET 60, Hemis / Emmanuel BERTHIER 61, Hemis 104–5, 148, 149, 316; Hemis / Francis LEROY 205, Hemis / Franck GUIZIOU 227; John Alan Joyce 66; Wolfgang Diederich 73 t and b; Les Polders 79 t; Tudor Morgan-Owen / The National Trust Photolibrary 79 b; FredP 95 John Boud 110; EyeEm 111; Chris and Sally Gable / LatitudeStock 129; Ian Townsley 134; Colin Underhill 137; Holmes Garden Photos 143 t; eye35.pix 143 b; Jean Williamson 146; Danita Delimont 153; Richard Cummins 167 t; Keith Homan 168; Nik Taylor 177; Andrew Hasson 181; Jerry and Marcy Monkman / EcoPhotography.com 191; volkerpreusser 192 t; David Robertson 206; H. Mark Weidman Photography 217 b; Rafal Rozalski 221 b; Seth Lazar 241 t and b; MERVYN REES 247 t; Chris Hellier 255; Nikolay Mukhorin 257 t; robertharding 257 b; Don Mammoser 271 b; imageBROKER 277; Witold Skrypczak 283; Peter Jeffreys 286; DE ROCKER 287, 289; Arterra Picture Library 288, 307 t; Nature Picture Library 309 t; Niall Ferguson 309 b; JONATHAN EASTLAND / AJAX 319 t; Maurice Savage 320 t; Joris Kaper 335 t; David Hancock 340; Clive Downes 356; VerySmallPlanet 364 t; Pietersma 367 t; Marc Hill 367 b; Stuart Black 369 b; Mauritius images GmbH 370 t; Dennis MacDonald 377; Have Camera Will Travel / Asia 386 t and b.

Dreamstime: Sadık Güleç 18 b; Chun Ju Wu 28 b; Hao Wan 30; Jinfeng Zhang 39; Dudlajzov 67; Andrew Martin 69; Giulio Mignani 81 t; Wirestock 84; Rndmst 92–3; Pablo Boris Debat 99 t; Smithore 99b; Krisztian Juhasz 100; Vasily Iakovlev 101; Kateryna Levchenko 103; Sergei Afanasev 106 t; RIRFStock 114; Wirestock 115; Denis Kelly 127 t; Mihail Ivanov 130; Bernadett Pogácsás-Simon 135; Antonio Delluzio 147; Jesse Kraft 150; Akarawut Lohacharoenvanich 156 b; Victordenovan 158 b; Jesse Kraft 175; Bonandbon Dw 179; David Bright 184–5; Dudlajzov 188–9; Rui Baião 201; Bratty1206 214; Georgiy Golovin 230; Vladyslav Musiienko 233; Jesus Eloy Ramos Lara 261; Alacrityp 265; Supoj Buranaprapapong 273 b; Jeeaachen 280t; Giocalde 291 b; Cyclingscot 294, 295; Richard Billingham 297t; Lochstampfer 300 t; Pintxoman 330; Jackmalipan 332; Wirestock 339 b; Velishchuk 344 t; Emotionart 344 b; Walter Eric Sy 346t; Nuvisage 346 b; Mariohagen 351; Adamara26 353; Antonio Nardelli 358 t; Wolfmaster13 374; Sandra Foyt 383 t; Ngvliem 389 t; Diego Grandi 390–91.

Getty: HUSSEIN FALEH / AFP 14; Hulton Archive 15; Geography Photos / Universal Images Group 47; DEA / G. WRIGHT 47; Gary Tumilty 58–9; Gannet77 82–3; Hugh Sitton 88–9; Otto Stadler 90–91; Buena Vista Images 96–7, 112; ViewStock 182–3; Howard Pugh 187 b; Amit Basu Photography 223 t; Massimo Borchi / Atlantide Phototravel 225; Holgs 226; Scott E Barbour 238–9; Nigel Killeen 250; Tetra Images 267; Manuel Breva Colmeiro 329 b; Visual China Group 333; Andrew Peacock 349; Claudia Beretta / Mondadori 364 b; Matteo Colombo 381 t.

Istock: clubfoto 158 t; Libre de droits 319 b.

Pixta: Ken 165 t; ogurisu_Q 165 b.

Shutterstock: Cover images; Gary Saxe 4–5; Alexander Sorokopud 6–7; Anastasios71 8–9; Marco Tomasini 11; Ole Nesheim 12–13; Reimar 18 t; akimov Konstantin 21; Leventina 23; Oleg Znamenskiy 24; Lefteris Papaulakis 25; Tinnaporn Sathapornnanont 27; S.Borisov 28 t; Fabio Lamanna 33 b; zhu difeng 34–5; Essevu 40; Karl Allen Lugmayer 41; Guenter Albers 43; Oszibusz 45 t; Henk Vrieselaar 45 b; TLF Images 49; Roberto Destarac 51; alenfra 52; Christian Vinces 53; Danilo Strino 54; Anton_Ivanov 55; KiyechkaSo 63 t; Shinelu 63 b; Nikonov Vladimir 65 b; Odessa25 70, 71; Anastas Styles 75; Aberu.Go 76; Sergey Dzyuba 77; Phortun 81 b; Chris Dorney 86 t; 4kclips 86 b; Potapov Sergey 106 b; Chernyshev Dmitry 108–9; Gerhard Roethlinger 116–17; john paul slinger 118; SeraphP 119; Belikova Oksana 120; humphery 121; Andrew Mayovskyy 123; Aliaksandr Antanovich 125; Aanimesh 125; Heracles Kritikos 132; acsen 133; Peter Yeo 135; beibaoke 136; olrat 138; Matyas Rehak 141; Claudio306 144–5; Mark Pitt Images 155 t; Alan Falcony 155 b; Boris-B 156 t; Lana Kray 160–61; Nicholas Courtney 162 t; Milan Gonda 162; pxl. store 167 b; mihyang ahn 169; Tessa Bishop 171; beibaoke 172 t; OKAP 172 b; SGR Wildlife Photography 174; Andrej Privizer 192 b; Burhan Ay Photography 194 t; Dan Rata 194 b; Photosounds 197 t; www.filmotions.com 197 b; Jon Bilous 198–9; Alizada Studios 200; SvetlanaSF 202; Alice-D 203; TGP-shot 209 t; DronaVision 209 b; Nejdet Duzen 211 b, 324 b; Jay Yuan 213; Katkami 213; Matthew Herman 217 t; Pawel Kazmierczak 219 t; PRIYA DARSHAN 223 b; Alex Anton 224; alexilena 229; KlepachA 232; Mccallk69 235; Alexandros Michailidis 237 t; Arjan Kemeling 237 b; Alejo Miranda 243 t; Ecuadorpostales 243 b; Abdullah Durman 245; Sean Pavone 247 b; 2630ben 248–9; Centli 253; HelloRF Zcool 260; TYL Photography 262; Walt Bilous 263 b; TJ Brown 265 t; Bob Pool 266; Estebran 268; Javen 269; Rey Rodriguez 271 t; YingHui Liu 273 t; Joseph Sohm 274–5; Yoga Ardi Nugroho 277; OSTILL is Franck Camhi 279; superjoseph 280 b; Juan Carlos Munoz 284–5; Katerina Samsonova 292; Bodrumsurf 297 b; BeAvPhoto 299; Joaquin Ossorio Castillo 300 b; Madrugada Verde 302–3; Nikolay Tsyu 305; Melanie Hobson 307 b; Eric Valenne geostory 311; timsimages.uk 311 b; Ondra Vacek 312 b; Cortyn 314; Thomas Dekiere 315; Karavanov Lev 322–3; Birol Aydin 324 t; Pierre Jean Durieu 327; Christopher Cook 327; Angel L 329 t; Sara Glop 331; Maxim Lysenko 335 b; Audrey Snider-Bell 336, 369 t; MisterStock 337; Tartezy 339 t; Richard Whitcombe 343; Darksoul72 350; Sergey Colonel 354 t; TAMVISUT 354 b; Michael Mulkens 357; HungryBild 358 b; Kyrien 361 t; Kateafter 362; FotoFabrikHamburg 370 b; Oliver de la Haye 379; Vladimir Zhoga 381 b; Greta Gabaglio 383 b; Jess Kraft 385; Jess Kraft 385, 389 b.

Wikimedia Commons: CC BY-SA 3.0: Z thomas 176; Duca696 228; Heimlich 282; Xfigpower 363; CC BY-SA 4.0: FrDr 320 b.

Also: Library of Congress: cover map and endpapers; Unsplash: Aaron Thomas 50; Jeremy Jagger / Battlefield 1403 Farm Shop, Shrewsbury 127 b; Jenny Quiggin 187 t; Allison Ryder / VisitArklow.ie 221 t.

Every effort has been made to credit photographers and to obtain their permission for the use of copyright material. The publisher would like to apologize should there have been any omissions or errors, and would be pleased to make the appropriate corrections for future editions of the book.